HSKも中検もこの一冊！
単語マスター
パーフェクトガイド
（初中級）

音声ダウンロード方式

ビラール イリヤス 著

まえがき

　本書は新 HSK 試験（1 級～3 級）・中国語検定試験（準 4 級～3 級）に必要となる基本的な単語とその応用を短期間でマスターし、最短距離で目標に到達できるように構成されています。具体的には、各級に必要とされる単語とその常用フレーズや模範例文、および各級に必要とされる文法事項や構文がスピーディーにマスターできるようになっています。

　本書は、著者が独自に考案した「目標設定に沿った学習手法」を基に整理した学習教材です。実際、この学習教材に取り入れた手法を教育現場で試したところ、学習者が短期間で到達目標をクリアすることができました。それによって、学生達が達成感を覚え、学習に自信が付き、さらに上のレベルに挑戦するようになり、結果的には、短期間で新 HSK 試験の最上級に合格する者が相次ぎました。このような成果を得られたことをきっかけにこの学習手法を本書にまとめることにしました。

　本書編制にあたっては、中国語の検定試験、とりわけ新 HSK 試験（「漢語水平考試」中国政府公認の中国語資格検定試験）を受験する際に最も必要な単語・語彙を精選し、これらの語の読み書きや用法をより一層スピーディーに、より一層効果的に学べるように、学習内容の選出や提示等の面でさまざまな工夫を施しました。具体的に述べると、本書の特徴は次のようになっています。

①本書に収録されている単語・語彙は、新 HSK 試験 1 級～3 級の語を漏れなく学べるように『新汉语水平考试大纲』（HSK1～3 級）、『新 HSK 词汇突破 1～3 级』などの書籍を参考にして精選、整理したものである。さらに、本書を中国語検定試験の学習にも使えるように、収録語の範囲を広げ、検定試験対策用の書籍や過去問題等を参考に、中国語検定試験で使用頻度の高い単語・語彙も数多く取り入れた。このため、本書は HSK 試験対策と中国語検定試験対策の双方の単語学習に使える。

②新 HSK 試験と中国語検定試験は試験の性質上、級ごとに一対一の対応になっていないが、両者を総合的に見たとき、初中級レベルの試験で求められている単語や文法事項は概ね一致している。そのため、本書では、新

HSK 試験と中国語検定試験を大まかに（新 HSK1 級と中国語検定試験準 4 級、新 HSK2 級と中国語検定試験 4 級、新 HSK3 級と中国語検定試験 3 級）対応させることにした。それから級別に分け、各級の単語を品詞別に分類した上で、さらに、各々の単語や常用フレーズ、模範用例をピンイン付き、日本語訳付きで提示している。

③本書では、学習者が各自のレベルにあわせて学習できるよう、各級の最初に「頻出単語一覧」「追加語彙」としてその級に必要とされる中国語の単語・語彙を漢字のみで提示することにした。これらの単語の読み、書き、ピンイン表記や用法がクリアできているなら、この章を飛ばし、次の章の学習に進んでもよい。

④受験に必要な中国語の文法構造を短期間で理解できるよう、各級で求められる中国語文法事項を級別に簡潔に、分かり易くまとめて提供している。

⑤各々の語の文構造に果たす役割やその単語の文の中で置かれるべき位置を学習者に会得させるために、模範例文をあえて学習者に完成させる仕組みを取り入れている。

⑥各単語や語彙の例文を、できる限り、その単語が必要とされている級の範囲内の単語や構文を用いて作った。また、例文には常用性の高い文を用いるように工夫している。

最後になりますが、本教材の有効性を立証し、執筆のきっかけとなった長野大学「国際キャリア中国語特別コース」ゼミ生の諸君、本教材の草稿段階での原稿整理および校正に尽力してくださった元ゼミ生の土屋大樹君と宮本大輔先生（長野大学教員）に感謝の意を表すとともに、完成に至るまで、本書の内容と表現に関して重要な指摘をくださった東方書店の家本奈都さんに心よりお礼を申し上げます。

本書が今後より多くの中国語学習者および中国語教育関係者の皆様の役に立つことを期待しております。

著　者

目　次

まえがき　i
本書の音声について　v

第一章 …………………………………………………… 1

新HSK1級および中国語検定試験準4級が必要とする言語能力　1
文法ポイント整理　2
新HSK1級　頻出単語一覧　16
中国語検定試験準4級追加語彙　17

1 代詞／代名詞…18　　2 名詞……………20　　3 動詞……………42
4 形容詞…………54　　5 数詞……………58　　6 副詞……………62
7 介詞……………64　　8 疑問詞…………66　　9 量詞……………68
10 助詞……………70　　11 助動詞…………72　　12 接続詞…………74
13 方位詞…………76　　14 感嘆詞…………78　　15 慣用句…………80

第二章 …………………………………………………… 83

新HSK2級および中国語検定試験4級が必要とする言語能力　83
文法ポイント整理　84
新HSK2級　頻出単語一覧　98
中国語検定試験4級追加語彙　99

1 代詞／代名詞…100　　2 名詞……………102　　3 動詞……………120
4 形容詞…………132　　5 数詞……………138　　6 副詞……………140
7 介詞……………144　　8 疑問詞…………146　　9 量詞……………148
10 助詞……………150　　11 助動詞…………152　　12 接続詞…………154
13 方位詞…………156

第三章 ·· 159

　　新HSK3級および中国語検定試験3級が必要とする言語能力　159
　　文法ポイント整理　160
　　新HSK3級　頻出単語一覧　173
　　中国語検定試験3級追加語彙　175

　1 代詞／代名詞…176　　2 名詞…………178　　3 動詞…………214
　4 形容詞…………238　　5 数詞…………250　　6 副詞…………252
　7 介詞……………260　　8 量詞…………262　　9 助詞…………266
　10 助動詞…………268　　11 接続詞………270　　12 方位詞………272

中国語索引　274
日本語索引　281

●本書の音声について●

- 音声（MP3形式）は東方書店ホームページからダウンロードできます。

　① http://www.toho-shoten.co.jp/jbook/download.html にアクセス
　　（トップページから「音声ダウンロード」をクリックしてもアクセスできます）
　②『HSKも中検もこの一冊！　単語マスターパーフェクトガイド(初中級)』
　　の GO DOWNLOAD をクリック
　③ ダウンロードキー　2860132153　を入力
　④ 圧縮ファイル（ZIP形式）をダウンロード、解凍して音楽再生ソフト
　　などに取り込んでご利用ください

　＊タイトル名の前のチェックボックスが ☑ になっているものがダウンロード
　　対象になります。ダウンロードが不要なものはチェックを外してください。
　＊一括ダウンロードがうまくいかない場合は、1ファイルずつお試しください。
　＊ZIP形式につき、スマートフォンやタブレット端末でダウンロードするには、
　　解凍ソフトが必要です。

　本書の音声には、各単語と常用フレーズ（見開きの左ページ）と練習問題（模範例文）（見開きの右ページ）を発音したものがあります。音声ファイルは章ごとにまとめてあります。
　　収録ファイル名
　　各単語と常用フレーズ　　第1章：A1／第2章：A／第3章：A3
　　練習問題（模範例文）　　第1章：B1／第2章：B2／第3章：B3

第一章

新HSK1級および中国語検定試験準4級が必要とする言語能力

新HSK1級と中国語検定試験準4級は基本的に中国語を第2外国語として半年間（60～120時間）学んだ者を対象とする試験である。内容的には、概ね以下の言語能力が必要となる。

1 あいさつ言葉
出会い、別れ、近況のあいさつ、お詫び、お礼、呼びかけ、誘い、勧め等とその応対

2 簡単な自己紹介
名前、年齢、住所、家族、所属、趣味、能力などに関する簡単な表現

3 数と量の表し方
数の数え方、人や物の数え方、年齢やお金などの尋ね方

4 時間の表し方
年月日、曜日、時間等の言い方、尋ね方

5 存在と所在
存在や所在、所有などの表し方

6 天気、方位や物事の状態、性質、特徴などに関する簡単な描写

7 簡単な日常常用表現
買い物、交通、所在などに関連する受け答え

8 願望や要求、能力や技能を表す表現

文法ポイント整理

新HSK1級および中国語検定試験準4級を受験する際に必要とされる文法事項や主な構文を簡潔に分かり易くまとめると、以下のようになる。

1. 判断文

```
肯定形：A＋是＋B          (AはBである)
否定形：A＋不是＋B        (AがBではない)
許諾疑問文：A＋是＋B＋吗？  (AはBであるか)
反復疑問文：A＋是不是＋B？  (AはBであるか)
```

Wǒ shì xuésheng.
我 是 学生。
(私は学生です。)

Tāmen bú shì Rìběnrén.
他们 不 是 日本人。
(彼らは日本人ではありません。)

Nǐmen shì liúxuéshēng ma?
你们 是 留学生 吗?
(あなたたちは留学生ですか?)

Tāmen shì bu shì liúxuéshēng?
他们 是 不 是 留学生?
(彼らは留学生ですか?)

2. 動詞述語文

1. S＋V型（主語＋動詞）

```
肯定形：主語(S)＋動詞(V)               (SはVをする)
否定形：主語(S)＋不＋動詞(V)            (SはVをしない)
許諾疑問文：主語(S)＋動詞(V)＋吗？        (SはVをするか)
反復疑問文：主語(S)＋動詞(V)＋不＋動詞(V)？ (SはVをするか)
```

Wǒ qù.
我 去。
(私は行きます。)

Tā bù lái.
他 不 来。
(彼は来ません。)

Nǐmen kàn ma?
你们 看 吗?
(あなたたちは見ますか?)

Nǐmen kàn bu kàn?
你们 看 不 看?
(あなたたちは見ますか?)

2．S＋V＋O型（主語＋動詞＋目的語）

> 肯定形：主語(S)＋動詞(V)＋目的語(O)　　　　　　　　（SはOをVする）
> 否定形：主語(S)＋不＋動詞(V)＋目的語(O)　　　　　　（SはOをVしない）
> 許諾疑問文：主語(S)＋動詞(V)＋目的語＋吗？　　　　　（SはOをVするか）
> 反復疑問文：主語(S)＋動詞(V)＋不＋動詞(V)＋目的語(O)？（SはOをVするか）

Dìdi xué Hànyǔ.
弟弟 学 汉语。
（弟は中国語を勉強しています。）

Mèimei bù xué Hànyǔ.
妹妹 不学 汉语。
（妹は中国語を勉強していません。）

Nǐ xué Yīngyǔ ma?
你 学 英语 吗？
（あなたは英語を勉強していますか？）

Nǐ xué bu xué Yīngyǔ?
你 学 不 学 英语？
（あなたは英語を勉強していますか？）

注：動詞"有"の否定は"没有"で決まっている。"有"の否定に"不"は使えない。

Wǒ méiyǒu Hànyǔ cídiǎn.
○ 我 没有 汉语 词典。（私は中国語の辞書を持っていません。）
× 我不有汉语词典。

3．形容詞述語文（モノや人の性質、状態を表す表現）

> 肯定形：主語(S)＋(副詞)＋形容詞(Adj)　　　　　（SはAdjだ）
> 否定形：主語(S)＋不＋形容詞(Adj)　　　　　　　（SはAdjではない）
> 許諾疑問文：主語(S)＋形容詞(Adj)＋吗？　　　　（SはAdjか）
> 反復疑問文：主語(S)＋形容詞(Adj)＋不＋形容詞(Adj)？（SはAdjか）

Tā hěn piàoliang.
她 很 漂亮。
（彼女はとても綺麗です。）

Jīntiān bù lěng.
今天 不 冷。
（今日は寒くありません。）

Hànyǔ nán ma?
汉语 难 吗？
（中国語は難しいですか？）

Hànyǔ nán bu nán?
汉语 难 不 难？
（中国語は難しいですか？）

注： 形容詞述語文の肯定形では、形容詞の前に必ず"很"などの副詞を置く。副詞がないと、文が「比較」、「対比」のニュアンスを帯び、文の続きがあることになる。

Jīntiān hěn lěng.
今天 很 冷。
(今日は寒いです。)

Jīntiān lěng, míngtiān gèng lěng.
今天 冷，明天 更 冷。
(今日は寒いですが、明日はさらに寒くなります。)

形容詞の前に置かれている副詞は、強く発音しない限り、本来の意味を表すものではなく、語調を整える役割を果たすものになる。

4. 部分否定、全体否定

全体否定：	A＋都不＋B	(Aは皆Bではない)
	A＋很不＋B	(AはとてもBではない)
部分否定：	A＋不都＋B	(Aは皆Bではないとはかぎらない)
	A＋不很＋B	(AはとてもBであるとはいえない)

Tāmen dōu shì Měiguórén.
他们 都 是 美国人。
(彼らは全てアメリカ人です。)

Tāmen dōu bú shì Měiguórén.
他们 都 不是 美国人。(全体否定)
(彼らは全てアメリカ人ではありません。)

Tāmen bú dōu shì Měiguórén.
他们 不 都 是 美国人。(部分否定)
(彼らは全てアメリカ人ではないとはかぎらない。)

Tā de Hànyǔ hěn hǎo.
她 的 汉语 很 好。
(彼女の中国語はとても上手です。)

Tā de Hànyǔ hěn bù hǎo.
她 的 汉语 很 不 好。(全体否定)
(彼女は中国語はとても下手です。)

Tā de Hànyǔ bù hěn hǎo.
她 的 汉语 不 很 好。(部分否定)
(彼女の中国語はとてもいいとは言えない。)

注：否定詞が"很"、"都"など副詞と一緒に使われる場合、否定詞はその後に置かれた内容をすべて否定することに注意。

5. 名詞述語文 (日時、数字、天候、出身などの表現)

> 肯定形： 主語(S)＋名詞(N)　　　　　（S は N だ）
> 否定形： 主語(S)＋不是＋名詞(N)　　（S は N ではない）

注：判断文"A＋是＋B"の形で、目的語である B が日時、数字、天候などの語のとき、"是"は省略され、結果的に目的語が述語の役割をはたす。

Wǒ shíjiǔ suì.
我 十九 岁。
（私は 19 歳です。）

Jīntiān bú shì xīngqīwǔ.
今天 不 是 星期五。
（今日は金曜日ではありません。）

6. 主述述語文

主語の後ろに置かれる述語の部分がまた〈主語＋述語〉で構成されている文を主述述語文という。

> 主語(S)＋述語〔主語(S1)＋述語〕　　（S は S1 が～だ）

Tā gèzi hěn gāo.
她 个子 很 高。
（彼女は背が高い。）

Chēzhàn rén bù duō.
车站 人 不 多。
（駅には人が少ない。）

Tā shēngāo méiyǒu yì mǐ bā.
他 身高 没有 一 米 八。
（彼の背丈は 180 センチない。）

Nǐ Yīngyǔ zěnmeyàng?
你 英语 怎么样？
（あなたの英語はいかがですか。）

7. 数字と時間の表現

> 時点時刻：以下のような、数字、時刻、時間帯、年月日、年齢、番号などを表す表現が求められる。

sānshí'èr
三十二
(32)

bā diǎn
八 点
(8 時)

shàngwǔ
上午
(午前)

yījiǔbāwǔ nián sì yuè wǔ rì
一九八五 年 四 月 五 日
(1985 年 4 月 5 日)

xīngqīsì
星期四
(木曜日)

èrshíyī suì
二十一 岁
(21 歳)

> 時間量：以下のような、時間の長さを表す表現が求められる。

bā ge xiǎoshí	èrshí fēnzhōng	yì tiān
八个小时	二十分钟	一天
(8時間)	(20分間)	(1日)

liǎng ge xīngqī	sān ge yuè	yì nián
两个星期	三个月	一年
(2週間)	(3ヶ月間)	(1年間)

注："二＋量詞＋名詞"のとき、"二"は"两"に変わる。

8. 数詞と量詞

中国語の量詞は「名量詞」と「動量詞」の二種類あるが、ここでは名量詞を使いこなすことが求められる。

> 数詞＋量詞＋名詞
> 指示代詞＋数詞＋量詞＋名詞

liǎng běn shū	sān ge rén
两本书	三个人
(2冊の本)	(3人)

zhè běn cídiǎn	nà sān ge rén
这本词典	那三个人
(この辞書)	(あの3人)

注：指示代詞の後に続く数字が"一"の場合、一般的に"一"は省略される。

9. 副詞の位置

中国語では、副詞は述語の前に置かれる。

> 主語＋副詞＋述語＋目的語

ここでは基本的に、否定副詞"不，没"、程度副詞"很"、範囲副詞"都"を正確に使えることが求められる。

Míngtiān bú qù xuéxiào.　　　Tāmen dōu lái le.　　　Xiàtiān hěn rè.
明天　不去　学校。　　　　他们　都　来了。　　　夏天　很　热。
（明日は学校に行きません。）　（彼らはみんな来ました。）　（夏はとても暑いです。）

10. 疑問詞を使った疑問文

ここでは、"谁，哪儿，什么，多少，几，怎么，怎么样"などを用いた疑問文の作り方およびその応答が求められる。

Nǐ shíme shíhou qù?　　　　　Yīyuàn zài nǎr?
你　什么　时候　去？　　　　医院　在　哪儿？
（あなたはいつ行きますか？）　（病院はどこにありますか？）

Zhège diànnǎo zěnmeyàng?　　Míngtiān shuí qù mǎi fēijī piào?
这个　电脑　怎么样？　　　明天　谁　去　买飞机票？
（このパソコンはどうですか？）（明日誰が航空券を買いに行きますか？）

注："谁"の発音は"shuí"と"shéi"の２種類ある。

11. 助詞

中国語の助詞は「構造助詞」「動態助詞」と「語気助詞」の３種類である。ここでは"了，的，吗，呢"などの語気助詞を使えることが求められる。

Wǒ de cídiǎn ne?　　　　　　Tā qù Zhōngguó le.
我　的　词典　呢？　　　　他去　中国　了。
（私の辞書は？）　　　　　（彼は中国に行きました。）

Tāmen shì cóng Dōngjīng lái de.　Nǐ bàba zài jiā ma?
他们　是　从　东京　来　的。　你爸爸　在家　吗？
（彼らは東京から来ました。）　　（あなたのお父さんは家にいますか？）

12. 助動詞

会（huì）＋動詞　　学習して会得した結果「～できる」という意味を表す。

肯定文：主語(S)＋会＋動詞(V)＋目的語(O)	（SはOをVすることができる）
否定文：主語(S)＋不会＋動詞(V)＋目的語(O)	（SはOをVすることができない）
許諾疑問文：主語(S)＋会＋動詞(V)＋目的語(O)＋吗？	（SはOをVすることができるか）
反復疑問文：主語(S)＋会不会＋動詞(V)＋目的語(O)？	（SはOをVすることができるか）

Tā huì shuō Hànyǔ.
她 会 说 汉语。
(彼女は中国語が話せます。)

Wǒ bú huì kāichē.
我 不 会 开车。
(私は運転できません。)

Nǐ huì zuò fàn ma?
你 会 做 饭 吗?
(あなたは料理ができますか?)

Nǐ huì bu huì zuò fàn?
你 会 不 会 做 饭?
(あなたは料理ができますか?)

能 (néng) +動詞　① 能力やレベルが一定の程度・水準に達していて、そこまでできるようになったことを表す。(ある種の具体的な能力を表す)
② 環境や状況などの下で「〜し得る」という可能性を表す。
③「〜して構わない」という許可を表す。

肯定文：主語(S)＋能＋動詞(V)＋目的語(O)
　　　　　　　(SはOをVすることができる／し得る／して構わない)

否定文：主語(S)＋不能＋動詞(V)＋目的語(O)
　　　　　　　(SはOをVすることができない／し得ない／してはならない)

許諾疑問文：主語(S)＋能＋動詞(V)＋目的語(O)＋吗？
　　　　　　　(SはOをVすることができるか／し得るか／していいか)

反復疑問文：主語(S)＋能不能＋動詞(V)＋目的語(O)？
　　　　　　　(SはOをVすることができるか／し得るか／していいか)

Tā néng kàn Zhōngwén bàozhǐ.
他 能 看 中文 报纸。
(彼は中国語の新聞を読むことができます。)

Míngtiān wǒ néng lái.
明天 我 能 来。
(明日私は行くことができます。)

Zhège cài bù néng chī.
这个 菜 不 能 吃。
(この料理は食べられません。)

Zhōngxuéshēng bù néng hē jiǔ.
中学生 不 能 喝酒。
(中学生はお酒を飲むことができません。)

Xiàwǔ nǐ néng lái ma?
下午 你 能 来 吗?
(あなたは午後来られますか?)

Xiàwǔ nǐ néng bu néng lái?
下午 你 能 不 能 来?
(あなたは午後来られますか?)

文法ポイント整理

想(xiǎng)＋動詞　　〜したいという願望を表す。

肯定文：主語(S)＋想＋動詞(V)＋目的語(O)　　　　　(S は O を V したい)
否定文：主語(S)＋不想＋動詞(V)＋目的語(O)　　　　(S は O を V したくない)
許諾疑問文：主語(S)＋想＋動詞(V)＋目的語(O)＋吗？　(S は O を V したいか)
反復疑問文：主語(S)＋想不想＋動詞(V)＋目的語(O)？　(S は O を V したいか)

Wǒ xiǎng hē shuǐ.
我 想 喝 水。
(私は水を飲みたいです。)

Wǒ bù xiǎng chī zhège cài.
我 不 想 吃 这个 菜。
(私はこの料理を食べたくありません。)

Nǐ xiǎng mǎi zhè jiàn yīfu ma?
你 想 买 这 件 衣服 吗?
(あなたはこの服を買いたいですか?)

Nǐ xiǎng bu xiǎng qù Zhōngguó?
你 想 不 想 去 中国?
(あなたは中国に行きたいですか?)

要(yào)＋動詞　　① 〜をしたい。〜するつもり。(意志を表す)
　　　　　　　　② 〜をしなければならない。(義務を表す)

肯定文：主語(S)＋要＋動詞(V)＋目的語(O)　(S は O を V したい／しなければならない)
否定文：主語(S)＋不想＋動詞(V)＋目的語(O)　　　(S は O を V したくない)
　　　　主語(S)＋不用＋動詞(V)＋目的語(O)　　　(S は O を V しなくてよい)
許諾疑問文：主語(S)＋要＋動詞(V)＋目的語(O)＋吗？
　　　　　　　　　　　　　(S は O を V したいか／しなければならないか)
反復疑問文：主語(S)＋要不要＋動詞(V)＋目的語(O)？
　　　　　　　　　　　　　(S は O を V したいか／しなければならないか)

Wǒ yào xué kāichē.
我 要 学 开车。
(私は運転を学びたいです。)

Wǒ jiějie yào qù Zhōngguó liúxué.
我 姐姐 要 去 中国 留学。
(私の姉は中国に留学するつもりです。)

Wǒ bù xiǎng qù liúxué.
我 不 想 去 留学。
(私は留学したくありません。)

Búyòng qù yīyuàn.
不用 去 医院。
(病院に行く必要がありません。)

9

Xiàwǔ nǐ yào lái ma?
下午 你 要 来 吗?
(午後来るつもりですか?)

Wǒ yào bu yào lái?
我 要 不 要 来?
(私は行かなければなりませんか?)

注：①の「〜をしたい」の否定は「不想＋動詞」である。
　　②の「〜をしなければならない」の否定は「不用＋動詞」である。

13. 動詞の重ね型

動詞を重ねると「〜をちょっとしてみる」、「試しに〜する」という意味を表す。

動詞の重ね型：動詞(V)＋動詞(V)　　　　　（ちょっとVをする）

Nǐ tīngting.
你 听听。
(聞いてみてください。)

Nǐ qù shuōshuo ba.
你 去 说说 吧。
(ちょっと話しに行ってみて。)

注：一音節（一漢字）動詞の重ね型：動詞＋動詞 の後ろの動詞を軽声で読む。

Nǐ kànkan.
你 看看。
(ちょっと見て。)

Wǒmen zuòzuo.
我们 做做。
(ちょっとやってみよう。)

動詞＋動詞の代わりに、動詞＋一＋動詞 、動詞＋一下 、動詞＋了＋動詞 の形を用いることもある。この場合、"一"と"了"は軽声で読み、後ろの動詞には声調が付く。
動詞＋了＋動詞 の場合は動作が完了したことを意味する。

Nǐ qù yíxià.
你 去 一下。
(ちょっと行ってきて。)

Zhè běn shū wǒ kàn le kàn, bú tài hǎo.
这 本 书 我 看 了 看, 不 太 好。
(この本をちょっと読んでみた、あまりよくありません。)

注：**二音節（二漢字）動詞の重ね型**："介绍 jièshào（紹介する)"、"休息 xiūxi（休息する)"、"学习 xuéxí（勉強する)"、"认识 rènshi（知っている)"、"运动 yùndòng（運動する)"などの2つの漢字から成り立つ動詞を重ねるときには、"介绍"を"介绍介绍"のように、動詞をそのまま繰り返し重ねる。二音節動詞の後ろに"一下"をつけることもよくある。

Zánmen xiūxi xiūxi.
咱们 休息 休息。
(ちょっと休みましょう。)

Zánmen xiūxi yíxià.
咱们 休息 一下。
(私たちちょっと休もう。)

14. 連動文

1つの主語に対して、2つ以上の動作を言い表す文を連動文という。

> 主語(S)＋動詞(V1)＋(目的語(O1))＋動詞(V2)＋(目的語(O2))…

Nǐ lái ná, zěnmeyàng?
你 来 拿，怎么样？
（取りに来てくれますか？）

Wǒ měi tiān qí zìxíngchē qù xuéxiào.
我 每 天 骑 自行车 去 学校。
（私は毎日自転車で学校に行きます。）

注：連動文では否定要素"不"、"没有"は第一動詞の前に置き、第二動詞の前に置かない。

Wǒ méiyǒu kāichē qù xuéxiào.
我 没有 开车 去 学校。
（私は車で学校へ行きません。）

Jīntiān bú qù wánr.
今天 不 去 玩儿。
（今日は遊びに行きません。）

15. 兼語文

文中に2つの述語動詞があり、前の動詞の目的語が後ろの動詞の主語を兼ねる時、この目的語を「兼語」という。兼語を伴う文を「兼語文」という。

> 主語(S)＋動詞(V1)＋目的語(O1)＝主語(S2)＋動詞(V2)＋(目的語(O2))…

Tā yǒu yí ge péngyou zài Zhōngguó liúxué.
他 有 一 个 朋友 在 中国 留学。
（彼には中国に留学している友達が1人いる。）

Wǒ jiāo nǐ xiě Hànzì.
我 教 你 写 汉字。
（私があなたに漢字を教えます。）

16. 存在と所在

人やモノの所在を表す表現　（〜は…にある／いる）

肯定文：A＋在＋B	（AはBにいる／ある）
否定文：A＋不在＋B	（AはBにいない）
許諾疑問文：A＋在＋B＋吗?	（AはBにいるか／あるか）
反復疑問文：A＋在不在＋B	（AはBにいるか／あるか）

ここで、Aは人/モノを、Bは場所を表す。

Lǎoshī zài jiàoshì.
老师 在 教室。
(先生は教室にいます。)

Diànnǎo bú zài zhèr.
电脑 不在 这儿。
(パソコンはここにありません。)

Lǎoshī zài jiàoshì ma?
老师 在 教室 吗?
(先生は教室にいますか?)

Míngtiān nǐ zài bu zài jiā?
明天 你在 不在 家?
(明日あなたは家にいますか?)

人やモノの存在を表す表現（〜に…がいる/ある）

肯定文：B＋有＋A	（BにAがいる/ある）
否定文：B＋没有＋A	（BにAがいない）
許諾疑問文：B＋有＋A＋吗?	（BにAがいるか/あるか）
反復疑問文：B＋有没有＋A?	（BにAがいるか/あるか）

ここで、Aは人/モノを、Bは場所を表す。

Túshūguǎn li yǒu Zhōngwén bàozhǐ.
图书馆 里 有 中文 报纸。
(図書館には中国語の新聞があります。)

Zhèli méiyǒu diànnǎo.
这里 没有 电脑。
(ここにパソコンはありません。)

Jiā li yǒu píjiǔ ma?
家 里 有 啤酒 吗?
(家にビールはありますか?)

Jiàoshì li yǒu lǎoshī ma?
教室 里 有 老师 吗?
(教室に先生はいますか?)

名詞の場所化

名詞＋里 は奥ゆきのある空間としての場所を表す。

名詞＋上 は面としての場所を表す。

Shūbāo li yǒu yì běn xiǎoshuō.
书包 里 有 一 本 小说。
(カバンの中に1冊の小説があります。)

Zhuōzi shang méiyǒu shū.
桌子 上 没有 书。
(机の上に本はありません。)

17. 所有を表す表現

> 肯定文：主語(S)＋有＋物／人(O)　(SはOを持っている/にはOがある/いる)
> 否定文：主語(S)＋没有＋物／人(O)　　(SはOを持ってない/にはOがない)
> 許諾疑問文：主語(S)＋有＋物／人(O)＋吗？
> 　　　　　　　　　(SはOを持っているか／にはOがあるか／いるか)
> 反復疑問文：主語(S)＋有没有＋物／人(O)？
> 　　　　　　　　　(SはOを持っているか／にはOがあるか／いるか)

Tā yǒu shǒujī.
他 有 手机。
(彼は携帯電話を持っています。)

Wǒ yǒu yí ge mèimei.
我 有 一个 妹妹。
(私には1人の妹がいます。)

Tā méiyǒu diànnǎo.
他 没有 电脑。
(彼はパソコンを持っていません。)

Wǒ méiyǒu dìdi.
我 没有 弟弟。
(私に弟はいません。)

Nǐ yǒu diànnǎo ma?
你 有 电脑 吗?
(あなたはパソコンを持っていますか?)

Nǐ yǒuméiyou gēge?
你 有没有 哥哥?
(あなたにお兄さんはいますか?)

18. 動作行為の完了を表す表現

> 肯定文：動詞(V)＋了　　　　　　　(Vした)
> 否定文：没有＋動詞(V)　　　　　　(Vしなかった)
> 許諾疑問文：動詞(V)＋了＋吗?　　　(Vしたか)
> 反復疑問文：動詞(V)＋了＋没有？　(Vしたか)

Wǒ hēle yì bēi chá.
我 喝了 一 杯 茶。
(私は1杯のお茶を飲みます。)

Wǒ méi hē jiǔ.
我 没 喝 酒。
(私はお酒を飲みません。)

Tā chīfàn le ma?
他 吃饭 了 吗?
(彼は食事をしましたか?)

Tā láile méiyǒu?
他 来了 没有?
(彼は来ましたか?)

19. 動作行為の進行を表す表現

> 肯定文：在／正／正在＋動詞(V)（＋呢）　　　（Vしている）
> 否定文：没有＋動詞(V)　　　　　　　　　　　（Vしていない）
> 許諾疑問文：在／正／正在＋動詞(V)＋吗?　　　（Vしているか）

Tā zài kàn diànshì.
他 在 看 电视。
（彼はテレビを見ています。）

Wǒ zhèng chīfàn ne.
我 正 吃饭 呢。
（私は今ご飯を食べています。）

Wàimiàn zhèngzài xià yǔ ne.
外面 正在 下雨 呢。
（外は雨が降っています。）

Wàimiàn méiyǒu xià yǔ.
外面 没有 下雨。
（外は雨が降っていません。）

Nǐmen zài xuéxí ma?
你们 在 学习 吗?
（あなたたちは勉強をしていますか?）

注：`在＋動詞` は動作が進行状態にあることを強調し、`正＋動詞` は進行中である時間を強調する。`正在＋動詞` は状態と時間両方を強調する表現になる。しばしば文末に"呢"を置き、語気を強めたり、整えたりする。

20. 経験を表す表現

> 肯定形：主語(S)＋動詞(V)＋过＋目的語(O)　　　（SはOをVしたことがある）
> 否定文：主語(S)＋没(有)＋動詞(V)＋过＋目的語(O)（SはOをVしたことがない）
> 許諾疑問文：主語(S)＋動詞(V)＋过＋目的語(O)＋吗?（SはOをVしたことがあるか）
> 反復疑問文：主語(S)＋動詞(V)＋没(有)＋動詞(V)＋过＋目的語(O)?
> 　　　　　　　　　　　　　　　　　　　　　　（SはOをVしたことがあるか）

Wǒ qùguo Zhōngguó.
我 去过 中国。
（私は中国に行ったことがあります。）

Wǒ méi kànguo zhōngguó diànyǐng.
我 没 看过 中国 电影。
（私は中国映画を見たことがありません。）

Nǐ xuéguo Hànyǔ ma?
你 学过 汉语 吗?
（あなたは中国語を勉強したことがありますか?）

Nǐ xué mei xuéguo Hànyǔ?
你 学 没 学过 汉语?
（あなたは中国語を勉強したことがありますか?）

21. 方位詞

方位詞とは、場所、方向、方角、位置を表す語のことである。ここでは、"上 shàng"、"下 xià" などの方位を表す語の後に "面 miàn" を足して作られた以下の方位詞を正しく使えることが求められる。

> 上面　下面　前面　后面　里面

Tā zài wǒ hòumiàn.
他 在 我 后面。
(彼は私の後ろにいます。)

Shūbāo zài zhuōzi xiàmiàn.
书包 在 桌子 下面。
(カバンは机の下にあります。)

Qiánmiàn de rén shì shuí?
前面 的 人 是 谁?
(前の人は誰ですか?)

Tāmen zài lǐmiàn.
她们 在 里面。
(彼女たちは中にいる。)

22. 常用表現

是…的 は過去に完了した動作行為などの行われた場所、時間、理由等を強調するパターンである。

Tā shì cóng Měiguó lái de.
他 是 从 美国 来 的。
(彼はアメリカから来ました。)

Wǒ shì yījiǔjiǔwǔ nián bā yuè èrshíwǔ rì chūshēng de.
我 是 一九九五 年 八 月 二十五 日 出生 的。
(私は 1995 年 8 月 25 日生まれです。)

要…了 と **快…了** 「間もなく〜だ」、「そろそろ〜だ」を表すパターンである。

Yào xià yǔ le, kuài zǒu ba.
要 下雨 了,快 走 吧。
(そろそろ雨が降るので、早く行きましょう。)

Kuài dào chūntiān le.
快 到 春天 了。
(もうすぐ春が来ます。)

太…了 「とても〜だ」を表すパターンである。

Chēzhàn tài yuǎn le.
车站 太 远 了。
(駅はとても遠いです。)

Míngtiān qù lǚyóu, tài hǎo le.
明天 去 旅游,太 好 了。
(明日は旅行に行きます。とてもうれしいです。)

新HSK 1級　頻出単語一覧

(『新汉语水平考试大纲』で求めている新 HSK 1 級基本単語)

爱	个	买	上午	小姐
八	工作	猫	少	些
爸爸	狗	没	十	写
杯子	汉语	没关系	什么	谢谢
北京	好	米饭	时候	星期
本	喝	名字	是	学生
不	和	明天	书	学习
不客气	很	哪	谁	学校
菜	后面	哪儿	水	一
茶	回	那	水果	衣服
吃	会	那儿	睡觉	医生
出租车	火车站	呢	说话	医院
打电话	几	能	四	椅子
大	家	你	岁	有
的	叫	年	他	月
点	她	女儿	太	再见
电脑	今天	朋友	天气	在
电视	九	漂亮	听	怎么
电影	开	苹果	同学	怎么样
东西	看	七	喂	这
都	看见	前面	我	这儿
读	块	钱	我们	中国
对不起	来	请	五	中午
多	老师	去	喜欢	住
多少	冷	热	下	桌子
儿子	里	人	下午	字
二	了	认识	下雨	昨天
饭馆	零	日	先生	坐
飞机	六	三	现在	做
分钟	妈妈	商店	想	
高兴	吗	上	小	

中国語検定試験準4級追加語彙

「新HSK1級 頻出単語一覧」に含まれていない、中国語検定試験準4級等、同レベルの試験に現れる語を品詞別に整理したものである。本文では★で示した。

▼名詞

爱人	大学	汉字	酒	前天
棒球	大夫	红茶	课本	日本
本子	电车	后年	毛巾	日语
表	电话	后天	毛衣	肉
厕所	点心	话	美国	山
车	饭	画儿	面	手
窗户	风	火	明年	头
床	钢笔	鸡	牛	姓
春节	歌	饺子	汽车	英语
辞典	海	今年	前年	

▼動詞

唱	画	客气	踢	姓
抽烟	见	留学	停	学
打开	教	旅行	下班	学习
干	开车	麻烦	想	

▼形容詞

好看	客气	辣	凉	行

▼副詞

刚

▼介詞

到

▼方位詞

后	前

▼慣用句

你好	请问

1 代詞／代名詞 001

那 nà	【代】それ、あれ、その、あの	nàge 那个（それ） nà wèi 那位（あの方）
那儿 nàr	【代】あそこ、そこ	zài nàr 在那儿（あそこに、あそこで） qù nàr 去那儿（あそこへ行く）
你 nǐ	【代】あなた、きみ、おまえ	nǐ yīfu 你衣服（あなたの服） nǐ hǎo 你好（こんにちは）
他 tā	【代】彼	tā bù lái 他不来（彼は来ない） tā de chē 他的车（彼の車）
她 tā	【代】彼女	tā érzi 她儿子（彼女の子） tā péngyou 她朋友（彼女の友だち）
我 wǒ	【代】わたし、おれ	wǒ jiā 我家（私の家） wǒ de shū 我的书（私の本）
我们 wǒmen	【代】わたしたち	wǒmen qù 我们去（私たちが行く） wǒmen lǎoshī 我们老师（私たちの先生）
这 zhè	【代】これ、この	zhè běn shū 这本书（この本） zhèli 这里（ここ）
这儿 zhèr	【代】ここ、こちら	zài zhèr 在这儿（ここにいる） zhèr méiyǒu 这儿没有（ここにはない）

練習：（　）の中に入る適切な単語を、下のA〜Dから１つ選びなさい

1　　shì shuí de zhàopiàn?
（　）是 谁 的 照片？　　あれは誰の写真ですか？

A. 哪　　　　B. 什么　　　　C. 那儿　　　　D. 那

2　　shì shuí?
（　）是 谁？　　彼は誰ですか？

A. 他　　　　B. 谁　　　　C. 我　　　　D. 她

3　　zhù zài nǎr?
（　）住 在 哪儿？　　あなたはどこに住んでいるのですか？

A. 你　　　　B. 我　　　　C. 谁　　　　D. 他

4　　Cèsuǒ zài
厕所 在（　）。　　トイレはあそこにあります。

A. 那　　　　B. 哪　　　　C. 哪儿　　　　D. 那儿

5　　Wǒ zài
我 在（　）。　　私はここにいます。

A. 我们　　　　B. 怎么样　　　　C. 这　　　　D. 这儿

6　　hěn xiǎng xué Fǎyǔ.
（　）很 想 学 法语。　　私はフランス語を勉強したいです。

A. 她　　　　B. 我　　　　C. 这　　　　D. 我们

7　　zài Rìběn gōngzuò.
（　）在 日本 工作。　　彼女は日本で働いています。

A. 她　　　　B. 我们　　　　C. 我　　　　D. 这儿

8　　píngguǒ hěn hǎochī.
（　）苹果 很 好吃。　　このリンゴはとても美味しい。

A. 我们　　　　B. 怎么样　　　　C. 这　　　　D. 这儿

9　　xuéxiào hěn yuǎn.
（　）学校 很 远。　　私たちの学校は遠いです。

A. 我们　　　　B. 怎么样　　　　C. 这　　　　D. 这儿

1 代詞／代名詞

2 名詞 ① 002

爱人 ★ àiren	【名】夫、妻、配偶者	tā àiren 他爱人（彼の妻） tā àiren 她爱人（彼女の夫）	
爸爸 bàba	【名】お父さん、父	wǒ bàba 我爸爸（私のお父さん） bàba jiā 爸爸家（父の家）	
棒球 ★ bàngqiú	【名】野球、ベースボール	dǎ bàngqiú 打棒球（野球をする） bàngqiú bǐsài 棒球比赛（野球の試合）	
北京 Běijīng	【名】北京	běijīngcài 北京菜（北京料理） Běijīngrén 北京人（北京の人）	
杯子 bēizi	【名】コップ	kāfēi bēizi 咖啡杯子（コーヒーカップ） jiǔbēizi 酒杯子（グラス、杯）	
本子 ★ běnzi	【名】ノート、帳面	Hànyǔ běnzi 汉语本子（中国語のノート） méi běnzi 没本子（ノートが無い）	
表 ★ biǎo	【名】時計	shǒubiǎo 手表（腕時計） gāojí biǎo 高级表（高級時計）	
菜 cài	【名】料理、野菜	chǎocài 炒菜（野菜を炒める） sìchuāncài 四川菜（四川料理）	
厕所 ★ cèsuǒ	【名】便所、トイレ	gōnggòng cèsuǒ 公共厕所（公共トイレ） shàng cèsuǒ 上厕所（トイレに行く）	
茶 chá	【名】お茶	hē chá 喝茶（お茶を飲む） hóngchá 红茶（紅茶）	

解答：代名詞 1.D 2.A 3.A 4.D 5.D 6.B 7.A 8.C 9.A

練習：（　）の中に入る適切な単語を、下のＡ〜Ｄから１つ選びなさい

1. Wǒmen qù dǎ　　　le.
   我们 去 打（　）了。　　私たちは野球をしに行きました。

   A. 棒球　　　B. 杯子　　　C. 出租车　　　D. 水

2. Wǒ　　jīnnián wǔshísān suì le.
   我（　）今年 53 岁 了。　　父は今年53歳です。

   A. 爸爸　　　B. 杯子　　　C. 电脑　　　D. 电影

3. Tā shì wǒmen lǎoshī de
   他 是 我们 老师 的（　）。　　彼は私たちの先生の夫（配偶者）です。

   A. 爸爸　　　B. 姐姐　　　C. 电脑　　　D. 爱人

4. Wǒ de　　dà.
   我 的（　）大。　　私のコップは大きいです。

   A. 出租车　　　B. 茶　　　C. 电视　　　D. 杯子

5. Nǐ de　　zài nǎr?
   你 的（　）在 哪儿？　　あなたのノートはどこですか？

   A. 书　　　B. 茶　　　C. 本子　　　D. 杯子

6. Tā de　　huài le.
   他 的（　）坏 了。　　彼の時計が壊れた。

   A. 表　　　B. 东西　　　C. 电脑　　　D. 电视

7. 　　yǒu hěn duō dàxué.
   （　）有 很 多 大学。　　北京には大学がいっぱいある。

   A. 北京　　　B. 出租车　　　C. 电脑　　　D. 电视

8. Rìběn　　bǐ zhōngguó　　guì.
   日本（　）比 中国（　）贵。　　日本茶は中国茶よりも高額である。

   A. 菜　　　B. 茶　　　C. 东西　　　D. 电影

9. Fǎguó　　hěn hǎochī.
   法国（　）很 好吃。　　フランス料理はとても美味しい。

   A. 爸爸　　　B. 杯子　　　C. 菜　　　D. 茶

10. zài nǎr?
    （　）在 哪儿？　　トイレはどこですか？

    A. 爸爸　　　B. 杯子　　　C. 厕所　　　D. 茶

2 名詞①

2 名詞 ② 003

| 車 chē | 【名】車、車両 | shàng chē 上车（車に乗る）
mǎchē 马车（馬車） |

| 车站 chēzhàn | 【名】駅、停留所 | qù chēzhàn 去车站（駅に行く）
chēzhàn yuǎn 车站远（駅が遠い） |

| 出租车 chūzūchē | 【名】タクシー | jiào chūzūchē 叫出租车（タクシーを呼ぶ）
zuò chūzūchē 坐出租车（タクシーに乗る） |

| 窗户 chuānghu | 【名】窓 | dǎkāi chuānghu 打开窗户（窓を開ける）
guānshang chuānghu 关上窗户（窓を閉める） |

| 床 chuáng | 【名】ベッド | dānrén chuáng 单人床（シングルベッド）
shuāngrén chuáng 双人床（ダブルベッド） |

| 春节 chūnjié | 【名】旧正月、春節 | guò Chūnjié 过春节（正月を迎える）
Chūnjié kuàilè 春节快乐（新年おめでとう） |

| 词典 cídiǎn | 【名】辞典、辞書 | Yīngyǔ cídiǎn 英语词典（英語の辞書）
chá cídiǎn 查词典（辞書を引く） |

| 大学 dàxué | 【名】大学、総合大学 | dàxué túshūguǎn 大学图书馆（大学の図書館）
shàng dàxué 上大学（大学に通う） |

| 大夫 dàifu | 【名】医者 | Zhāng dàifu 张大夫（張医師）
yīyuàn dàifu 医院大夫（病院の医者） |

| 电车 diànchē | 【名】電車 | zuò diànchē 坐电车（電車に乗る）
diànchē piào 电车票（電車の切符） |

解答：名詞 1.A 2.A 3.D 4.D 5.C 6.A 7.A 8.B 9.C 10.C

練習：（　）の中に入る適切な単語を、下のＡ〜Ｄから１つ選びなさい

11　( ) 打开 了。　　窓を開けた。
dǎkāi le.
　　A. 出租车　　B. 电视　　C. 电影　　D. 窗户

12　请 叫 ( )。　　タクシーを呼んでください。
Qǐng jiào
　　A. 出租车　　B. 电视　　C. 电影　　D. 爸爸

13　他 在 ( ) 上 睡觉。　　彼はベッドで寝る。
Tā zài　　　shang shuìjiào.
　　A. 出租车　　B. 床　　C. 电影　　D. 爸爸

14　我 要 下 ( )。　　私は降車します。
Wǒ yào xià
　　A. 车　　B. 电视　　C. 电影　　D. 爸爸

15　祝 你 ( ) 快乐！　　春節おめでとうございます。
Zhù nǐ　　　kuàilè!
　　A. 车　　B. 生活　　C. 春节　　D. 爸爸

16　我 没有 汉语 ( )。　　私は中国語の辞書を持っていません。
Wǒ méiyǒu Hànyǔ
　　A. 车　　B. 妹妹　　C. 词典　　D. 爸爸

17　我 妹妹 在 北京 上 ( )。　　私の妹は北京の大学に通っている。
Wǒ mèimei zài Běijīng shàng
　　A. 出租车　　B. 大学　　C. 电视　　D. 车

18　他 妈妈 是 我们 大学 医院 的( )。　　彼のお母さんは私たちの大学病院のお医者さんです。
Tā māma shì wǒmen dàxué yīyuàn de
　　A. 大夫　　B. 大学　　C. 学校　　D. 老师

19　我 每 天 坐 ( ) 去 学校。　　私は毎日電車で学校に行きます。
Wǒ měi tiān zuò　　　qù xuéxiào.
　　A. 出租车　　B. 大学　　C. 电车　　D. 车

20　他 去 ( ) 了。　　彼は駅に行った。
Tā qù　　le.
　　A. 图书馆　　B. 大学　　C. 饭馆　　D. 车站

2 名詞 ③ 004

点心★ diǎnxin	【名】お菓子	chī diǎnxin 吃点心（お菓子を食べる） mǎi diǎnxin 买点心（お菓子を買う）
电话★ diànhuà	【名】電話	dǎ diànhuà 打电话（電話をする） diànhuà hàomǎ 电话号码（電話番号）
电脑 diànnǎo	【名】パソコン、コンピュータ	mǎi diànnǎo 买电脑（パソコンを買う） xīn diànnǎo 新电脑（新しいパソコン）
电视 diànshì	【名】テレビ	kàn diànshì 看电视（テレビを見る） diànshì jiémù 电视节目（テレビ番組）
电影 diànyǐng	【名】映画	kàn diànyǐng 看电影（映画を見る） zhōngguó diànyǐng 中国电影（中国映画）
东西 dōngxi	【名】もの、物品、荷物	mǎi dōngxi 买东西（買い物） chī dōngxi 吃东西（ものを食べる）
儿子 érzi	【名】息子	dà érzi 大儿子（長男） sān ge érzi 三个儿子（三人の息子）
饭★ fàn	【名】ご飯	chīfàn 吃饭（ご飯を食べる） zuò fàn 做饭（ご飯を作る）
饭店★ fàndiàn	【名】ホテル、レストラン	zhù fàndiàn 住饭店（ホテルに泊まる） dìng fàndiàn 订饭店（レストランを予約する）
饭馆 fànguǎn	【名】飲食店、食堂、レストラン	yì jiā fànguǎn 一家饭馆（1軒のレストラン） kāi fànguǎn 开饭馆（レストランを開く）

解答：名詞 11.D 12.A 13.B 14.A 15.C 16.C 17.B 18.A 19.C 20.D

練習：（　）の中に入る適切な単語を、下のA～Dから1つ選びなさい

21 这个（　）很 好看。 zhège hěn hǎokàn.　　この映画はとても面白い。
A. 菜电　　B. 电影　　C. 电脑　　D. 东西

22 我 不 喜欢 看（　）。 Wǒ bù xǐhuan kàn　　私はテレビを見るのが嫌いです。
A. 电脑　　B. 东西　　C. 电视　　D. 电影

23 我 的（　）很 不 多。 Wǒ de bù duō.　　わたしの持っているものは多くはありません。
A. 电影　　B. 杯子　　C. 东西　　D. 爸爸

24 我 爷爷 不会 用（　）。 Wǒ yéye bú huì yòng　　私のおじいさんはパソコンを使えません。
A. 电视　　B. 电影　　C. 东西　　D. 电脑

25 她 的（　）已经 上 大学 了。 Tā de yǐjīng shàng dàxué le.　　彼女の息子はもう大学に入りました。
A. 东西　　B. 狗　　C. 儿子　　D. 家

26 下午 我 给 你 打（　）。 Xiàwǔ wǒ gěi nǐ dǎ　　午後私はあなたに電話をする。
A. 东西　　B. 狗　　C. 儿子　　D. 电话

27 我 买了 一点儿（　）。 Wǒ mǎile yìdiǎnr　　私は少しお菓子を買った。
A. 东西　　B. 点心　　C. 水果　　D. 衣服

28 学校 附近 有家（　），我们 去 那儿吃饭 吧。 xuéxiào fùjìn yǒu jiā wǒmen qù nàr chīfàn ba.　　学校の近くにレストランがあるから、そこで食事にしましょう。
A. 飞机　　B. 饭馆　　C. 工作　　D. 后面

29 你 吃 早（　）了 吗? Nǐ chī zǎo le ma?　　あなたは朝ご飯を食べましたか?
A. 饭　　B. 水果　　C. 饺子　　D. 衣服

30 你 在 哪个（　）住? Nǐ zài nǎge zhù?　　あなたはどのホテルに泊まってますか?
A. 车站　　B. 学校　　C. 饺子　　D. 饭店

2 名詞 ④ 005

飞机 fēijī	【名】飛行機	zuò fēijī 坐飞机（飛行機に乗る） fēijī qǐfēi 飞机起飞（飛行機が離陸する）	
风★ fēng	【名】風	guā fēng 刮风（風が吹く） fēng dà 风大（風が強い）	
钢笔★ gāngbǐ	【名】万年筆	gāngbǐ zì 钢笔字（万年筆の字） bàba de gāngbǐ 爸爸的钢笔（お父さんの万年筆）	
歌★ gē	【名】歌	chàng gē 唱歌（歌を歌う） tīng gē 听歌（歌を聞く）	
工作 gōngzuò	【名】仕事、業務、任務	gōngzuò máng 工作忙（仕事が忙しい） gōngzuò dānwèi 工作单位（職場）	
狗 gǒu	【名】犬	yǎng gǒu 养狗（犬を飼う） xiǎo gǒu 小狗（子犬）	
海★ hǎi	【名】海	hǎishuǐ 海水（海水） hǎi biān 海边（海辺）	
汉语 Hànyǔ	【名】中国語	xué Hànyǔ 学汉语（中国語を勉強する） shuō Hànyǔ 说汉语（中国語を話す）	
汉字★ Hànzì	【名】漢字	xiě Hànzì 写汉字（漢字を書く） liàn Hànzì 练汉字（漢字練習）	
红茶★ hóngchá	【名】紅茶	hē hóngchá 喝红茶（紅茶を飲む） yì bēi hóngchá 一杯红茶（1杯の紅茶）	

解答：名詞 21.B 22.C 23.C 24.D 25.C 26.D 27.B 28.B 29.A 30.D

練習：（　）の中に入る適切な単語を、下のA～Dから1つ選びなさい

31 Tā xuéguo liǎng ge yuè de
他 学过 两 个 月 的（　　）。　　彼は中国語を2ヶ月勉強したことがあります。

A. 今天　　　B. 工作　　　C. 汉语　　　D. 狗

32 Zhè zhǒng　　bǐjiào ānquán.
这 种（　）比较 安全。　　この飛行機は比較的安全です。

A. 工作　　　B. 飞机　　　C. 火车站　　　D. 儿子

33 Zánmen qù hē yì bēi　　ba.
咱们 去 喝 一 杯（　）吧。　　みんなで紅茶を飲みに行きましょう。

A. 水果　　　B. 红茶　　　C. 酒　　　D. 饭馆

34 　　máng bu máng
（　）忙 不 忙？　　仕事は忙しいですか？

A. 工作　　　B. 饭馆　　　C. 家　　　D. 汉语

35 Wǒmen jiā méi
我们 家 没（　　）。　　私の家は犬を飼っていません。

A. 今天　　　B. 儿子　　　C. 后面　　　D. 狗

36 Wàimiàn　　hěn dà.
外面（　）很 大。　　外の風が強い。

A. 狗　　　B. 儿子　　　C. 东西　　　D. 风

37 Zhè shì wǒ bàba de
这 是 我 爸爸 的（　　）。　　これはお父さんの万年筆です。

A. 工作　　　B. 饭馆　　　C. 家　　　D. 钢笔

38 Tāmen zài xué rìběn
她们 在 学 日本（　　）。　　彼女たちは日本の歌を勉強している。

A. 工作　　　B. 歌　　　C. 英语　　　D. 汉语

39 Wǒmen qù　　biān wánr ba.
我们 去（　）边 玩儿 吧。　　私たちは海辺で遊びましょう。

A. 工作　　　B. 饭馆　　　C. 家　　　D. 海

40 Wǒ bú huì xiě
我 不 会 写（　　）。　　私は漢字が書けません。

A. 钢笔　　　B. 英语　　　C. 汉字　　　D. 汉语

2 名詞 ⑤ 006

| 后年★ hòunián | 【名】再来年 | hòunián qù 后年去（再来年行く）
hòunián bìyè 后年毕业（再来年卒業する） |

| 后天★ hòutiān | 【名】あさって、明後日 | hòutiān huílái 后天回来（明後日戻る）
hòutiān kāixué 后天开学（明後日学校が始まる） |

| 话★ huà | 【名】話、言語、言葉 | shuōhuà 说话（話す）
bù tīng huà 不听话（話を聞かない） |

| 画(儿)★ huà(r) | 【名】絵、絵画 | yóuhuà 油画（油絵）
zhōngguó huàr 中国画儿（中国画） |

| 火★ huǒ | 【名】火 | huǒ xiǎo 火小（火が弱い）
shāo huǒ 烧火（火を燃やす） |

| 火车站 huǒchēzhàn | 【名】（電車の）駅 | dào huǒchēzhàn 到火车站（駅につく）
Běijīng huǒchēzhàn 北京火车站（北京駅） |

| 鸡★ jī | 【名】ニワトリ | jīròu 鸡肉（鶏肉）
jīdàn 鸡蛋（卵） |

| 家 jiā | 【名】家 | zài jiā 在家（家にいる）
huí jiā 回家（帰宅する） |

| 饺子★ jiǎozi | 【名】餃子 | zuò jiǎozi 做饺子（餃子を作る）
shuǐjiǎozi 水饺子（水餃子） |

| 今年★ jīnnián | 【名】今年 | jīnnián xiàtiān 今年夏天（今年の夏）
jīnnián Chūnjié 今年春节（今年の春節） |

解答：名詞 31.C 32.B 33.B 34.A 35.D 36.D 37.D 38.B 39.D 40.C

練習：（　）の中に入る適切な単語を、下のＡ～Ｄから１つ選びなさい

41 Lǎo Wáng zài (　) ma?
老　王　在（　）吗？　　王さんは家にいますか？
A. 东西　　B. 家　　C. 儿子　　D. 汉语

42 Wǒ bàba zài (　) gōngzuò.
我 爸爸 在（　）工作。　　父は駅で仕事をしています。
A. 火车站　　B. 飞机　　C. 儿子　　D. 后面

43 Nǐ huì zuò (　) ma?
你 会 做（　）吗？　　あなたは餃子を作れますか？
A. 面　　B. 饭　　C. 饺子　　D. 点心

44 (　) xiàtiān lái Rìběn de Zhōngguórén hěn duō.
（　）夏天 来 日本 的 中国人　很 多。　　今年の夏は日本に来る中国人が多い。
A. 今年　　B. 今天　　C. 冬天　　D. 后年

45 Wǒ xiǎng (　) qù Měiguó lǚyóu.
我 想（　）去 美国 旅游。　　私は再来年アメリカ旅行に行きたい。
A. 后面　　B. 后年　　C. 后天　　D. 饭馆

46 Wǒmen (　) kāixué.
我们（　）开学。　　私たちは明後日学校が始まる。
A. 后天　　B. 汉语　　C. 明年　　D. 今天

47 Qǐng nǐmen búyào shuō (　).
请 你们 不要 说（　）。　　話さないでください。
A. 酒　　B. 汉语　　C. 工作　　D. 话

48 Zhè fú (　) hěn yǒumíng.
这 幅（　）很 有名。　　この絵はとても有名です。
A. 歌　　B. 鸡蛋　　C. 画儿　　D. 饭馆

49 (　) tài xiǎo le.
（　）太 小 了。　　火が弱すぎる。
A. 衣服　　B. 水果　　C. 儿子　　D. 火

50 Wǒ xǐhuan chī (　) ròu.
我 喜欢 吃（　）肉。　　私は鶏肉を食べることが好きです。
A. 鸡　　B. 水果　　C. 牛　　D. 饭馆

2 名詞 ⑥ 007

今天 jīntiān	【名】今日	jīntiān xiàwǔ 今天下午（今日の午後） jīntiān lái 今天来（今日来る）
酒★ jiǔ	【名】酒	bù hē jiǔ 不喝酒（酒を飲まない） rìběnjiǔ 日本酒（日本酒）
课本★ kèběn	【名】教科書	Hànyǔ kèběn 汉语课本（中国語の教科書） méi kèběn 没课本（教科書が無い）
老师 lǎoshī	【名】先生（教員を指す）、教師	Hànyǔ lǎoshī 汉语老师（中国語の先生） Wáng lǎoshī 王老师（王先生）
妈妈 māma	【名】お母さん、母	wǒ māma 我妈妈（私のお母さん） xǐhuan māma 喜欢妈妈（お母さんが好き）
猫 māo	【名】猫	xiǎo māo 小猫（小猫） huā māo 花猫（三毛猫）
毛巾★ máojīn	【名】タオル、手ぬぐい	hóngsè máojīn 红色毛巾（赤いタオル） yì tiáo máojīn 一条毛巾（1枚のタオル）
毛衣★ máoyī	【名】セーター	hēi máoyī 黑毛衣（黒いセーター） chuān máoyī 穿毛衣（セーターを着る）
美国★ Měiguó	【名】アメリカ	Měiguórén 美国人（アメリカ人） měiguó diànyǐng 美国电影（アメリカ映画）
米饭 mǐfàn	【名】ご飯、米	zuò mǐfàn 做米饭（ご飯を炊く） chī mǐfàn 吃米饭（米を食べる）

解答：名詞 41.B 42.A 43.C 44.A 45.B 46.A 47.D 48.C 49.D 50.A

練習：（　）の中に入る適切な単語を、下のA～Dから１つ選びなさい

51　Tā bù xǐhuan
她 不 喜欢（　　）。　　　　彼女は猫が嫌いです。

A. 明天　　　B. 猫　　　C. 苹果　　　D. 年

52　Wǒ　　　　bù zài jiā.
我（　）不 在 家。　　　　母は家にいません。

A. 猫　　　B. 明天　　　C. 妈妈　　　D. 名字

53　Wǒ rènshi nǐmen Hànyǔ
我 认识 你们 汉语（　　）。　　あなたたちの中国語の先生を知っています。

A. 妈妈　　　B. 老师　　　C. 米饭　　　D. 女儿

54　Zuótiān qù le,　　yě qù.
昨天 去 了,（　）也 去。　　昨日も行きましたし、今日も行きます。

A. 家　　　B. 今天　　　C. 汉语　　　D. 儿子

55　Zhè jiàn　　shì shuí de?
这 件（　）是 谁 的?　　　このセーターは誰のですか?

A. 毛衣　　　B. 杯子　　　C. 课本　　　D. 女儿

56　Tāmen dōu shì　　rén.
她们 都 是（　）人。　　　彼女たちは皆アメリカ人です。

A. 美国　　　B. 工作　　　C. 中国　　　D. 日本

57　Rìběnrén xǐhuan chī
日本人 喜欢 吃（　　）　　日本人は米を食べるのが好きです。

A. 米饭　　　B. 老师　　　C. 朋友　　　D. 年

58　Rìběn　　hěn hǎohē.
日本（　）很 好喝。　　　日本酒はとても美味しい。

A. 东西　　　B. 茶　　　C. 酒　　　D. 红茶

59　Qǐng nǐmen dǎkāi
请 你们 打开（　　）。　　教科書を開いてください。

A. 出租车　　　B. 课本　　　C. 窗户　　　D. 辞典

60　　　zài nǎr?
（　）在 哪儿?　　　　　　タオルはどこですか?

A. 东西　　　B. 狗　　　C. 毛巾　　　D. 车站

2 名詞 ⑦ 008

| 面★ miàn | 【名】小麦粉、麺類 | miàntiáo 面条（うどん、麺類）
miàntāng 面汤（麺を煮た湯、蕎麦湯） |

| 明年★ míngnián | 【名】来年 | míngnián xiàtiān 明年夏天（来年の夏）
míngnián hánjià 明年寒假（来年の冬休み） |

| 明天 míngtiān | 【名】あす | míngtiān qù 明天去（明日行く）
míngtiān zhōngwǔ 明天中午（明日の正午） |

| 名字 míngzi | 【名】名前 | xiě míngzi 写名字（名前を書く）
jiào shénme míngzi? 叫什么名字?（名前はなに？） |

| 年 nián | 【名】年 | qùnián 去年（去年）
měinián 每年（毎年） |

| 牛★ niú | 【名】牛 | niúchē 牛车（牛車）
niúròu 牛肉（牛肉） |

| 女儿 nǚ'ér | 【名】娘 | dà nǚ'ér 大女儿（長女）
èr nǚ'ér 二女儿（二女） |

| 朋友 péngyou | 【名】友だち | jiāo péngyou 交朋友（友達を作る）
nǚpéngyou 女朋友（彼女） |

| 苹果 píngguǒ | 【名】リンゴ | hóng píngguǒ 红苹果（赤いリンゴ）
píngguǒ jiàng 苹果酱（リンゴジャム） |

| 瓶子★ píngzi | 【名】瓶 | jiǔ píngzi 酒瓶子（酒瓶）
yào píngzi 药瓶子（薬瓶） |

解答：名詞 51.B 52.C 53.B 54.B 55.A 56.A 57.A 58.C 59.B 60.C

練習：（　）の中に入る適切な単語を、下のＡ～Ｄから１つ選びなさい

61	Wǒ　　　　bú zài zhèr. 我（　）不 在 这儿。		私は明日はここにいません。
	A. 年	B. 名字	C. 明天　　　D. 老师

62	Wǒ dìdi měi　　xiàtiān yào qù Táiwān. 我 弟弟 每（　）夏天 要 去 台湾。		私の弟は毎年夏に台湾に行きます。
	A. 明天	B. 年	C. 苹果　　　D. 女儿

63	Zài jiā kào fùmǔ,　zài wài kào 在 家 靠 父母，在 外 靠（　）。		旅は道連れ、世は情け。(家では親に頼り、外では友に頼る)
	A. 女儿	B. 妈妈	C. 朋友　　　D. 猫

64	XiǎoMíng hái bú huì xiě zìjǐ de 小明　还 不 会 写 自己 的（　）。		明ちゃんはまだ自分の名前が書けません。
	A. 明天	B. 猫	C. 名字　　　D. 苹果

65	Zhè shì wǒ　　mǎi de shēngrì lǐwù. 这 是 我（　）买 的 生日 礼物。		これは私の娘が買った誕生日プレゼントです。
	A. 年	B. 妈妈	C. 米饭　　　D. 女儿

66	Zuótiān xiàwǔ huí jiā shí mǎile liǎng jīn 昨天 下午 回家 时 买了 两 斤（　）。		昨日の午後帰宅する時に、リンゴを１キロ分買いました。
	A. 明天	B. 朋友	C. 名字　　　D. 苹果

67	Rìběn de　　hěn hǎochī. 日本 的（　）很 好吃。		日本のうどんはおいしいです。
	A. 饺子	B. 水果	C. 米饭　　　D. 面

68	xiàtiān qù Zhōngguó lǚyóu. （　）夏天 去 中国　旅游。		来年の夏に中国を旅行する。
	A. 今年	B. 明年	C. 今天　　　D. 现在

69	Tā bù xǐhuan chī　　ròu. 她 不 喜欢 吃（　）肉。		彼女は牛肉が好きではない。
	A. 牛	B. 酒	C. 米饭　　　D. 红茶

70	Jiǔ　　zài zhuōzi shang. 酒（　）在 桌子 上。		酒瓶はテーブルの上にあります。
	A. 瓶子	B. 茶	C. 水果　　　D. 苹果

2 名詞 ⑧ 009

| 汽车★ qìchē | 【名】車 | qìchē sījī
汽车司机（車の運転手）
kāi qìchē
开汽车（車を運転する） |

钱 qián 【名】金
huā qián
花钱（金を使う）
língqián
零钱（小銭）

前年★ qiánnián 【名】一昨年
qiánnián dōngtiān
前年冬天（一昨年の冬）
qiánnián shǔjià
前年暑假（一昨年の夏休み）

前天★ qiántiān 【名】一昨日
qiántiān shàngwǔ
前天上午（一昨日の午前）
qiántiān wǎnshang
前天晚上（一昨日の夜）

人 rén 【名】人
nánrén
男人（男性）
nǚrén
女人（女性）

日 rì 【名】日
sān yuè jiǔ rì
三月九日（3月9日）
rìyè
日夜（日夜）

日本★ Rìběn 【名】日本
rìběnchá
日本茶（日本茶）
rìběnchē
日本车（日本車）

日语★ Rìyǔ 【名】日本語
xué Rìyǔ
学日语（日本語を学ぶ）
shuō Rìyǔ
说日语（日本語を話す）

肉★ ròu 【名】肉
qù mǎi ròu
去买肉（肉を買いに行く）
yángròu
羊肉（羊肉）

山★ shān 【名】山
gāo shān
高山（高い山）
Fùshìshān
富士山（富士山）

解答 名詞 61.C 62.B 63.C 64.C 65.D 66.D 67.D 68.B 69.A 70.A

練習：（　）の中に入る適切な単語を、下のA～Dから１つ選びなさい

71
Wǒ bù xǐhuan chī yáng
我 不 喜欢 吃 羊（　）。　　私は羊肉が好きではありません。

A. 水果　　B. 牛　　C. 肉　　D. 苹果

72
Rìběn de Fùshì　　　hěn yǒumíng.
日本 的 富士（　）很 有名。　　日本の富士山はとても有名です。

A. 苹果　　B. 河　　C. 山　　D. 海

73
Wǒ bàba shì　　　sījī.
我 爸爸 是（　）司机。　　父は車の運転手です。

A. 出租车　　B. 汽车　　C. 火车站　　D. 飞机

74
　　　 nán ma?
（　）难 吗？　　日本語は難しいですか？

A. 英语　　B. 时候　　C. 日语　　D. 汉语

75
　　　 dōngtiān wǒmen qù Běihǎidào le.
（　）冬天 我们 去 北海道 了。　　一昨年の冬に私は北海道へ行った。

A. 前年　　B. 月　　C. 上午　　D. 下午

76
Wǒ shì jiǔ yuè bā　　　huí guó de.
我 是 九 月 八（　）回 国 的。　　私は９月８日に帰国したのです。

A. 日　　B. 商店　　C. 时候　　D. 上午

77
Yǒuxiē dōngxi shì yòng　　　mǎibudào de.
有些 东西 是 用（　）买不到 的。　　金で買えないものもあります。

A. 水果　　B. 前面　　C. 上午　　D. 钱

78
　　　 wǎnshang nǐ qù nǎr le.
（　）晚上 你 去 哪儿 了。　　一昨日の夜あなたはどこへ行きましたか？

A. 今天　　B. 前天　　C. 下午　　D. 时候

79
Wǒ shì Zhōngguó
我 是 中国（　）。　　私は中国人です。

A. 商店　　B. 书　　C. 水　　D. 人

80
　　　 chá hěn hǎohē.
（　）茶 很 好喝。　　日本茶はとても美味しい。

A. 水果　　B. 日本　　C. 日　　D. 美国

2 名詞 ⑨ 010

| 商店 shāngdiàn | 【名】店 | bǎihuò shāngdiàn
百货商店（デパート）
shípǐn shāngdiàn
食品商店（食糧品店） |

| 上午 shàngwǔ | 【名】午前 | zuótiān shàngwǔ
昨天上午（昨日の午前）
shàngwǔ jiǔ diǎn
上午九点（午前9時） |

| 时候 shíhou | 【名】時間、時刻 | shénme shíhou
什么时候（いつ）
nà shíhou
那时候（あの時） |

| 手★ shǒu | 【名】手 | xǐshǒu
洗手（手を洗う）
shuāngshǒu
双手（両手） |

| 书 shū | 【名】本 | kàn shū
看书（本を読む）
wàiyǔ shū
外语书（外国語の本） |

| 水 shuǐ | 【名】水 | hē shuǐ
喝水（水を飲む）
rèshuǐ
热水（お湯） |

| 水果 shuǐguǒ | 【名】果物 | mǎi shuǐguǒ
买水果（果物を買う）
shuǐguǒ diàn
水果店（果物店） |

| 天气 tiānqì | 【名】天気 | tiānqì hěn hǎo
天气很好（天気が良い）
tiānqì lěng
天气冷（寒い） |

| 同学 tóngxué | 【名】クラスメート、同級生 | wǒ de tóngxué
我的同学（私のクラスメート）
tóngbān tóngxué
同班同学（クラスメート） |

| 头★ tóu | 【名】あたま | tóuténg
头疼（頭が痛い）
tìtóu
剃头（髪を剃る） |

解答：名詞 71.C 72.C 73.B 74.C 75.A 76.A 77.D 78.B 79.D 80.B

練習：（　）の中に入る適切な単語を、下のＡ〜Ｄから１つ選びなさい

81
Wǒ měi tiān zǎoshang hē yì bēi liáng
我 每 天 早上 喝 一 杯 凉（　）。　私は毎朝、冷たい水を１杯飲みます。

A. 钱　　　B. 水　　　C. 人　　　D. 日

82
Nǐ shénme　　 qù Zhōngguó?
你 什么（　）去 中国？　あなたはいつ中国へ行くのですか？

A. 时候　　B. 前面　　C. 上午　　D. 书

83
Tā de fángjiān li quán shì
他 的 房间 里 全 是（　）。　彼の部屋には本がいっぱいあります。

A. 书　　　B. 水　　　C. 钱　　　D. 日

84
Nǐmen　　 qù nǎr wán le?
你们（　）去 哪儿 玩 了？　午前どこへ遊びに行ったのですか？

A. 时候　　B. 前面　　C. 上午　　D. 水果

85
Wǒ cháng qù nà jiā　　 mǎi dōngxi.
我 常 去 那 家（　）买 东西。　よくあの店へ買い物に行きます。

A. 水果　　B. 时候　　C. 日　　　D. 商店

86
Jīntiān zhēn shì ge hǎo
今天 真 是 个 好（　）。　今日はいい天気です。

A. 学习　　B. 天气　　C. 星期　　D. 学校

87
Tā　　 téng, méi lái shàngkè.
她（　）疼，没 来 上课。　彼女は頭が痛いので、授業に来ていない。

A. 女儿　　B. 手　　　C. 头　　　D. 儿子

88
Wǒ de　　 bìyè hòu dàbùfen jìnle gōngsī.
我 的（　）毕业 后 大部分 进了 公司。　クラスメートたちは卒業後ほとんど会社に就職しました。

A. 同学　　B. 先生　　C. 小姐　　D. 学生

89
Nǐ kuài qù xǐ　　 ba.
你 快 去 洗（　）吧。　早く手を洗いましょう。

A. 水果　　B. 手　　　C. 猫　　　D. 头

90
Qù mǎi diǎn　　 ba.
去 买 点（　）吧。　果物を買いに行きましょう。

A. 上午　　B. 水　　　C. 水果　　D. 商店

2 名詞 ⑩ 011

| 下午 xiàwǔ | 【名】午後 | xiàwǔ sān diǎn 下午三点（午後3時）
zuótiān xiàwǔ 昨天下午（昨日の午後） |

| 先生 xiānsheng | 【名】～さん（男性に対する敬称） | Lǐ xiānsheng 李先生（李さん）
Shānběn xiānsheng 山本先生（山本さん） |

| 现在 xiànzài | 【名】今、現在 | xiànzài jǐ diǎn? 现在几点？（今何時？）
xiànzài kāishǐ 现在开始（今から始める） |

| 小姐 xiǎojiě | 【名】（若い女性に対する呼称）お嬢さん | zhè wèi xiǎojiě 这位小姐（こちらのお嬢さん）
Lǐ xiǎojiě 李小姐（李さん） |

| 星期 xīngqī | 【名】週、週間 | shàng ge xīngqī 上个星期（先週）
xīngqītiān 星期天（日曜日） |

| 姓★ xìng | 【名】苗字、姓 | zuì duō de xìng 最多的姓（一番多い苗字）
nín guìxìng 您贵姓（お名前は） |

| 学生 xuésheng | 【名】学生 | nán xuésheng 男学生（男子学生）
Běijīng Dàxué xuésheng 北京大学学生（北京大学の学生） |

| 学习 xuéxí | 【名】学び、勉強 | xuéxí hǎo 学习好（勉強がよくできる）
xuéxí chéngjì 学习成绩（勉強の成績） |

| 学校 xuéxiào | 【名】学校 | xuéxiào yuǎn 学校远（学校が遠い）
xuéxiào jiàoyù 学校教育（学校教育） |

| 衣服 yīfu | 【名】服 | chuān yīfu 穿衣服（服を着る）
xǐ yīfu 洗衣服（服を洗う） |

解答：名詞　81.B 82.A 83.A 84.C 85.D 86.B 87.C 88.A 89.B 90.C

練習：（　）の中に入る適切な単語を、下のA～Dから1つ選びなさい

91　（ ），请 稍 等。
qǐng shāo děng.
お嬢さん、少々お待ちください。
A. 学习　　B. 现在　　C. 小姐　　D. 星期

92　她 的（ ）最 好。
Tā de　　zuì hǎo.
彼女の成績はトップです。
A. 星期　　B. 学校　　C. 学习　　D. 学生

93　我们（ ）已经 有 百 年 历史。
Wǒmen　　yǐjīng yǒu bǎi nián lìshǐ.
私の学校は百年の歴史を持っています。
A. 学习　　B. 学生　　C. 同学　　D. 学校

94　他 的（ ）怎么 写？
Tā de　　zěnme xiě?
彼の名字はどう書きますか？
A. 姓　　B. 毛衣　　C. 钢笔　　D. 后面

95　你（ ）去 哪儿？
Nǐ　　qù nǎr?
今どこへ行くのですか？
A. 学生　　B. 下午　　C. 现在　　D. 学习

96　李（ ）是 北京人。
Lǐ　　shì Běijīngrén.
李さんは北京の人です。
A. 先生　　B. 天气　　C. 下午　　D. 现在

97　下 个（ ）去 北京 玩儿。
xià ge　　qù Běijīng wánr.
来週北京に遊びに行く。
A. 小姐　　B. 星期　　C. 现在　　D. 下午

98　（ ）三 点 休息。
sān diǎn xiūxi.
午後3時に休憩します。
A. 天气　　B. 学校　　C. 下午　　D. 星期

99　这 件（ ）真 好看，在 哪儿 买 的？
Zhè jiàn　　zhēn hǎokàn, zài nǎr mǎi de?
この服はきれいですね。どこで買ったのですか？
A. 椅子　　B. 月　　C. 中国　　D. 衣服

100　他 是 老师 最 喜欢 的（ ）。
Tā shì lǎoshī zuì xǐhuan de
彼は先生の一番好きな学生です。
A. 小姐　　B. 先生　　C. 同学　　D. 学生

2 名詞 ⑪ 012

医生 yīshēng 【名】医者
- qǐng yīshēng 请医生（医者を呼ぶ）
- nǚ yīshēng 女医生（女医）

医院 yīyuàn 【名】病院、医院
- xiǎo yīyuàn 小医院（小さな病院）
- xiǎng qù yīyuàn 想去医院（病院に行きたい）

椅子 yǐzi 【名】椅子
- bān yǐzi 搬椅子（椅子を運ぶ）
- yì bǎ yǐzi 一把椅子（1脚の椅子）

英语★ Yīngyǔ 【名】英語
- Yīngyǔ zuòyè 英语作业（英語の宿題）
- Yīngyǔ cídiǎn 英语辞典（英語の辞書）

月 yuè 【名】（時間の単位の）月
- sān yuè jiǔ hào 三月九号（3月9日）
- shàng yuè qī hào 上月七号（先月7日）

中国 Zhōngguó 【名】中国
- Zhōngguó wénhuà 中国文化（中国文化）
- Zhōngguó dìtú 中国地图（中国の地図）

中午 zhōngwǔ 【名】お昼
- zhōngwǔ chī 中午吃（お昼に食べる）
- zhōngwǔ shí'èrdiǎn 中午十二点（昼12時）

桌子 zhuōzi 【名】机
- cā zhuōzi 擦桌子（机を拭く）
- dà zhuōzi 大桌子（大テーブル）

字 zì 【名】字、漢字、文字
- chángyòng zì 常用字（常用字）
- xiě zì 写字（字を書く）

昨天 zuótiān 【名】昨日
- zuótiān de shì 昨天的事（昨日の事）
- zuótiān zǎoshang 昨天早上（昨日の朝）

解答：名詞 91.C 92.C 93.D 94.A 95.C 96.A 97.B 98.C 99.D 100.D

練習：（　）の中に入る適切な単語を、下のA～Dから１つ選びなさい

101 Wǒmen xuéxiào měi ge　　dōu yǒu kǎoshì.
我们 学校 每 个（　）都 有 考试。　私たちの学校は毎月試験があります。

　　A. 中国　　　B. 中午　　　C. 月　　　D. 桌子

102 Zhège　　zěnme niàn?
这个（　）怎么 念？　この字はどう読みますか。

　　A. 昨天　　　B. 字　　　C. 月　　　D. 桌子

103 　　cā le ma?
（　）擦 了 吗？　テーブルを拭きましたか。

　　A. 医院　　　B. 昨天　　　C. 椅子　　　D. 桌子

104 Nǐ yǒu　　cídiǎn ma?
你 有（　）辞典 吗？　あなたは英語の辞書がありますか？

　　A. 朋友　　　B. 英语　　　C. 同学　　　D. 名字

105 Bú yàojǐn ba, yào bu yào qù（　）?
不 要紧 吧, 要 不 要 去（　）？　大丈夫？病院に行きますか？

　　A. 椅子　　　B. 医院　　　C. 桌子　　　D. 医生

106 　　gèdì de qìhòu dōu bù yíyàng.
（　）各地 的 气候 都 不 一样。　中国各地の気候は違っています。

　　A. 中国　　　B. 中午　　　C. 医院　　　D. 衣服

107 Zài bān bā ge　　lái ba.
再 搬 八 个（　）来 吧。　椅子をもう８つ持ってきてください。

　　A. 椅子　　　B. 字　　　C. 衣服　　　D. 医生

108 　　wǒ bǎ yīfu dōu xǐ le.
（　）我 把 衣服 都 洗 了。　昨日服を全部洗いました。

　　A. 医院　　　B. 昨天　　　C. 椅子　　　D. 中国

109 Tā de mèngxiǎng shì dāng yì míng hǎo
他 的 梦想 是 当 一 名 好（　）。　彼の夢はいい医者になることです。

　　A. 医院　　　B. 椅子　　　C. 衣服　　　D. 医生

110 　　huílái chī ma?
（　）回来 吃 吗？　お昼を食べに帰りますか？

　　A. 中午　　　B. 中国　　　C. 医生　　　D. 月

3 動詞 ① 013

| 爱 ài | 【動】好む、愛する | ài zǔguó
爱祖国（祖国を愛する）
ài jiāxiāng
爱家乡（故郷を愛する） |

| 唱★ chàng | 【動】歌う | chàng rìběn gē
唱日本歌（日本の歌を歌う）
chàng gē
唱歌（歌を歌う） |

| 吃 chī | 【動】食べる | chīfàn
吃饭（食事をする）
chī yào
吃药（薬を飲む） |

| 抽烟★ chōuyān | 【動】タバコを吸う、喫煙する | búyào chōuyān
不要抽烟（タバコを吸わないでください）
qǐng chōuyān
请抽烟（タバコをどうぞ） |

| 打 dǎ | 【動】打つ、殴る、する、やる | dǎ rén
打人（人を叩く）
dǎ diànhuà
打电话（電話する） |

| 打开★ dǎkāi | 【動】開ける、開く、つける | dǎkāi chuānghu
打开窗户（窓を開ける）
dǎkāi diànshì
打开电视（テレビをつける） |

| 读 dú | 【動】読む | dúshū
读书（本を読む）
lǎngdú
朗读（朗読する） |

| 干★ gàn | 【動】やる、する | gàn shénme
干什么（何をする？）
gànhuó
干活（働く） |

| 高兴 gāoxìng | 【動】喜ぶ | gāoxìng shénme
高兴什么（何に喜んでいるの？）
bié gāoxìng
别高兴（喜んではいけない） |

| 工作 gōngzuò | 【動】働く | gōngzuò shíjiān
工作时间（労働時間）
zhǎo gōngzuò
找工作（職を探す） |

解答：名詞 101.C 102.B 103.D 104.B 105.B 106.A 107.A 108.B 109.D 110.A

練習：下の動詞が入る適切な場所を、文中のA、B、Cから1つ選びなさい

1. 爸爸妈妈（A）是我（B）最（C）的人。　父母は私の一番愛している人です。
   Bàba māma shì wǒ zuì de rén.
   爱

2. 午饭（A）什么（B）好呢（C）？　昼ご飯は何を食べたらいいかな？
   Wǔfàn shénme hǎo ne
   吃

3. 他（A）每天都（B）去（C）篮球。　彼は毎日バスケットをしに行く。
   Tā měi tiān dōu qù lánqiú.
   打

4. 请（A）一下（B）这篇课文（C）。　このテキストを読んでください。
   Qǐng yíxià zhè piān kèwén
   读

5. （A）别（B）得太早了（C）。　うれしがるのは早いですよ。
   bié de tài zǎo le
   高兴

6. 我不（A）会（B）日本歌（C）。　私は日本の歌を歌えません。
   Wǒ bú huì rìběn gē
   唱

7. 请（A）您（B）不要在这儿（C）。　ここでタバコを吸わないでください。
   Qǐng nín búyào zài zhèr
   抽烟

8. 外面（A）在下雨，不要（B）窗户（C）。　外は雨が降っているので、窓を開けないでください。
   Wàimiàn zài xià yǔ, búyào chuānghu
   打开

9. （A）你（B）在（C）什么？　あなたは何をしているのですか？
   nǐ zài shénme?
   干

10. （A）他（B）正在（C）。　彼は働いている。
    tā zhèngzài
    工作

3 動詞② 014

| 喝 hē | 【動】飲む | hē jiǔ
喝酒（酒を飲む）
hē niúnǎi
喝牛奶（牛乳を飲む） |

| 画★ huà | 【動】（絵や図などを）かく、描く | huà huàr
画画儿（絵を描く）
huà shénme
画什么（何を描くか） |

| 回 huí | 【動】戻る、帰る | huí guó
回国（国へ帰る）
huí xuéxiào
回学校（学校に戻る） |

| 会 huì | 【動】できる | huì Yīngyǔ
会英语（英語が話せる）
bú huì Fǎyǔ
不会法语（フランス語を話せない） |

| 见★ jiàn | 【動】見る、見える、会う | tīngjiàn
听见（聞こえる）
jiànguo
见过（会ったことがある） |

| 教★ jiāo | 【動】教える | jiāo Yīngyǔ
教英语（英語を教える）
jiāoxué
教学（（学問や技術を）教える） |

| 叫 jiào | 【動】呼ぶ、〜という | zhè jiào shénme
这叫什么（これはなんと呼ぶ？）
nǐ jiào shénme
你叫什么（あなたの名前は？） |

| 开 kāi | 【動】開ける、開く、運転する、発車する、（花が）咲く | kāi mén
开门（ドアを開ける）
kāi chūzūchē
开出租车（タクシーを運転する） |

| 开车★ kāichē | 【動】（車を）運転する、発車する | huì kāichē
会开车（運転ができる）
kāichē shíjiān
开车时间（運転時間） |

| 看 kàn | 【動】見る、読む | kàn shū
看书（本を読む）
kàn diànshì
看电视（テレビを見る） |

解答：動詞 1.C 2.A 3.C 4.A 5.B 6.B 7.C 8.B 9.C 10.C

練習：下の動詞が入る適切な場所を、文中のＡ、Ｂ、Ｃから１つ選びなさい

11	(A) 你 (B) 会 (C) 吗？ nǐ　　　huì　　　ma? 开车	あなたは運転ができますか？
12	我 (A) 不 (B) 酒 (C)。 Wǒ　　bù　　jiǔ 喝	私はお酒を飲みません。
13	(A) 他 (B) 国 (C) 了 吗？ tā　　　guó　　　le ma? 回	彼は国へ帰ったのですか？
14	你 (A) 日语 (B) 吗 (C)？ Nǐ　　Rìyǔ　　ma 会	あなたは日本語ができますか？
15	(A) 你们 老师 (B) 什么 (C) 名字？ nǐmen lǎoshī　shénme　míngzi? 叫	あなたたちの先生はなんという名前ですか？
16	请 (A) 一下 (B) 门 (C)。 Qǐng　yíxià　　mén 开	ドアをちょっと開けてください。
17	她 (A) 在 (B) 猫 (C)。 Tā　　zài　　māo 画	彼女は猫を描いている。
18	你 (A) 过 他 (B) 的 小说 (C) 吗？ Nǐ　guo tā　de xiǎoshuō　ma? 看	彼の小説を読んだことがありますか？
19	我 (A) 说 的 话 (B) 你 听 (C) 了 吗？ Wǒ　shuō de huà　nǐ tīng　le ma? 见	私の話聞こえましたか？
20	他 (A) 我们 (B) 英语 (C)。 Tā　wǒmen　Yīngyǔ. 教	彼は私たちに英語を教えます。

3 動詞 ③ 015

看见 kànjiàn	【動】見る、会う	kànjiàn le 看见了（見た、会った） méi kànjiàn 没看见（見ていない、会っていない）	
客气★ kèqi	【動】遠慮する、謙遜する	búyào kèqi 不要客气（遠慮しないでください） búyòng kèqi 不用客气（遠慮はいらない）	
来 lái	【動】来る	lái Rìběn 来日本（日本に来る） lái bu lái 来不来？（来ますか？）	
留学★ liúxué	【動】留学する	qù liúxué 去留学（留学する） zìfèi liúxué 自费留学（自費留学をする）	
旅行★ lǚxíng	【動】旅行する	qù lǚxíng 去旅行（旅行する） guówài lǚxíng 国外旅行（海外旅行をする）	
麻烦★ máfan	【動】煩わす、面倒をかける、手数をかける	máfan nǐ 麻烦你（ご迷惑をおかけします） máfan biérén 麻烦别人（人に迷惑をかける）	
买 mǎi	【動】買う	mǎi chē 买车（車を買う） mǎi piào 买票（チケット／切符を買う）	
念★ niàn	【動】（声を出して）読む	niàn kèwén 念课文（テキスト本文を読む） niàn dāncí 念单词（単語を読む）	
跑★ pǎo	【動】走る、駆ける	kuài pǎo 快跑（速く走る） pǎo de kuài 跑得快（走るのが速い）	
请★ qǐng	【動】頼む、お願いをする	qǐng jìn 请进（どうぞ入ってください） qǐng hē chá 请喝茶（お茶をどうぞ）	

解答：動詞 11.C 12.B 13.B 14.A 15.B 16.A 17.B 18.A 19.C 20.A

練習：下の動詞が入る適切な場所を、文中のＡ、Ｂ、Ｃから１つ選びなさい

21	Tā de hěn kuài 他（A）得（B）很 快（C）。	彼は走るのが速い。
	跑	

22	Wǒ zuótiān Xiǎo Lǐ le. 我（A）昨天（B）小 李（C）了。	昨日、李さんに会いました。
	看见	

23	Nǐ shì shénme shíhou de? 你（A）是（B）什么 时候（C）的？	あなたはいつ来たのですか？
	来	

24	zhè chē shì wǔ nián qián de. （A）这 车 是（B）5 年 前（C）的。	この車は５年前に買ったのです。
	买	

25	Wǒ jīntiān nǐmen chīfàn. 我（A）今天（B）你们（C）吃饭。	今日私は皆さんにご飯をおごります。
	请	

26	Qǐng jìn, bú yào 请（A）进，不（B）要（C）。	どうぞ遠慮しないでお入りください。
	客气	

27	Wǒ xiǎng qù Měiguó 我（A）想 去（B）美国（C）。	私はアメリカ留学がしたい。
	留学	

28	Wǒ xiàtiān qù Zhōngguó 我（A）夏天 去（B）中国（C）。	私は夏に中国を旅行する。
	旅行	

29	nǐ le, bù hǎo yìsi （A）你 了，（B）不 好 意思（C）。	ご迷惑をおかけしてすみません。
	麻烦	

30	qǐng dì sān kè （A）请（B）第 三 课（C）。	第３課を読んでください。
	念	

3 動詞 ④ 016

去 qù	【動】行く	qù le 去了（行った） bú qù 不去（行かない）
认识 rènshi	【動】知り合う、知っている	bú rènshi 不认识（知らない） rènshi lù 认识路（道を知っている）
上 shàng	【動】上る、通う	shàng chē 上车（車に乗る） shàngxué 上学（通学する）
是 shì	【動】である	shì shuí? 是谁？（誰ですか） shì wǒ de 是我的（わたしのものです）
睡觉 shuìjiào	【動】眠る	zǎo shuìjiào 早睡觉（早く眠る） bā diǎn shuìjiào 八点睡觉（8時に眠る）
说话 shuōhuà	【動】話す、雑談する	jīngcháng shuōhuà 经常说话（しょっちゅう話す） bié shuōhuà 别说话（話をしてはいけない）
踢★ tī	【動】蹴る、蹴とばす	tī zúqiú 踢足球（サッカーをする） tī rén 踢人（人を蹴る）
听 tīng	【動】聞く、聴く	tīng yīnyuè 听音乐（音楽を聴く） tīng gē 听歌（歌を聴く）
停★ tíng	【動】止まる、止める、停止する	tíng chē 停车（駐車する） tíng diàn 停电（停電する）
下 xià	【動】下りる、下る、降りる、降る	xià chē 下车（下車する） xià xuě 下雪（雪が降る）

解答：動詞 21.A 22.B 23.C 24.C 25.B 26.C 27.C 28.C 29.A 30.B

練習：下の動詞が入る適切な場所を、文中のＡ、Ｂ、Ｃから１つ選びなさい

31.
Zuótiān wǒ le liǎng cì
昨天（A）我（B）了 两 次（C）。　　昨日私は２回行きました。

去

32.
Wǒmen bù tā bàba
我们（A）不（B）他 爸爸（C）。　　私たちは彼のお父さんを知りません。

认识

33.
Kāichē shíjiān dào le kuài chē ba!
开车（A）时间 到 了（B），快（C）车 吧！　　発車時間になりました。はやく乗車してください。

上

34.
zhè běn shū nǐ de ba.
（A）这 本 书（B）你（C）的 吧。　　この本はあなたのですよね。

是

35.
Tā xiànzài zài jiā ne.
他 现在（A）在（B）家（C）呢。　　彼は今家で寝ています。

睡觉

36.
Qǐng dàjiā búyào
请（A）大家（B）不要（C）。　　みなさん、雑談をやめてください。

说话

37.
Tā měi tiān zúqiú
他（A）每 天（B）足球（C）。　　彼は毎日サッカーをする。

踢

38.
Bàba měi tiān xīnwén
爸爸（A）每 天（B）新闻（C）。　　父は毎日ニュースを聞いています。

听

39.
jīntiān diàn le.
（A）今天（B）电（C）了。　　今日停電した。

停

40.
Wǒ zài zhèr chē.
我（A）在（B）这儿（C）车。　　ここで下車します。

下

3 動詞 ⑤ 017

| 下班★ xiàbān | 【動】退勤する、仕事を終える | bā diǎn xiàbān
八点下班（8時に退勤する）
xiàbān huí jiā
下班回家（退勤し家に帰る） |

| 想★ xiǎng | 【動】考える、想像する、思い出す | xiǎng bànfǎ
想办法（方法を考える）
xiǎng wèntí
想问题（問題を考える） |

| 写 xiě | 【動】書く | xiě zì
写字（字を書く）
xiě xìn
写信（手紙を書く） |

| 谢谢 xièxie | 【動】〜に感謝する | xièxie nǐ de diànhuà
谢谢你的电话（お電話ありがとう）
búyòng xiè
不用谢（どういたしまして） |

| 喜欢 xǐhuan | 【動】好きである | xǐhuan huà
喜欢画（絵が好き）
xǐhuan māo
喜欢猫（猫が好き） |

| 姓★ xìng | 【動】姓は〜である | xìng Wáng
姓王（王と申します）
xìng Lǐ
姓李（李と申します） |

| 学★ xué | 【動】学ぶ、習う、学習する | xué huà huàr
学画画儿（絵を描くことを学ぶ）
xué kāichē
学开车（運転を学ぶ） |

| 学习★ xuéxí | 【動】学習する、勉強する | xuéxí Yīngyǔ
学习英语（英語を勉強する）
hǎohāo xuéxí
好好学习（しっかり勉強する） |

| 有 yǒu | 【動】ある、いる、持っている | yǒuméiyou
有没有（ある／いるかどうか）
yǒu shì
有事（用事がある） |

| 在 zài | 【動】いる、ある | zài xuéxiào
在学校（学校にいる／ある）
zài nǎr
在哪儿？（どこにいる／ある？） |

解答：動詞 31.B 32.B 33.C 34.B 35.C 36.C 37.B 38.B 39.B 40.C

練習：下の動詞が入る適切な場所を、文中のＡ、Ｂ、Ｃから１つ選びなさい

41	(A) 你 (B) 电脑 (C) 吗？ nǐ　　diànnǎo　ma	あなたはパソコンを持っていますか？
	有	
42	(A) 医生 (B) 吗？ yīshēng　ma	医者はいますか？
	在	
43	今天 (A) 的 日记 (B) 了 (C) 吗？ Jīntiān　de rìjì　le　ma?	今日日記を書きましたか？
	写	
44	(A) 你 能 帮忙，(B) 真 是 太 (C) 了。 nǐ néng bāngmáng, zhēn shì tài　le.	手伝ってくれて、本当にありがとうございます。
	谢谢	
45	妹妹 (A) 不 (B) 看 (C) 电视。 Mèimei　bù　kàn　diànshì.	妹はテレビを見るのが嫌いです。
	喜欢	
46	我 (A) 每 天 (B) 去 (C) 画 画儿。 Wǒ　měi tiān　qù　huà huàr.	私は毎日絵を描くことを学んでいます。
	学	
47	(A) 我 要 (B) 好 好 (C)。 wǒ yào　hǎohǎo	私はしっかり勉強しなければならない。
	学习	
48	你 (A) 爸爸 (B) 几点 (C)？ Nǐ　bàba　jǐdiǎn	あなたのお父さんは何時に退勤する？
	下班	
49	你 (A) 在 (B) 什么 问题 (C)？ Nǐ　zài　shénme wèntí	あなたは今どんな問題を考えていますか？
	想	
50	(A) 他 (B) 什么 (C)？ tā　shénme	彼の名字はなんですか？
	姓	

3 動詞 ⑥ 018

| 住 zhù | 【動】住む、泊まる | zhù zài Běijīng
住在北京（北京に住んでいる）
zhù bīnguǎn
住宾馆（ホテルに泊まる） |

| 坐 zuò | 【動】座る、乗る | zuòxià
坐下（座る）
zuò fēijī
坐飞机（飛行機に乗る） |

| 做 zuò | 【動】する、やる | zuò fàn
做饭（食事を作る）
zuò zuòyè
做作业（宿題をやる） |

解答：動詞 41.B 42.B 43.B 44.C 45.B 46.C 47.C 48.C 49.B 50.B

練習：下の動詞が入る適切な場所を、文中のA、B、Cから１つ選びなさい

51　（A）你 在（B）几号 房间（C）？　あなたは何号室に住んでいる（泊まっている）のですか？
　　住

52　（A）车上 人 很 多，没有（B）地方（C）。　バスには人がいっぱいで、座るところが無い。
　　坐

53　你（A）在（B）什么 菜（C）？　あなたはなんの料理を作っているのですか？
　　做

4 形容詞 ① 019

| 大 dà | 【形】大きい、年上 | bǐ wǒ dà
比我大（年上）　　dà fángjiān
大房间（大部屋）
niánjì dà
年纪大（年を取っている） |

| 多 duō | 【形】多い | hěn duō
很多（多い）　　rén duō
人多（人が多い）
zuòyè duō
作业多（宿題が多い） |

| 高兴 gāoxìng | 【形】うれしい | tài gāoxìng le
太高兴了（とてもうれしい）
bú tài gāoxìng
不太高兴（あまりうれしくない） |

| 好 hǎo | 【形】良い、よろしい | hǎo xuéshēng
好学生（良い学生）　　hǎo gōngzuò
好工作（良い仕事）
tiānqì hǎo
天气好（良い天気） |

| 好看★ hǎokàn | 【形】美しい、きれいな、面白い | hǎokàn de yīfu
好看的衣服（綺麗な服）
hǎokàn de diànyǐng
好看的电影（面白い映画） |

| 客气★ kèqi | 【形】遠慮深い、謙遜ぎみ、丁寧である | tài kèqi le
太客气了（遠慮しすぎです）
shuōhuà hěn kèqi
说话很客气（丁寧に話す） |

| 辣★ là | 【形】辛い | hěn là
很辣（とても辛い）
bú tài là
不太辣（あまり辛くない） |

| 冷 lěng | 【形】寒い | tiānqì lěng
天气冷（寒い）
lěng bu lěng
冷不冷（寒くありませんか） |

| 凉★ liáng | 【形】涼しい、冷たい | liángshuǐ
凉水（冷たい水）
tiānqì liáng
天气凉（天気が涼しい） |

| 漂亮 piàoliang | 【形】美しい、きれい | piàoliang de yīfu
漂亮的衣服（美しい服）
zhǎng de piàoliang
长得漂亮（器量が良い） |

解答：動詞 51.C 52.C 53.B

練習：（　）の中に入る適切な単語を、下のA〜Dから1つ選びなさい

1. Jīntiān de zuòyè hěn
   今天的作业很（　）。　　　今日は宿題がいっぱいあります。
   A. 高兴　　B. 热　　C. 多　　D. 大

2. Wǒ bǐ tā　　　sān suì.
   我比她（　）三岁。　　　私は彼女より3つ年上です。
   A. 大　　B. 多　　C. 好　　D. 高兴

3. Tā shuōhuà hěn
   她说话很（　）。　　　彼女は丁寧に話す。
   A. 客气　　B. 好　　C. 快　　D. 慢

4. Nǐ néng lái wǒ tài　　　le.
   你能来我太（　）了。　　　あなたが来てくれて、うれしいです。
   A. 漂亮　　B. 热　　C. 高兴　　D. 多

5. Nǐ jiā zhēn
   你家真（　）。　　　あなたの家は本当に寒いです。
   A. 多　　B. 少　　C. 好　　D. 冷

6. Tā jīntiān chuān de hěn
   她今天穿得很（　）。　　　彼女は今日きれいなかっこうをしています。
   A. 高兴　　B. 漂亮　　C. 冷　　D. 小

7. Shìjiè shang　　　rén duō.
   世界上（　）人多。　　　世界にはいい人が多いです。
   A. 好　　B. 多　　C. 小　　D. 热

8. Tā de yīfu hěn
   她的衣服很（　）。　　　彼女の服はとても綺麗です。
   A. 好看　　B. 多　　C. 冷　　D. 热

9. Sìchuāncài hěn
   四川菜很（　）。　　　四川料理はとても辛いです。
   A. 好看　　B. 多　　C. 漂亮　　D. 辣

10. Bù néng hē　　　shuǐ.
    不能喝（　）水。　　　冷たい水が飲めない。
    A. 热　　B. 多　　C. 凉　　D. 辣

4 形容詞①

55

4 形容詞 ② 020

热 rè	【形】暑い	tiānqì rè 天气热（暑い） rè chá 热茶（熱い茶）
少 shǎo	【形】少ない	rén shǎo 人少（人が少ない） qián shǎo 钱少（お金が少ない）
小 xiǎo	【形】小さい	xiǎo māo 小猫（小猫） xiǎo háizi 小孩子（小さい子ども）
行★ xíng	【形】よろしい、大丈夫、構わない	bùxíng 不行（ダメです） xíng ma 行吗（いいですか？）

解答：形容詞 1.C 2.A 3.A 4.C 5.D 6.B 7.A 8.A 9.D 10.C

練習：（　）の中に入る適切な単語を、下のA～Dから１つ選びなさい

11
Zhè shuāng xiézi yǒudiǎnr
这 双 鞋子 有点儿（　　）。　　この靴はちょっときついです。

A. 小　　　　B. 好　　　　C. 冷　　　　D. 多

12
Zhège bān de xuésheng hěn
这个 班 的 学生 很（　　）。　　このクラスは学生が少ないです。

A. 小　　　　B. 少　　　　C. 大　　　　D. 漂亮

13
Wǒmen yìqǐ qù, 　　　ma?
我们 一起 去，（　　）吗？　　私たちは一緒に行ってもいいですか？

A. 高兴　　　B. 行　　　　C. 大　　　　D. 漂亮

14
Jīntiān bǐ zuótiān
今天 比 昨天（　　）。　　今日は昨日よりも暑いです。

A. 热　　　　B. 漂亮　　　C. 多　　　　D. 大

5 数詞 ① 021

一 yī	【数】一	yí ge 一个（1つ） yī hào 一号（1日）	xīngqīyī 星期一（月曜日）
二 èr	【数】二	èr shí 二十（20） èr hào 二号（2日）	xīngqī'èr 星期二（火曜日）
三 sān	【数】三	sān ge rén 三个人（3人） sān běn shū 三本书（3冊の本）	xīngqīsān 星期三（水曜日）
四 sì	【数】四	sì tiān 四天（4日間） sì hào 四号（4日）	xīngqīsì 星期四（木曜日）
五 wǔ	【数】五	wǔ hào 五号（5日） wǔ yuè 五月（5月）	xīngqīwǔ 星期五（金曜日）
六 liù	【数】六	liù ge rén 六个人（6人） liù nián 六年（6年）	xīngqīliù 星期六（土曜日）
七 qī	【数】七	qī tiān 七天（7日間） qī ge yuè 七个月（7ヶ月）	qī ge rén 七个人（7人）
八 bā	【数】八	bā běn shū 八本书（8冊の本） bā kuài 八块（8元）	bā diǎn 八点（8時）
九 jiǔ	【数】九	jiǔ suì 九岁（9歳） jiǔ tiān 九天（9日間）	jiǔ diǎn bàn 九点半（9時半）
十 shí	【数】十	shí nián 十年（10年） shí xiǎoshí 十小时（10時間）	shí kuài qián 十块钱（10元）

解答：形容詞 11.A 12.B 13.B 14.A

練習：[　]の中に入るピンインを、下のA～Dから1つ選びなさい

5 数詞①

1　Xiànzài Zhōngguórén jiā li yìbān zhǐyǒu [　] ge háizi.
現在　中国人　家里　一般　只有　一　个　孩子。1人しか子どもがいません。今の中国の家庭には一般的に

　A. sì　　　B. yí　　　C. liù　　　D. bā

2　Wǒ yào [　] bǎi zhī yuánzhūbǐ.
我 要 二 百 支 圆珠笔。　わたしはボールペンが200本必要です。

　A. èr　　　B. jiǔ　　　C. qī　　　D. wǔ

3　Tāmen [　] ge rén zhù zài yìqǐ.
他们 三 个 人 住 在 一起。　彼ら3人は一緒に住んでいます。

　A. sān　　　B. bā　　　C. yí　　　D. qī

4　Hái yǒu [　] tiān jiù kāixué le.
还 有 四 天 就 开学 了。　あと4日で新学期が始まります。

　A. liù　　　B. èr　　　C. sì　　　D. shí

5　Wǒ zhù zài [　] hào lóu.
我 住 在 五 号 楼。　わたしは5号ビルに住んでいます。

　A. bā　　　B. wǔ　　　C. qī　　　D. jiǔ

6　Tā xiōngdì jiěmèi [　] ge.
他 兄弟 姐妹 六 个。　彼は6人兄弟です。

　A. èr　　　B. yí　　　C. liù　　　D. shí

7　[　] tiān shì yí ge xīngqī.
七 天 是 一 个 星期。　1週間は7日です。

　A. qī　　　B. èr　　　C. sān　　　D. jiǔ

8　Wǒ jiā yǒu [　] kǒu rén.
我 家 有 八 口 人。　わたしの家は8人家族です。

　A. sì　　　B. èr　　　C. bā　　　D. yí

9　Tā yǒu ge [　] suì de háizi.
他 有 个 九 岁 的 孩子。　彼には9歳の子供がいます。

　A. jiǔ　　　B. sān　　　C. wǔ　　　D. qī

10　Tāmen liǎ [　] nián méi jiànmiàn le.
他们 俩 十 年 没 见面 了。　彼らふたりはもう10年も会っていません。

　A. shí　　　B. liù　　　C. èr　　　D. bā

5 数詞 ② 022

| 零 líng | 【数】ゼロ、零 | líng fēn
零分（零点）
língqián
零钱（小銭） | língxià sān dù
零下三度（マイナス3度） |

解答：数詞 1.B 2.A 3.A 4.C 5.C 6.C 7.A 8.C 9.A 10.A

練習：[　　]の中に入るピンインを、下のA～Dから１つ選びなさい

11　Xià yí ge shùzì shì [ ]
下 一 个 数字 是 零。　　　　　　次の数字は零だ。

A. sì　　　　　B. èr　　　　　C. bā　　　　　D. líng

6 副詞 023

不 bù	【副】	いいえ、いいや、〜しない、〜ではない	bú qù 不去（行かない） bù xiǎng chī 不想吃（食べたくない）
都 dōu	【副】	すべて、もう、すでに	dōu lái 都来（すべて来る） dōu cuò le 都错了（すべて間違えた）
多 duō	【副】	どれくらい、どれだけ、なんと、もっと、多く	duō chī 多吃（たくさん食べる） duō dà 多大（いくつ）
刚★ gāng	【副】	〜したばかり、ちょうど〜	gāng lái 刚来（さっき来た） gāng zǒu 刚走（さっき行った）
好 hǎo	【副】	数量の多いことを表す、ずいぶん	hǎo duō 好多（たくさん） hǎo lěng 好冷（結構寒い）
很 hěn	【副】	とても	hěn hǎo 很好（とても良い） hěn lěng 很冷（とても寒い）
没 méi	【副】	まだ〜していない、まだ〜でない	méi kànguo 没看过（見たことがない） méi hē 没喝（まだ飲んでいない）
太 tài	【副】	すごく、たいへん、とても	tài nán le 太难了（とても難しい） tài duō 太多（多すぎる）
在 zài	【副】	〜しているところ	zài xuéxí 在学习（勉強中である） zài shuìjiào 在睡觉（眠っている）

解答：数詞 11.D

練習：（　）の中に入る適切な単語を、下のA〜Dから1つ選びなさい

6
副詞

1
Tā　　　　wán shǒujī ne.
他（　　）玩 手机 呢。　　　　今、彼は携帯で遊んでいるところです。

A. 好　　　　B. 很　　　　C. 在　　　　D. 太

2
Zuìjìn xiūxi de　　　　hǎo.
最近 休息 得（　　）好。　　　　最近はとてもよく休めます。

A. 不　　　　B. 太　　　　C. 好　　　　D. 很

3
Zhè cì kǎoshì　　　　nán le.
这次 考试（　　）难 了。　　　　今回の試験はとても難しいです。

A. 都　　　　B. 不　　　　C. 在　　　　D. 太

4
Zhè jiàn yīfu　　　　piàoliang a.
这 件 衣服（　　）漂亮 啊。　　　　ほら見て、なんときれいな服でしょう。

A. 不　　　　B. 在　　　　C. 怎么　　　　D. 多

5
Tā　　　　qù kǎoshì.
他（　　）去 考试。　　　　彼は試験に行っていません。

A. 在　　　　B. 很　　　　C. 没　　　　D. 不

6
Kǎoshì　　　　néng kàn shū.
考试（　　）能 看 书。　　　　試験では、本を見ることはできません。

A. 多　　　　B. 不　　　　C. 好　　　　D. 没

7
Jīntiān zài péngyou jiā chīle　　　　duō xīguā.
今天 在 朋友 家 吃了（　　）多 西瓜。　　　　今日友達の家でスイカをたくさん食べました。

A. 多　　　　B. 好　　　　C. 都　　　　D. 在

8
Zhèxiē shū nǐ　　　　kànwán le ma?
这些 书 你（　　）看完 了 吗？　　　　これらの本をすべて読み終わりましたか？

A. 都　　　　B. 多　　　　C. 好　　　　D. 太

9
Tā　　　　huí jiā.
她（　　）回 家。　　　　彼女はさっき家に帰った。

A. 都　　　　B. 刚　　　　C. 不　　　　D. 太

7 介詞 ● 024

到 dào
【介】～へ（行く、来る）、～に（行く、来る）
dào xuéxiào qù
到学校去（学校に行く）
dào wǒ jiā lái
到我家来（私の家に来る）

在 zài
【介】～で、～に
zài shítáng chī
在食堂吃（食堂で食べる）
zài jiā kàn shū
在家看书（家で読書する）

解答：副詞 1.C 2.D 3.D 4.D 5.C 6.B 7.B 8.A 9.B

練習：正しい文になるように、{　　}内の単語を並べ替えなさい

1　Dàjiā dōu zài zhù xuéxiào sùshè
　　大家 都 {a. 在　b. 住　c. 学校　d. 宿舎}。

　　皆は学校の寮に住んでいます。

2　Wǒ xiàwǔ qù dào xuéxiào
　　我 {a. 下午　b. 去　c. 到　d. 学校}。

　　私は午後学校に行きます。

7 介詞

8 疑問詞 025

語	品詞	意味	例
多少 duōshao	【疑問】	どれくらい、いくら、どれほど	duōshao qián? 多少钱?（いくらですか？） yào duōshao? 要多少?（いくつ必要？）
几 jǐ	【疑問】	いくつ（通常10以下の数をさす）	xīngqī jǐ? 星期几?（何曜日？） jǐ tiān? 几天?（何日？）
哪 nǎ	【疑問】	どの、どれ	nǎge 哪个（どの） nǎ běn shū 哪本书（どの本）
哪儿 nǎr	【疑問】	どこ	zài nǎr? 在哪儿?（どこにある？） qù nǎr? 去哪儿?（どこに行く？）
什么 shénme	【疑問】	何、どんな、どういう、何の	shénme shū 什么书（何の本） shénme shì 什么事（どんな事）
谁 shuí / shéi	【疑問】	だれ	tā shì shuí? 他是谁?（彼は誰ですか） shuí qù? 谁去?（誰が行く？）
怎么 zěnme	【疑問】	どうして、どう	zěnme niàn 怎么念（どう読む） zěnme xiě 怎么写（どう書く）
怎么样 zěnmeyàng	【疑問】	どうですか	zhè chá zěnmeyàng? 这茶怎么样?（この茶はどう？） tā zěnmeyàng 他怎么样?（彼はどう？）

解答：介詞 1.a-c-d-b／b-a-c-d 2.a-c-d-b

練習：（　）の中に入る適切な単語を、下のA〜Dから１つ選びなさい

8 疑問詞

1. Nǐ （ ） zài zhèr?
   你（　）在 这儿？　　あなたはどうしてここにいるの？
   A. 都　　B. 好　　C. 怎么　　D. 太

2. Nǐ （ ） diǎn huí jiā?
   你（　）点 回 家？　　あなたは何時に帰りますか？
   A. 哪儿　　B. 哪　　C. 几　　D. 多少

3. （ ） huì shuō Yīngyǔ?
   （　）会 说 英语？　　誰が英語を話せますか？
   A. 什么　　B. 多少　　C. 谁　　D. 哪

4. Nǐmen chī （ ）?
   你们 吃（　）？　　あなたたちは何を食べますか？
   A. 哪　　B. 什么　　C. 那儿　　D. 几

5. Chēzhàn zài （ ）?
   车站 在（　）？　　駅はどこですか？
   A. 那儿　　B. 哪儿　　C. 谁　　D. 那

6. Nǐ xǐhuan （ ） zhǒng chá?
   你 喜欢（　）种 茶？　　どの茶が好きですか？
   A. 多少　　B. 哪　　C. 谁　　D. 什么

7. Zhè jiàn yīfu （ ） qián?
   这 件 衣服（　）钱？　　この服はいくらですか？
   A. 多少　　B. 什么　　C. 你　　D. 几

8. Zhè jiàn yīfu （ ）?
   这 件 衣服（　）？　　この服はどうですか？
   A. 我们　　B. 怎么样　　C. 这　　D. 这儿

67

9 量詞 026

本 běn	【量】〜冊（書籍・帳簿類を数える）	yì běn shū 一本书（本1冊） liǎng běn zázhì 两本杂志（2冊の雑誌）	
点 diǎn	【量】〜時（時刻を表す）	jǐ diǎn? 几点？（何時？） jiǔ diǎn bàn 九点半（9時半）	
分钟 fēnzhōng	【量】〜分間	shí fēnzhōng 十分钟（10分間） wǔ fēnzhōng 五分钟（5分間）	
个 ge	【量】〜個、〜人（物や人を数える）	jǐ ge 几个？（いくつ？） shí'èr ge 十二个（12個）	
家 jiā	【量】家・店舗・会社などを数える単位	yì jiā yīyuàn 一家医院（1軒の病院） yì jiā fàndiàn 一家饭店（1軒のレストラン）	
块 kuài	【量】お金や塊になった物を数える単位	yí kuài qián 一块钱（1元）	yí kuài miànbāo 一块面包（1切れのパン）
		yí kuài ròu 一块肉（ひとかたまりの肉）	
岁 suì	【量】年齢を数える単位	suìshu 岁数（年齢）	shí suì 十岁（10歳）
		jǐ suì? 几岁？（何歳？）	
下 xià	【量】動作行為の回数を数える	dǎle sān xià 打了三下（3回殴った） kànle jǐ xià 看了几下（何回か見た）	
些 xiē	【量】少し、いくつか、いくらか	kàn xiē shū 看些书（すこし本を読む）	zhèxiē 这些（これら）
		nàxiē 那些（それら）	

解答：疑問詞 1.C 2.C 3.C 4.B 5.B 6.B 7.A 8.B

練習：(　　) の中に入る適切な単語を、下のA～Dから1つ選びなさい

9 量詞

1. Jīntiān shì wǒ èrshí'èr　　de shēngrì.
   今天 是 我 二十二（　　）的 生日。 今日は私の22歳の誕生日です。
   A. 岁　　　　B. 块　　　　C. 个　　　　D. 分钟

2. Nǐmen jǐ　　xiàbān?
   你们 几（　　）下班？ あなたたちは何時に退勤しますか？
   A. 个　　　　B. 下　　　　C. 点　　　　D. 岁

3. Hái yǒu jǐ　　rén méi lái?
   还 有 几（　　）人 没 来？ まだ来ていない人は何人ですか？
   A. 回　　　　B. 家　　　　C. 块　　　　D. 个

4. Lùshang yǒu　　dà shítou.
   路上 有（　　）大 石头。 道に大きな石があります。
   A. 岁　　　　B. 块　　　　C. 本　　　　D. 分钟

5. Wǒ zuò zhè dào tí yòngle shí
   我 做 这 道 题 用了 十（　　）。 この問題に答えるのに10分かかりました。
   A. 分钟　　　B. 点　　　　C. 岁　　　　D. 回

6. Tā dǎle wǒ sān
   他 打了 我 三（　　）。 彼は私を3発殴った。
   A. 块　　　　B. 下　　　　C. 个　　　　D. 点

7. Wǒ jiā hái yǒu yì　　zázhì.
   我 家 还 有 一（　　）杂志。 家には雑誌がもう1冊あります。
   A. 点　　　　B. 分钟　　　C. 块　　　　D. 本

8. Zhè　　fànguǎn de cài hěn yǒumíng.
   这（　　）饭馆 的 菜 很 有名。 このレストランの料理はとても有名です。
   A. 回　　　　B. 岁　　　　C. 块　　　　D. 家

9. Méishì de shíhou duō kàn　　shū.
   没事 的 时候 多 看（　　）书。 暇なときは少し本を読んでください。
   A. 些　　　　B. 块　　　　C. 个　　　　D. 回

10 助詞 027

吧 ba	【助】文末に用いて推測、勧誘、疑問などの語気を示す。〜しよう、〜でしょう	yìqǐ qù ba 一起去吧（一緒に行こう） huí jiā ba 回家吧（帰りましょう）
的 de	【助】〜の	nǐ de 你的（あなたのもの） wǒmen de 我们的（わたしたちのもの）
了 le	【助】動詞・形容詞の後ろに用いて動作・状態の実現・完了を表す	chī le 吃了（食べた） rè le 热了（暑くなった）
吗 ma	【助】か？	chī ma? 吃吗？（食べますか？） qùguo ma? 去过吗？（行ったことありますか？）
呢 ne	【助】疑問文の末尾に付き答えを催促する語気を表す	qù nǎr ne? 去哪儿呢？（どこへ行くのですか？） chī shénme ne? 吃什么呢？（何を食べますか？）

解答：量詞 1.A 2.C 3.D 4.B 5.A 6.B 7.D 8.D 9.A

練習：（　）の中に入る適切な単語を、以下から１つ選びなさい

　　　　　　　　的　　了　　吗　　呢　　吧

1
Nǎge bāo shì nǐ
哪个 包 是 你（　　）？

どの鞄があなたのですか？

2
Diànnǎo zài nǎr
电脑 在 哪儿（　　）？

パソコンはどこにあるのですか？

3
Hànyǔ zuòyè zuòwán
汉语 作业 做完（　　）。

中国語の宿題をやり終えました。

4
Zánmen yìqǐ huí jiā
咱们 一起 回 家（　　）。

一緒に帰りましょう。

5
Nǐ chīfàn le
你 吃饭 了（　　）？

ご飯を食べましたか？

11 助動詞 028

会 huì 【助動】～できる、～するはずである、必ず～する
huì shuō
会说（話せる）
bú huì xià yǔ
不会下雨（雨が降るはずがない）

能 néng 【助動】～できる
néng lái
能来（来られる）
bù néng lái
不能来（来られない）

想 xiǎng 【助動】～したい
xiǎng chī
想吃（食べたい）
bù xiǎng qù
不想去（行きたくない）

解答：助詞 1.的 2.呢 3.了 4.吧 5.吗

練習：（　）の中に入る適切な単語を、以下から１つ選びなさい

会　　能　　想

1	Bù　　　lái dehuà jiù gěi wǒ dǎ ge diànhuà. 不（　）来 的话 就 给 我 打 个　电话。
	来られなければ電話をください。
2	Wǒ　　　chī sìchuāncài. 我（　）吃　四川菜。
	わたしは四川料理を食べたいです。
3	Tā　　　shuō Fǎyǔ. 他（　）说　法语。
	彼はフランス語を話せます。

11 助動詞

12 接続詞 029

和
hé
【接】と
wǒ hé nǐ
我和你（私とあなた）

那
nà
【接】では、じゃ
nà zěnme qù?
那怎么去？（ではどう行くのですか？）

解答：助動詞 1. 能 2. 想 3. 会

練習：日本語の意味になるように語彙を並べ替えなさい。

和　那

1
zhè běn shū　　　nà běn zázhì dōu shì wǒ de.
这 本 书（　　）那 本 杂志 都 是 我 的。

この本とあの雑誌は私のものです。

2
　　　wǒ xiān zǒu le.
（　　）我 先 走 了。

では、わたしは先に行きます。

13 方位詞 030

后★ hòu	【方】	後ろ、後方、裏側	wǎng hòu fàng 往后放（後ろに置く） hòubiān 后边（後ろ、後ろの方）
后面 hòumiàn	【名】	後ろ、後ろ側、裏側	hòumiàn de rén 后面的人（後ろの人） zài hòumiàn 在后面（後ろに）
里 lǐ	【方】	〜の中、〜の内	shūbāo li 书包里（カバンの中） shāngdiàn li 商店里（店の中）
前★ qián	【方】	前、正面、前方	chēzhàn qián 车站前（駅前） qiánbiān 前边（前、前の方）
前面 qiánmiàn	【名】	前、前面、前方	qiánmiàn yǒu rén 前面有人（前に人がいる） fàngzài qiánmiàn 放在前面（前方に置く）
上 shàng	【方】	上	zhuōzi shang 桌子上（机の上） shù shang 树上（木の上）
下★ xià	【方】	下、下の方	shān xia 山下（山の下） qiáo xia 桥下（橋の下）

解答：接続詞 1. 和 2. 那

練習：（　）の中に入る適切な単語を、以下から１つ選びなさい

后面　　前　　后　　里　　上　　下　　前面

1　Wǎng　　　kàn.
　　往（　）看。

　　上の方を見てください。

2　Qiánbāo　　yǒu duōshao qián?
　　钱包（　）有 多少　钱？

　　財布の中にお金はいくらありますか。

3　Xiàng　　　zhuǎn!
　　向（　）转！

　　後ろに回れ。

4　　　　biān de rén shì shuí?
　（　）边 的 人 是 谁？

　　前の人は誰ですか。

5　Qiáo　　　yǒu rén.
　　桥（　）有 人。

　　橋の下に人がいます。

6　　　yǒu ge xiǎohái.
　（　）有 个 小孩。

　　前に子供がいます。

7　Wǒ　　　hái yǒu shí ge rén.
　　我（　）还 有 十 个 人。

　　私の後ろにまだ10人います。

14 感嘆詞 031

| 喂
wèi | 【感】もしもし
（wéiと発音する
こともある） | Wèi, nǎ wèi
喂，哪位（もしもし、どちらさまですか） |

解答：方位詞 1. 上 2. 里 3. 后 4. 前 5. 下 6. 前面 7. 后面

練習：日本語の意味になるように語彙を並べ替えなさい。

1　a. shì 是　b. wèi 喂　c. nǎwèi 哪位　d. nǐ 你　？

もしもし、どちらさまですか？

15 惯用句 032

不客气 bú kèqi
【惯】どういたしまして
bú kèqi
不客气（どういたしまして）
búyào kèqi
不要客气（遠慮しないでください）

对不起 duìbuqǐ
【惯】すみません
duìbuqǐ
对不起（すみません）
zhēn duìbuqǐ
真对不起（本当にすみません）

没关系 méi guānxi
【惯】大丈夫、かまわない
méi guānxi
没关系（大丈夫です）
lái yě méi guānxi
来也没关系（来てもかまわない）

你好★ nǐ hǎo
【惯】こんにちは
lǎoshī nǐ hǎo
老师你好（先生こんにちは）
xiǎojiě nǐ hǎo
小姐你好（お姉さんこんにちは）

请问★ qǐng wèn
【惯】おうかがいします、お尋ねします
Qǐng wèn chēzhàn zài nǎr?
请问车站在哪儿？（駅はどこですか）
Qǐng wèn nǐ jiào shénme míngzi?
请问你叫什么名字？（お名前は？）

谢谢 xièxie
【惯】ありがとう
xièxie
谢谢（ありがとう）
xièxie nín le
谢谢您了（ありがとうございました）

再见 zàijiàn
【惯】さようなら
zàijiàn!
再见！（さようなら！）

解答：感嘆詞 1. b-d-a-c

練習：（　）の中に入る適切な慣用句を、以下から１つ選びなさい

你好　　不客气　　对不起　　没关系　　谢谢　　再见　　请问

15 慣用句

1
Xièxie nǐ gěi wǒ de lǐwù.
谢谢 你 给 我 的 礼物。──（　　）！

プレゼントをありがとうございます。── どういたしまして。

2
Wǒ lái wǎn le, zhēn
我 来 晚 了， 真（　　）。

来るのが遅くなり、本当にすみません。

3
　　　　nǐ de bāngzhù.
（　　）你 的 帮助。

助けてくれてありがとうございます。

4
Wǒ xiān zǒu le,
我 先 走 了，（　　）！

先に行きますね、さようなら！

5
Duìbuqǐ, wǒ hái méi zuòwán.
对不起，我 还 没 做完。──（　　）

すみません、まだやりおわっていません。── 大丈夫ですよ。

6
　　　nǐ jiào shénme míngzi?
（　　）你 叫 什么 名字？

お名前はなんですか？

7
Xiǎo Wáng,
小 王，（　　）！

王くん、こんにちは。

解答：慣用句 1.不客气 2.对不起 3.谢谢 4.再见 5.没关系 6.请问 7.你好

第二章

新HSK2級および中国語検定試験4級が必要とする言語能力

新HSK2級と中国語検定試験4級は基本的に中国語を第2外国語として1年（120～200時間）学んだ者を対象とする試験である。内容的には、概ね以下の言語能力が必要となる。

1 あいさつ言葉
出会い、別れ、近況のあいさつ、お詫び、お礼、呼びかけ、誘い、勧め、歓迎等とその応対

2 簡単な自己紹介
名前、年齢、住所、家族、所属、趣味、能力などに関する簡単な表現

3 数と量の表し方
数の数え方、人や物の数え方、年齢やお金などの尋ね方、順序や順番の言い方

4 時間の表し方
年月日、曜日、時間等の言い方、尋ね方と、現在、過去、未来などの時間詞の使い方

5 存在と所在
存在や所在、所有などの表し方

6
天気、方位や物事の状態、特徴、性質などに関する簡単な描写

7 簡単な日常常用表現
買い物、交通、所在、病院、スポーツ、娯楽などに関連する受け答え

8
願望や要求、能力や技能を表す表現

9 比較表現

10 原因や理由の説明

11
感情や考え方、提案などに関する簡単な記述

12 禁止や使役表現

13
動作や状態の結果、程度、様態、方向などに関わる表現

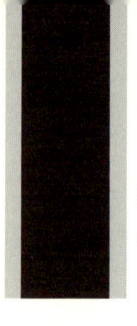

文法ポイント整理

新HSK2級および中国語検定試験4級を受験する際に、第1章の「文法ポイント整理」に付け加え、以下の内容を知っておく必要がある。

1. 二重目的語

中国語では、2つの目的語を持つことができる動詞がある。1つの動詞が2つの目的語を持つ文を二重目的語文といい、次の形になる。

> 主語(S)＋動詞(V)＋目的語1(O1)＋目的語2(O2)

"送 sòng（贈る）"、"教（教える）"、"告诉（知らせる）"、"问（聞く）"、"给（与える）"などの動詞が二重目的語文に使われることが多い。一般的には、目的語1には「人」、目的語2には「モノ」や単文が使われる。

Wǒ jiāo nǐmen Hànyǔ.
我 教 你们 汉语。
（私はあなたたちに中国語を教えます。）

Tā gěile wǒ yì běn Hànyǔ cídiǎn.
他 给了 我 一 本 汉语 词典。
（彼は私に1冊の中国語辞典をくれた。）

Tā méi gàosu wǒ tā yào qù Běijīng.
他 没 告诉 我 他 要 去 北京。
（彼は彼が北京に行くことを私に言わなかった。）

Wǒ wèn nǐ yí ge wèntí.
我 问 你 一 个 问题。
（あなたに1つ質問したい。）

2. 進行形と持続形

1. 進行形（"在／正／正在"＋動詞）の常用パターン

> 肯定文1：主語(S)＋在＋動詞(V)＋目的語(O)　　　（SはOをVしている）
> 肯定文2：主語(S)＋正＋動詞(V)＋目的語(O)　　　（SはOをVしている）
> 肯定文3：主語(S)＋正在＋動詞(V)＋目的語(O)　　　（SはOをVしている）
> 肯定文4：主語(S)＋在／正／正在＋動詞(V)＋(着)＋目的語(O)＋(呢)
> 　　　　　　　　　　　　　　　　　　　　　　　（SはOをVしている）
> 否定文：主語(S)＋没(有)＋動詞(V)＋目的語(O)　　（SはOをVしていない）

「さっきからずっと〜している」や「また〜しつづけている」という持続的な状態を特に強調するとき、在／正／正在＋動詞(V)＋(着)をもちいる。第一章で述べたように文末に"呢"を置き、語気を強めたり、整えたりする。

Tāmen zài kàn diànshì.
她们 在 看 电视。
(彼女たちはテレビを見ている。)

Nǐ dǎ diànhuà shí, wǒ zhèng chīfàn ne.
你 打 电话 时，我 正 吃饭 呢。
(あなたが電話をしてきたとき、私はご飯を食べていた。)

Wǒ méi kàn diànshì, zài wánrzhe ne.
我 没 看 电视，在 玩儿着 呢。
(私はテレビを見ていない、遊んでいる。)

Wàimiàn zhèngzài xiàzhe yǔ ne.
外面 正在 下着 雨 呢。
(外ではちょうど雨が降ってきた。)

2.「動詞＋着」の常用パターン

動詞＋着＋(名詞)	動作の結果の持続や状態化を表す。
動詞1＋着＋動詞2	動作1をした状態で、動作2をする。
動詞＋着＋動詞＋着	「〜しているうちに…した」
動詞＋着＋点儿	注意を促す。「〜しなさい」

Zhuōzi shang fàngzhe yí ge shǒujī.
桌子 上 放着 一 个 手机。
(机の上に携帯が1台置いてある。)

Tǎngzhe kàn diànshì.
躺着 看 电视。
(寝転がってテレビを見る。)

Tā shuōzhe shuōzhe kūqǐlai le.
她 说着 说着 哭起来 了。
(彼女は言っているうちに泣き出した。)

Wǒ shuō de shì, nǐ jìzhe diǎnr.
我 说 的 事，你 记着 点儿。
(私が言った事をちゃんと覚えておきなさい。)

3. 時間の表現とその語順

中国語では、「〜時…分」、「〜年…月」、「〜曜日」、「昨日」、「午後」などのような時刻、時点、時間帯を表す語と「〜時間」、「〜日間」などのような時間の長さを表す語は文の中で現れる位置が異なる。

以下では、時刻、時点、時間帯を表す語を 「時間詞」 、時間の長さや量を表す語を 「時量詞」 と呼ぶことにする。

1. 時間詞：時間詞は文頭か主語の直後に置く。

> 時間詞＋主語＋述語　あるいは　主語＋時間詞＋述語

Míngtiān wǒ qù dǎgōng.
明天　我去打工。
（明日私はアルバイトに行く。）

Wǒ míngtiān qù dǎgōng.
我　明天　去打工。
（私は明日アルバイトに行く。）

Sān diǎn líng wǔ fēn kāichē.
三 点 零 五 分 开车。
（3時5分に発車する。）

Wǒ shì liǎng diǎn lái de.
我 是 两 点 来 的。
（私は2時に来た。）

注：「2時」は"二点"ではなく、"两点"という。また、尾数が10分未満のとき"0"、つまり"零"を付けて表す。例えば、「3：05」を"三点零五分"と読む。

2. 時量詞：時量詞は述語の後に置く。

> 述語＋時量詞

Wǒ xuéle yì nián.
我 学了 一 年。
（私は1年学んだ。）

Tā děngle sān ge xiǎoshí.
他 等了 三 个 小时。
（彼は3時間待った。）

Tā chídàole wǔ fēnzhōng.
他 迟到了 五 分钟。
（彼は5分遅刻した。）

注：「1時間」、「2時間」といった時の「時間」を中国語で"小时"といい、「分間」を"分钟"という。

4. 複合疑問詞の作り方

多＋形容詞：「どのくらい〜」という程度を問う複合疑問詞を作る。

duō gāo	duō cháng	duō yuǎn	duō zhòng	duō hòu
多 高	多 长	多 远	多 重	多 厚
（どのくらい高い）	（どのくらい長い）	（どれくらい遠い）	（どれくらい重い）	（どれくらい厚い）

什么＋名詞：「どんな〜」という複合疑問詞を作る。

shénme dìfang	shénme shíhou	shénme shíjiān	shénme yìsi	shénme shū
什么 地方	什么 时候	什么 时间	什么 意思	什么 书
（どこ）	（いつ）	（いつ）	（どういう意味）	（どんな本）

5. 数量表現

中国語では人／モノを数えるには、次のように、数詞と名詞の間に量詞が必要となるが、あえて量詞を省略して表現することもある（第一章8疑問詞 "这茶怎么样？" など）。名詞によって、使う量詞が異なる。

> 数詞＋量詞＋名詞
> 指示代詞＋数詞＋量詞＋名詞　　　　数詞 "一" は、一般的に省略される

Yì zhāng piào.
一 张 票。
（チケット1枚）

Sān jiàn yīfu.
三 件 衣服。
（服3着）

Shí'èr gōngjīn.
十二 公斤。
（12キログラム）

Yì jīn duōshao qián?
一 斤 多少 钱？
（500グラムいくら？）

Wǔ kuài wǔ máo qián.
五 块 五 毛 钱。
（5元5角）

Nà liǎng ge xuésheng shì cóng Měiguó lái de.
那 两 个 学生 是 从 美国 来 的。
（その2人の学生はアメリカから来たのだ。）

Zhè liǎng zhāng yóupiào hěn guì.
这 两 张 邮票 很 贵。
（この2枚の切手はとても高い。）

Zhè jiàn yīfu zěnmeyàng?
这 件 衣服 怎么样？
（この服はどう？）

注：お金の言い方は、"元" と "块" の2通りある。"元" は書き言葉に用いられ、"块" は口語に用いられる。

"斤" は中国の独特の重さの単位で、1斤は500グラムである。

"多少钱？" は「いくらですか」という意味で、値段を尋ねるときに用いる一般的な表現である。

6. 副詞

中国語では、副詞は動詞、形容詞の前に置かれる。

> 主語(S)＋副詞＋動詞(V)＋目的語(O)
> 主語(S)＋副詞＋形容詞(Adj)

ここでは単語リストに提示されている基本的な否定副詞、程度副詞、範囲副詞、時間副詞、語気副詞等を正確に使えることが求められる。

Zuótiān méi chī yào.
昨天 没 吃 药。
(昨日薬を飲まなかった。)

Wǒmen dōu qù xuéxiào.
我们 都 去 学校。
(私達は学校に行く。)

Tā zhēn piàoliang.
她 真 漂亮。
(彼女は本当に綺麗だ。)

Tā de gèzi zuì gāo.
他 的 个子 最 高。
(彼の背は一番高い。)

Lǎoshī yǐjīng kàn le.
老师 已经 看 了。
(先生はもう見た。)

Jīntiān bù lěng.
今天 不 冷。
(今日は寒くない。)

7. 介詞 (前置詞)

名詞、代名詞の前に置き、場所、時間、方向、対象、比較などを表す語を介詞という。英語の前置詞に似たような役割を果たすものである。

場所を導く

> 介詞＋場所(L)＋動詞(V)／形容詞(Adj)
> 在＋場所 (Lで…、Lに…)　　　　从＋場所 (Lから…)
> 到＋場所 (Lに…、Lまで…)　　　离＋場所 (Lから…、Lまで…)

Wǒ zài xuéxiào chī wǔfàn.
我 在 学校 吃 午饭。
(私は学校で昼ご飯を食べる。)

Wǒ péngyou cóng Rìběn lái.
我 朋友 从 日本 来。
(私の友達が日本から来る。)

Tāmen dōu dào Běijīng qù.
他们 都 到 北京 去。
(彼らは北京に行く。)

Chēzhàn lí wǒ jiā bù yuǎn.
车站 离 我 家 不 远。
(駅は私の家から遠くない。)

時間を導く

介詞＋時間(T)＋動詞(V)／形容詞(Adj)

在＋時間（Tのとき…）　　　　　　从＋時間（Tから…）
到＋時間（Tに…、Tまで…）　　　离＋時間（Tまで…）

Tāmen cóng zhōngxué kāishǐ xué Rìyǔ.
他们 从 中学 开始 学 日语。
(彼らは中学から日本語を学び始める。)

Wǒ zài xiǎo shíhòu qùguo.
我 在 小 时候 去过。
(私は小さい頃行ったことがある。)

Lí kāichē hái yǒu shí fēnzhōng.
离 开车 还 有 十 分钟。
(発車までまだ10分ある。)

Dào shí'èr diǎn yìqǐ qù chīfàn.
到 十二 点 一起 去 吃饭。
(12時になったら一緒に食事に行きましょう。)

AからBまで（A、Bは時間／場所である）

从＋A＋到＋B（AからBまで）

Cóng zhōngwǔ dào xiàwǔ liǎng diǎn shuì wǔjiào.
从 中午 到 下午 两 点 睡 午觉。
(お昼から午後2時まで昼寝する。)

Cóng wǒ jiā dào yīyuàn bú tài yuǎn.
从 我 家 到 医院 不 太 远。
(私の家から病院まではそれほど遠くない。)

対象、方向を導く

介詞＋人／物＋動詞(V)

向（～へ）　対（～にとって／対して）　給（～に）　など

Nǐ xiàng tā xuéxí.
你 向 他 学习。（あなたは彼から学ぶ。）

Zuótiān wǎnshang wǒ gěi nǐ dǎ le liǎng cì diànhuà.
昨天 晚上 我给你打了两次电话。（昨日の夜、私はあなたに2回電話をかけた。）

Tā duì lǎoshī de tàidu bù hǎo.
他 对 老师 的 态度 不 好。（彼の先生に対する態度がよくない。）

注：この他にも、比較、手段・方法、原因・理由などを導く介詞がある。

8. 比較表現

> 肯定形：A＋比＋B＋形容詞　　　　　　　（AはBより～である）
> 　　　　　A＋比＋B＋形容詞＋(差量)　　（AはBより差が～である）
> 否定形：A＋没有＋B＋形容詞　　　　　　（AはBより～ではない）

Tā bǐ nǐ gāo.
她 比 你 高。
（彼女はあなたより背が高い。）

Bàba bǐ māma dà wǔ suì.
爸爸 比 妈妈 大 五 岁。
（父は母より5歳年上だ。）

Tā méiyǒu nǐ gāo.
她 没有 你 高。
（彼女はあなたほど背が高くない。）

注： A＋不比＋B＋形容詞 は「AはBより…であるわけではない」という強調表現であり、比較の否定形ではない。以下の例でニュアンス違いを理解しよう。

Wǒ de chē méiyǒu nǐ de chē guì.
我 的 车 没有 你 的 车 贵。
（私の車はあなたの車ほど高くない。）

Wǒ de chē bù bǐ nǐ de chē guì.
我 的 车 不比 你 的 车 贵。
（私の車はあなたの車より高いとは言えない。）

Wǒ méiyǒu nǐ pàng.
我 没有 你 胖。
（私はあなたほど太ってない。）

Wǒ bù bǐ nǐ pàng.
我 不比 你 胖。
（私はあなたより太っているとは言えない。）

9. 助動詞

会(huì) 学習して会得した結果「〜できる」という意味以外にも、「〜のはずである」「〜だろう」という予測や推測を表す使い方がある。

Míngtiān huì xià yǔ ma?
明天　会 下 雨 吗?
(明日は雨が降るだろうか?)

Míngtiān tiānqì hǎo, bú huì xià yǔ de.
明天　 天气 好, 不 会 下 雨 的。
(明日はよい天気で、雨は降らないはず。)

要(yào) 意思を表す「〜をしたい、〜するつもり」や義務を表す「〜をしなければならない」以外にも、主観的な判断に基づく予測や推測を表す「間もなく〜する」、「〜のはずである」という意味がある。このときの否定には"不会"を用いる。

Kuài zǒu ba, yào xià yǔ le.
快　走 吧, 要 下 雨 了。
(早く行こう、雨が降りそうだ。)

Qǐng nǐ fàngxīn ba, bú huì xià yǔ de.
请　你 放心 吧, 不 会 下 雨 的。
(安心してください、雨が降るはずがない。)

10. 動作行為の完了を表す表現（動詞＋了）

肯定文1：主語(S)＋動詞(V)＋了	(SはVした)
肯定文2：主語(S)＋動詞(V)＋目的語(O)＋了	(SはOをVした)
肯定文3：主語(S)＋動詞(V)＋了＋修飾語＋目的語(O)	(Sは…くらいVした)
否定文：主語(S)＋没(有)＋動詞(V)＋(目的語(O))	(Sは(Oを)Vしなかった)
許諾疑問文：主語(S)＋動詞(V)＋(目的語(O))＋了＋吗？	(Sは(Oを)Vしたか)
反復疑問文：主語(S)＋動詞(V)＋(目的語(O))＋了＋没有？	(Sは(Oを)Vしたか)

Wǒ xuéle yì nián Hànyǔ.
我　学了 一 年 汉语。
(私は1年中国語を学んだ。)

Wǒ xué yì nián Hànyǔ le, hái yào xué yì nián.
我　学 一 年 汉语 了, 还 要 学 一 年。
(私は1年中国語を学んだが、もう1年学ぶ。)

動詞＋了＋目的語 の場合、文が完了せず、続くニュアンスになる。
動詞＋目的語＋了 の場合、文が完了する。

Wǒ mǎi le shǒujī, hái yào mǎi diànnǎo.
我 买 了 手机，还 要 买 电脑。
（私は携帯電話を買った。さらにパソコンを買う。）

Wǒ chīfàn le.
我 吃饭 了。
（私は食事をした。）

注： 動詞＋了＋目的語 の文末に変化を表す語気助詞"了"を置いて 動詞＋了＋目的語＋了 とすると、文が完了する。

目的語の前の修飾語が、数量などを表す場合、 動詞＋了＋修飾語＋目的語 では文が完了するが、 動詞＋修飾語＋目的語＋了 の場合は文が完了せず、文の続きがあるニュアンスになる。

完了を表す"了"は過去完了にも、現在完了にも、未来完了にも使うことができる。

Wǒ chīfàn le.
我 吃饭 了。（完了）
（私は食事をした。）

Zuótiān mǎile xīn diànnǎo.
昨天 买了 新 电脑。（過去完了）
（昨日新しいパソコンを買った。）

Tā shànglai le.
她 上来 了。（現在完了）
（彼女が上がって来た。）

Míngtiān chīle wǔfàn hòu qù ba.
明天 吃了 午饭 后 去 吧。（未来完了）
（明日お昼を食べた後に行こう。）

11. 経験を表す表現 （「動詞＋过」。"过"は動態助詞）

肯定文：主語(S)＋動詞(V)＋过＋(目的語(O))（Sは(Oを)Vしたことがある）
否定文：主語(S)＋没(有)＋動詞(V)＋过＋(目的語(O))
　　　　　　　　　　　　　　　　　　　　　　（Sは(Oを)Vしたことがない）
許諾疑問文：主語(S)＋動詞(V)＋过＋(目的語(O))＋吗？
　　　　　　　　　　　　　　　　　　　　　　（Sは(Oを)Vしたことがあるか）
反復疑問文：主語(S)＋動詞(V)＋没(有)＋動詞(V)＋过＋(目的語(O))？
　　　　　　　　　　　　　　　　　　　　　　（Sは(Oを)Vしたことがあるか）

Wǒmen dōu qùguo Zhōngguó.
我们 都 去过 中国。
（私達は中国に行ったことがある。）

Wǒ méi (yǒu) kànguo zhōngguó diànyǐng.
我 没（有）看过 中国 电影。
（私は中国の映画を見たことがない。）

Nǐ xuéguo Yīngyǔ ma?
你 学过 英语 吗?
（あなたは英語を学んだことがあるか。）

Nǐ xué mei xuéguo Yīngyǔ?
你 学 没 学过 英语?
（あなたは英語を学んだことがあるか。）

注：「動詞＋过」には「～したことがある」という経験を表す用法以外にも「～し終わった」という完了を表す用法がある。

Wǒ kànguo zhè běn shū.
我 看过 这 本 书。(経験)
（この本を読んだことがある。）

Wǒ chīguo wǎnfàn hòu qù dǎgōng.
我 吃过 晚饭 后 去 打工。(完了)
（私は晩ご飯を食べた後、アルバイトに行く。）

注：経験を表す「動詞＋过」の否定形は「没＋動詞＋过」である。
　　完了を表す「動詞＋过」の否定には、一般的に「没＋動詞」を用いる。

Wǒmen méi qùguo Zhōngguó.
我们 没 去过 中国。
（私達は中国に行ったことがない。）

Wǒ hái méi chī wǎnfàn.
我 还 没 吃 晚饭。
（私はまだ晩ご飯を食べていない。）

12. 禁止を表す表現

不要～	（～してはいけない、～するな）
别～	（～してはいけない、～するな）
不要～了	（もう～をしないで、もう～しないように）
别～了	（もう～をしないで、もう～しないように）

Búyào shuōhuà!
不要 说话！
（話をするな！）

Bié shuōhuà le.
别 说话 了。
（お静かに。）

13. 使役文

> 肯定文：主語(S)＋让／叫＋人＋動詞＋目的語(O)
> 否定文：主語(S)＋不／没＋让／叫＋人＋動詞＋目的語(O)
> 許諾疑問文：主語(S)＋让／叫＋人＋動詞＋目的語(O)＋吗？
> 反復疑問文：主語(S)＋让不让／叫不叫＋人＋動詞＋目的語(O)？

Māma jiào wǒ zài jiā wánr.
妈妈叫我在家玩儿。
(母は私に家で遊ぶように言った。)

Tā bú ràng wǒ huí jiā.
她不让我回家。
(彼女は私を家に帰らせない。)

Nǐ māma ràng bu ràng nǐ qù liúxué?
你妈妈让不让你去留学？
(お母さんはあなたを留学に行かせてくれるか。)

Zuótiān tā méi jiào wǒ qù.
昨天她没叫我去。
(昨日彼女は私を行かせなかった。)

14. 依頼、命令表現

中国語では、動詞や動詞フレーズで始まる文は、命令のニュアンスになる。

Hē.
喝。
(飲め。)

Chūqu.
出去。
(出ていけ。)

Zhànqǐlai.
站起来。
(立て。)

Náchūlai.
拿出来。
(出せ。)

Zuòzhe chī.
坐着吃。
(座って食べろ。)

`请＋動詞`は命令のニュアンスがやわらぎ、「どうぞ〜してください」という依頼、勧告等のニュアンスを表す表現になる。

Qǐng jìn.
请进。
(お入りください。)

Qǐng zuò.
请坐。
(おかけください。)

Qǐng hē chá.
请喝茶。
(お茶を飲んでください。)

`A＋请＋B＋動詞`もよく現れる依頼表現の1つで、「AはBに（頼んで）〜をしてもらう」という意味を表す。

Jīntiān wǒ qǐng nǐ chī wǔfàn.
今天我请你吃午饭。
(今日私がお昼を奢ります。)

Wǒmen qǐng Wáng xiǎojiě jiǎnghuà.
我们请王小姐讲话。
(私達は王さんに話をしてもらう。)

15. 補語

述語である動詞や形容詞の後に付き、その動作や状態の結果、程度、方向などについて補足説明をする語を「補語」という。

補語はおおまかに、「結果補語」「様態補語・程度補語」「方向補語」「数量補語」「可能補語」に分かれる。

結果補語　動作を行った結果がどうなったかを付け加える語を「結果補語」という。

> 肯定文：主語(S)＋動詞(V)＋結果補語＋目的語(O)＋α
> 否定文：主語(S)＋没(有)＋動詞(V)＋結果補語＋目的語(O)
> 許諾疑問文：主語(S)＋動詞(V)＋結果補語＋目的語(O)＋α＋吗？
> 反復疑問文：主語(S)＋動詞(V)＋没(有)＋動詞(V)＋結果補語＋目的語(O)？

Zuòyè zuòwán le.
作业 做完 了。
(宿題をし終わった。)

Wǒ kànjiàn nǐ māma le.
我 看见 你 妈妈 了。
(私はあなたのお母さんを見かけた。)

Wǒ méi tīngdǒng nǐ shuō de huà.
我 没 听懂 你 说 的 话。
(私はあなたの話が理解できなかった。)

Méi chīwán fàn.
没 吃完 饭。
(食べ終わっていない。)

注：結果補語は一般的に単音節の動詞や形容詞からなる。
　　結果補語の場合、達成状況を表す"了"などの補助成分αが必要になる。

注：結果補語は「動詞＋結果補語」だけではなく、**形容詞＋結果補語** の形もある。

Wǒ gāoxìng sǐ le.
我 高兴 死 了。
(ものすごくうれしい。)

Wǒ rè huài le.
我 热 坏 了。
(すごく暑かった。)

注：結果補語の否定は一般に"没"を使うが、意思や条件を表す文は"不"で否定する。

Bú kànwán diànshì, bù chīfàn.
不 看完 电视，不 吃饭。
(テレビが見終わらないと、ご飯を食べない。)

Bú zuòwán zuòyè, bù néng huí jiā.
不 做完 作业，不 能 回家。
(宿題が終わらないと、家に帰れない。)

様態補語 動作を行う様態、または結果の状態を説明する語を「様態補語」という。

> 肯定文１：主語(S)＋動詞(V)＋得＋様態補語
> 肯定文２：主語(S)＋(動詞(V))＋目的語(O)＋動詞(V)＋得＋様態補語
> 否定文：主語(S)＋(動詞(V))＋(目的語(O))＋動詞(V)＋得＋不＋様態補語
> 許諾疑問文：主語(S)＋(動詞(V))＋(目的語(O))＋動詞(V)＋得＋様態補語＋吗?
> 反復疑問文：主語(S)＋(動詞(V))＋(目的語(O))＋動詞(V)＋得＋様態補語＋不＋様態補語?

Tā shuō de hěn hǎo.
他 说 得 很 好。
(彼は話すのがとても上手だ。)

Wǒ shuō de bù hǎo.
我 说 得 不 好。
(私は話すのがとても下手だ。)

Tā shuō Hànyǔ shuō de hǎo ma?
他 说 汉语 说 得 好 吗?
(彼の中国語は上手ですか。)

Tā Hànyǔ shuō de hǎo bu hǎo?
他 汉语 说 得 好 不 好?
(彼の中国語は上手ですか。)

方向補語 動作の行われる方向を補助的に説明する語を「方向補語」という。

> 肯定文：主語(S)＋動詞(V)＋方向補語
> 否定文：主語(S)＋不／没(有)＋動詞(V)＋方向補語

注：方向補語は"来，去"や"上，下，进，出，回，过，起"などの方向を表す語、あるいはこれらの組み合わせからなる。

Piào hái méi mǎilái.
票 还 没 买来。
(チケットをまだ買ってきていない。)

Tā cóng túshūguǎn zǒuchūlai le.
他 从 图书馆 走出来 了。
(彼は図書館から歩いて出てきた。)

可能補語 動作を行った結果、その効果に達することが「できる」「できない」という補助的な説明をする語を「可能補語」という。

> 肯定文：主語(S)＋動詞＋得＋結果補語／方向補語＋(目的語(O))
> 否定文：主語(S)＋動詞＋不＋結果補語／方向補語＋(目的語(O))

Tā kàndedǒng Zhōngwén bàozhǐ.
他 看得懂　中文　报纸。
（彼は中国語の新聞を読んで理解できる。）

Zuòyè tài duō le,　jīntiān zuòbuwán.
作业 太 多 了, 今天　做不完。
（宿題が多すぎて、今日中に終わらない。）

16. 複文

単文　1つの文の中に一組の主語と述語がある文のことである。

Tā zài jiā chīfàn.
他 在 家 吃饭。
（彼は家でご飯を食べている。）

Wǒ měi tiān qù xuéxiào.
我 每 天 去 学校。
（私は毎日学校に行く。）

複文　複数の単文が結びついてできた文のことである。

Yīnwèi tiānqì lěng, suǒyǐ bù xiǎng chūqu.
因为　天气　冷, 所以 不 想 出去。
（寒くなってきたので、出かけたくない。）

Nǐ qù, wǒ yě qù.
你 去, 我 也 去。
（あなたが行くなら私も行く。）

注：上の例文のように、複文には関連詞を用いるものと関連詞を用いないものがある。
関連詞　とは、語と語、節と節の間の相関関係を示す語を指し、常用のものは数十個ある。
HSK2級では、「因果関係」や「逆接関係」を表す関連詞を使えることが求められる。

「因果関係」を表す関連詞： **因为～所以…**　（～なので…だ）

Yīnwèi xià yǔ, suǒyǐ méiyǒu qù.
因为　下 雨, 所以 没有 去。（雨が降ったから行かなかった。）

注：″因为″と″所以″のどちらかを省略してもよい。

Tài guì le, suǒyǐ bù xiǎng mǎi.
太 贵 了, 所以 不 想 买。
（高すぎるから買いたくない。）

Yīnwèi gōngzuò máng, bù xiǎng qù.
因为　工作　忙, 不 想 去。
（仕事が忙しいから行きたくない。）

「逆接関係」を表す関連詞： **但是…**　（しかし…）

Tā huì shuō, dànshì bú huì xiě.
他 会 说, 但是 不 会 写。（彼は話せるが、書けない。）

新HSK 2級　頻出単語一覧
（『新汉语水平考试大纲』で求めている新HSK 2級基本単語）

白	公斤	离	手机	意思
百	公司	两	送	因为
帮助	贵	路	所以	阴
报纸	过	旅游	它	游泳
比	还	卖	踢足球	右边
别	孩子	慢	题	鱼
长	好吃	忙	跳舞	元
唱歌	号	每	外	远
出	黑	妹妹	完	运动
穿	红	门	玩	再
船	欢迎	男人	晚上	早上
次	回答	您	为什么	张
从	机场	牛奶	问	丈夫
错	鸡蛋	女人	问题	找
打篮球	件	旁边	西瓜	真
大家	教室	跑步	希望	正在
但是	姐姐	便宜	洗	知道
到	介绍	票	向	着
得	近	妻子	小时	自行车
等	进	起床	笑	走
弟弟	就	千	新	最
第一	觉得	晴	休息	左边
懂	咖啡	去年	雪	
对	开始	让	颜色	
房间	考试	上班	眼睛	
非常	可能	身体	羊肉	
服务员	可以	生病	药	
高	课	生日	要	
哥哥	快	时间	也	
给	快乐	事情	一起	
公共汽车	累	手表	已经	

中国語検定試験 4 級追加語彙

「新 HSK2 級　頻出単語一覧」に含まれていない、中国語検定試験 4 級等、同レベルの試験に現れる語を品詞別に整理したものである。本文では★で示した。

▼名詞

冰	酱油	球	书店	午饭
病	警察	人口	宿舍	小说
刀子	每天	生词	汤	牙
肚子	母亲	生活	外国	早饭
父亲	木头	食堂	晚饭	中学
工厂	墙	手套	文章	
家具	桥	书包	文字	

▼動詞

搬家	飞	看病	死
毕业	服务	拉	躺
翻译	加	起来	挑
放假	考试	请假	偷

▼形容詞

绿	难看
麻烦	

▼副詞

常常

▼介詞

和

▼疑問詞

为什么

▼量詞

斤

▼助動詞

得

▼方位詞

里面	上面	外面	右	左
旁边	外	下边	右边	左边

1 代詞／代名詞 033

大家 dàjiā	【代】みんな、 みなさん	dàjiā hǎo 大家好（みなさんこんにちは） dàjiā shuō ba 大家说吧（みんなで言ってください）
每 měi	【代】それぞれ、 〜ごとに、 すべて	měi ge rén 每个人（全員） měi cì 每次（毎回、その都度）
您 nín	【代】あなた ("你"の敬称)	máfan nín 麻烦您（お手数ですが） nín hǎo 您好（こんにちは）

練習：（　）の中に入る適切な単語を、以下から１つ選びなさい

大家　　每　　您

1
Tāmen　　　ge zhōumò dōu qù dǎ yǔmáoqiú.
她们（　）个 周末 都 去 打 羽毛球。

彼女たちは毎週末にバドミントンをします。

2
Qǐng wèn,　　　guìxìng?
请 问,（　）贵姓？

お尋ねします、あなたの名字は？

3
　　　　dōu zhǔnbèihǎo le ma?
（　）都 准备好 了 吗？

皆さん、準備はもうできましたか。

2 名詞 ① 034

| 報紙 bàozhǐ | 【名】新聞 | dìng bàozhǐ 订报纸（新聞を注文する）
Zhōngwén bàozhǐ 中文报纸（中国語の新聞） |

| 冰★ bīng | 【名】氷 | bīng kuàir 冰块儿（氷のかたまり）
bīng kāfēi 冰咖啡（アイスコーヒー） |

| 病★ bìng | 【名】病、病気 | shénme bìng 什么病（どんな病気？）
bìng hǎo le 病好了（病気が良くなった） |

| 船 chuán | 【名】船 | zuò chuán 坐船（船に乗る）
mùchuán 木船（木製の船） |

| 刀子★ dāozi | 【名】ナイフ、小刀 | yòng dāozi qiē 用刀子切（ナイフで切る）
jiè dāozi 借刀子（ナイフを借りる） |

| 肚子★ dùzi | 【名】腹、お腹 | dùzi téng 肚子疼（お腹が痛い）
dùzi è 肚子饿（お腹が空く） |

| 弟弟 dìdi | 【名】弟 | wǒ dìdi 我弟弟（私の弟）
dà dìdi 大弟弟（一番上の弟） |

| 房间 fángjiān | 【名】部屋 | fángjiān hàomǎ 房间号码（部屋番号）
dānrén fángjiān 单人房间（一人部屋） |

| 服务员 fúwùyuán | 【名】サービス業の従業員 | fúwùyuán xiǎojiě 服务员小姐（女性従業員）
fàndiàn fúwùyuán 饭店服务员（レストランの店員） |

| 父亲★ fùqīn | 【名】父、お父さん | fùqīn de gōngzuò 父亲的工作（父の仕事）
fùqīn jié 父亲节（父の日） |

代詞／代名詞 1. 每 2. 您 3. 大家

練習：（　）の中に入る適切な単語を、下のA～Dから１つ選びなさい

1. Jīntiān hěn lěng, wàimiàn jié　　le.
今天 很 冷，外面 结（　）了。　今日はとても寒いので、外で水が凍る。
　A. 冰　　　B. 凉快　　　C. 房间　　　D. 热

2. Tā de　　yǐjīng hǎo le.
她的（　）已经 好 了。　彼女の病気はすでに良くなった。
　A. 家　　　B. 弟弟　　　C. 病　　　D. 衣服

3. Wǒ　　jīnnián kǎo dàxué.
我（　）今年 考 大学。　弟は今年大学入試を受けます。
　A. 船　　　B. 弟弟　　　C. 房间　　　D. 号

4. Zhèli de　　dōu hěn rèxīn.
这里 的（　）都 很 热心。　ここのウェイターたちは皆親切です。
　A. 号　　　B. 公司　　　C. 公共汽车　　　D. 服务员

5. Nǐ　　zài nǎr gōngzuò?
你（　）在 哪儿 工作？　お父さんはどこに勤めていますか。
　A. 弟弟　　　B. 老师　　　C. 母亲　　　D. 父亲

6. Wǒ chéng　　qù lǚyóu.
我 乘（　）去 旅游。　私は船で旅行します。
　A. 号　　　B. 船　　　C. 弟弟　　　D. 哥哥

7. Qǐng bǎ nǐ de　　jiè yíxià.
请 把 你的（　）借 一下。　あなたのナイフを貸してくれますか。
　A. 钢笔　　　B. 词典　　　C. 自行车　　　D. 刀子

8. 　　è le.
（　）饿 了。　お腹が空いた。
　A. 肚子　　　B. 足球　　　C. 病　　　D. 哥哥

9. Wǒ dìng　　le.
我 订（　）了。　新聞を注文しました。
　A. 服务员　　　B. 哥哥　　　C. 公司　　　D. 报纸

10. Wǒ de　　zài èr lóu.
我的（　）在 二 楼。　わたしの部屋は２階にあります。
　A. 船　　　B. 房间　　　C. 孩子　　　D. 号

2 名詞 ② 035

中文	品詞	意味	例
哥哥 gēge	【名】	お兄さん	tā gēge 他哥哥（彼の兄） dà gēge 大哥哥（一番上の兄、長男）
工厂★ gōngchǎng	【名】	工場	gōngchǎng gōngrén 工厂工人（工場労働者） mùcái gōngchǎng 木材工厂（木工工場）
公共汽车 gōnggòng qìchē	【名】	バス	zuò gōnggòng qìchē 坐公共汽车（バスに乗る） gōnggòng qìchē zhàn 公共汽车站（バス停）
公司 gōngsī	【名】	会社	kāi gōngsī 开公司（会社を経営する） shípǐn gōngsī 食品公司（食品会社）
孩子 háizi	【名】	子ども	xiǎo háizi 小孩子（子供） nán háizi 男孩子（男の子）
号 hào	【名】	番号、ナンバー、サイズ、日にち	jǐ hào 几号（何番？、何日？） dàhào 大号（Lサイズ）
机场 jīchǎng	【名】	空港	qù jīchǎng 去机场（空港へ行く） guójì jīchǎng 国际机场（国際空港）
鸡蛋 jīdàn	【名】	卵	mǎi jīdàn 买鸡蛋（卵を買う） jīdàn tāng 鸡蛋汤（卵スープ）
家具★ jiājù	【名】	家具	jiājù diàn 家具店（家具屋） wàiguó jiājù 外国家具（海外の家具）
教室 jiàoshì	【名】	教室	dǎsǎo jiàoshì 打扫教室（教室を掃除する） dà jiàoshì 大教室（大教室）

解答：名詞 1.A 2.C 3.B 4.D 5.D 6.B 7.D 8.A 9.D 10.B

練習：（　）の中に入る適切な単語を、下のA～Dから1つ選びなさい

11	Tā shì wǒ　　　de hǎo péngyou. 他是我（　）的好朋友。		彼は兄の親友です。	
	A. 报纸	B. 弟弟	C. 哥哥	D. 孩子
12	Zhège zhuōzi shì zài　　diàn mǎi de. 这个桌子是在（　）店买的。		この机は家具屋さんで買った。	
	A. 家具	B. 电视	C. 公司	D. 汽车
13	Nǐ yǒu jǐ ge　　　a? 你有几个（　）啊？		子供さんは何人いますか？	
	A. 报纸	B. 孩子	C. 哥哥	D. 弟弟
14	Qù shì zhōngxīn zuò　　xūyào bàn ge xiǎoshí. 去市中心坐（　）需要半个小时。		市の中心に行くにはバスで30分かかります。	
	A. 房间	B. 号	C. 公司	D. 公共汽车
15	Zhège　　　de zhíyuán hěn duō. 这个（　）的职员很多。		この会社は社員が大勢います。	
	A. 号	B. 报纸	C. 船	D. 公司
16	Nǐ shì jǐ 你是几（　）？		あなたは何番ですか？	
	A. 号	B. 哥哥	C. 房间	D. 船
17	li　hái yǒu rén ma? （　）里还有人吗？		教室にはまだ誰かいますか？	
	A. 鸡蛋	B. 教室	C. 妹妹	D. 考试
18	Jīntiān wǒ yào dào　　qù jiē rén. 今天我要到（　）去接人。		今日、空港へ人を迎えに行きます。	
	A. 机场	B. 咖啡	C. 旅游	D. 考试
19	Zuìjìn　　　hěn guì. 最近（　）很贵。		最近卵は高い。	
	A. 鸡蛋	B. 机场	C. 妹妹	D. 课
20	Tā zài mùcái　　　gōngzuò. 他在木材（　）工作。		彼は木工工場で仕事をしている。	
	A. 超市	B. 车站	C. 工厂	D. 机场

2 名詞②

2 名詞 ③ 036

| 酱油★
jiàngyóu | 【名】醤油 | jiàngyóu píng
酱油瓶（醤油の瓶）
fàng jiàngyóu
放酱油（醤油をさす） |

| 姐姐
jiějie | 【名】姉 | wǒ jiějie
我姐姐（私の姉）
èr jiějie
二姐姐（2番目の姉） |

| 警察★
jǐngchá | 【名】警察、警官、巡査 | jiào jǐngchá
叫警察（警察を呼ぶ）
gěi jǐngchá dǎ diànhuà
给警察打电话（警察に電話する） |

| 咖啡
kāfēi | 【名】コーヒー | hē kāfēi
喝咖啡（コーヒーを飲む）
kāfēitīng
咖啡厅（カフェ） |

| 考试
kǎoshì | 【名】試験 | qīzhōng kǎoshì
期中考试（中間試験）
qīmò kǎoshì
期末考试（期末試験） |

| 课
kè | 【名】授業 | yǒu kè
有课（授業がある）
shùxué kè
数学课（数学の授業） |

| 旅游
lǚyóu | 【名】旅行 | xǐhuan lǚyóu
喜欢旅游（旅行が好き）
lǚyóu shèngdì
旅游胜地（遊覧地） |

| 妹妹
mèimei | 【名】妹 | wǒ mèimei
我妹妹（私の妹）
xiǎo mèimei
小妹妹（一番下の妹） |

| 每天★
měi tiān | 【名】毎日 | měi tiān zǎoshang
每天早上（毎朝）
měi tiān chī yào
每天吃药（毎日薬を飲む） |

| 门
mén | 【名】ドア、扉、出入り口 | guānmén
关门（ドアを閉める、閉店する）
dà mén
大门（正門、表門） |

解答：名詞 11.C 12.A 13.B 14.D 15.D 16.A 17.B 18.A 19.A 20.C

練習：（　　）の中に入る適切な単語を、下のＡ〜Ｄから１つ選びなさい

---

21 Jìnlái hòu qǐng guān
进来后 请 关（　　）。　　　入ったらドアを閉めてください。

A. 门　　　B. 妹妹　　　C. 旅游　　　D. 课

---

22 Nǐ bǎ　　　fàng nǎr le?
你 把（　　）放 哪儿 了？　　　あなたは醤油をどこに置きましたか？

A. 咖啡　　　B. 酱油　　　C. 鸡蛋　　　D. 红茶

---

23 Wǒ qù gěi　　　dǎ diànhuà.
我 去 给（　　）打 电话。　　　警察に電話してくる。

A. 大夫　　　B. 姐姐　　　C. 警察　　　D. 公司

---

24 Wǒ　　　zài yínháng gōngzuò.
我（　　）在 银行 工作。　　　姉は銀行で働いています。

A. 咖啡　　　B. 姐姐　　　C. 鸡蛋　　　D. 考试

---

25 Wǒ　　　zài Hā'ěrbīn shàng dàxué.
我（　　）在 哈尔滨 上 大学。　　　妹はハルビンの大学で勉強しています。

A. 课　　　B. 鸡蛋　　　C. 机场　　　D. 妹妹

---

26 Zuótiān de　　　hěn nán.
昨天 的（　　）很 难。　　　昨日の試験は難しかった。

A. 考试　　　B. 姐姐　　　C. 教室　　　D. 门

---

27 Nǐ yào　　　háishi hóngchá
你 要（　　）还是 红茶？　　　コーヒーが欲しいですか、それとも紅茶ですか？

A. 姐姐　　　B. 旅游　　　C. 咖啡　　　D. 鸡蛋

---

28 Tā　　　zǎoshang dōu duànliàn shēntǐ.
她（　　）早上 都 锻炼 身体。　　　彼女は毎朝トレーニングをする。

A. 每天　　　B. 去年　　　C. 唱歌　　　D. 酱油

---

29 Shǔjià wǒ xiǎng qù Zhōngguó
暑假 我 想 去 中国（　　）。　　　夏休みに私は中国に旅行に行きたいです。

A. 考试　　　B. 姐姐　　　C. 教室　　　D. 旅游

---

30 Xiàwǔ yǒu　　　ma?
下午 有（　　）吗？　　　午後授業がありますか？

A. 门　　　B. 机场　　　C. 鸡蛋　　　D. 课

2 名詞 ④ 037

母亲★ mǔqīn	【名】	母、お母さん	mǔqīnjié 母亲节（母の日） wǒ mǔqīn 我母亲（私の母）
木头★ mùtou	【名】	木、丸太	mùtou xiāngzi 木头箱子（木箱） mùtou chuáng 木头床（木製ベッド）
男人 nánrén	【名】	男、男の人	zhège nánrén 这个男人（この男） gāo gèzi nánrén 高个子男人（長身の男性）
牛奶 niúnǎi	【名】	牛乳、ミルク	hē niúnǎi 喝牛奶（牛乳を飲む） niúnǎi táng 牛奶糖（キャラメル）
女人 nǚrén	【名】	女、女の人	nǚrén de shēngyīn 女人的声音（女性の声） ǎi gèzi nǚrén 矮个子女人（背の低い女性）
票 piào	【名】	切符、チケット、券	mǎi piào 买票（切符を買う） yuèpiào 月票（一ヶ月定期）
妻子 qīzi	【名】	妻、女房	wǒ qīzi 我妻子（私の妻） tā qīzi 他妻子（彼の妻）
墙★ qiáng	【名】	壁、塀	tǔqiáng 土墙（土壁） wéiqiáng 围墙（塀、囲い）
桥★ qiáo	【名】	橋、橋梁、懸け橋	mùqiáo 木桥（木の橋） shíqiáo 石桥（石橋）
球★ qiú	【名】	ボール、球	lánqiú 篮球（バスケットボール） dǎ qiú 打球（ボールを打つ、球技をする）

解答：名詞 21.A 22.B 23.C 24.B 25.D 26.A 27.C 28.A 29.D 30.D

練習：（　）の中に入る適切な単語を、下のＡ～Ｄから１つ選びなさい

31 Tā　　　měi tiān qù xuéxiào jiē háizi.
他（　）每 天 去 学校　接 孩子。 彼の妻は毎日学校に子供を迎えに行きます。

A. 女人　　　B. 男人　　　C. 生日　　　D. 妻子

32 Zhè zuò mù　　hěn piàoliang.
这 座 木（　）很　漂亮。 この木の橋はとても綺麗です。

A. 车站　　　B. 桥　　　C. 机场　　　D. 墙

33 Tā shì ge méiyǒu zhìqì de
他 是 个 没有 志气 的（　）。 やつは意気地のない男だ。

A. 旁边　　　B. 去年　　　C. 男人　　　D. 时间

34 Hē　　　duì shēntǐ hǎo.
喝（　）对 身体 好。 牛乳を飲むことは体にいいです。

A. 旁边　　　B. 去年　　　C. 身体　　　D. 牛奶

35 Tā fángjiān li yǒu　　　de shēngyīn.
他 房间 里 有（　）的 声音。 彼の部屋から女性の声がします。

A. 旁边　　　B. 女人　　　C. 去年　　　D. 时间

36 Hái yǒu míngtiān wǎnshang qù Běijīng de　　ma? 明日の夜の北京行きのチケットはまだ
还 有 明天　晚上 去北京 的（　）吗？ ありますか？

A. 票　　　B. 旁边　　　C. 妻子　　　D. 女人

37 Tā lán　　dǎ de hěn hǎo. 彼女はバスケットボールがとても上手で
她 篮（　）打 得 很 好。 す。

A. 球　　　B. 足球　　　C. 生词　　　D. 鸡蛋

38 Zhège xiāngzi shì yòng　　　zuò de.
这个 箱子 是 用（　）做 的。 この箱は木で作ったものです。

A. 孩子　　　B. 木头　　　C. 报纸　　　D. 房间

39 Wǒ　　　chūshēng zài Měiguó.
我（　）出生 在 美国。 私の母はアメリカで生まれた。

A. 奶奶　　　B. 爷爷　　　C. 母亲　　　D. 父亲

40 Nǐ kàn,　　shang yǒu yì zhī māo.
你 看,（　）上 有 一 只 猫。 見て！塀の上に猫がいる！

A. 窗户　　　B. 门　　　C. 服务员　　　D. 墙

2 名詞 ⑤ 038

去年 qùnián	【名】去年	qùnián de zhàopiàn 去年的照片（昨年の写真） qùnián xiàtiān 去年夏天（去年の夏）	
人口★ rénkǒu	【名】人口	rénkǒu duō 人口多（人口が多い） rénkǒu jiǎnshǎo 人口减少（人口減少）	
身体 shēntǐ	【名】体	shēntǐ hǎo 身体好（体調が良い） duànliàn shēntǐ 锻炼身体（体を鍛える）	
生词★ shēngcí	【名】新出単語、新しい単語、知らない単語	chá shēngcí 查生词（新出単語を調べる） shēngcí běn 生词本（単語帳）	
生活★ shēnghuó	【名】生活、暮らし	xìngfú de shēnghuó 幸福的生活（幸せな生活） shēnghuó kùnnán 生活困难（生活が苦しい）	
生日 shēngrì	【名】誕生日、誕生年月日	wǒ de shēngrì 我的生日（私の誕生日） guò shēngrì 过生日（誕生日を過ごす）	
时间 shíjiān	【名】時間	méiyǒu shíjiān 没有时间（時間がない） xuéxí shíjiān 学习时间（勉強時間）	
事情 shìqing	【名】事、事柄	hǎo shìqing 好事情（良い出来事） rénjia de shìqing 人家的事情（他人事）	
食堂★ shítáng	【名】食堂	xuésheng shítáng 学生食堂（学生食堂） zhígōng shítáng 职工食堂（社員食堂）	
手表 shǒubiǎo	【名】腕時計	dài shǒubiǎo 戴手表（腕時計をつける） kàn shǒubiǎo 看手表（腕時計を見る）	

解答：名詞 31.D 32.B 33.C 34.D 35.B 36.A 37.A 38.B 39.C 40.D

練習：（　）の中に入る適切な単語を、下のＡ〜Ｄから１つ選びなさい

41 Míngtiān yǒu　　　ma?
明天　有（　）吗?　　明日時間がありますか？

A. 身体　　B. 时间　　C. 票　　D. 牛奶

42 Tā měi tiān dōu duànliàn
他 每 天 都 锻炼（　）。　彼は毎日体を鍛えています。

A. 身体　　B. 时间　　C. 生日　　D. 妻子

43 Jīntiān shì wǒ de
今天 是 我 的（　）。　今日は私の誕生日です。

A. 票　　B. 生日　　C. 牛奶　　D. 时间

44 Zhè zhāng zhàopiàn shì　　zài Zhōngshān Gōngyuán pāi de.　この写真は去年中山公园で撮っ
这 张 照 片 是（　）在 中山　公园 拍 的。たのです。

A. 去年　　B. 生日　　C. 时间　　D. 票

45 Shénme　　ràng nǐ zhème gāoxìng a?
什么（　）让 你 这么 高兴 啊? 何があなたをこんなに喜ばせたのですか？

A. 事情　　B. 手机　　C. 晚上　　D. 希望

46 Nǐ néng bāng wǒ xiū yíxià zhè kuài　　ma?　すみません、この腕時計を修理
你 能 帮 我 修 一下 这 块（　）吗? してくれませんか？

A. 外　　B. 手表　　C. 小时　　D. 希望

47 Tā měi tiān zài xuésheng　　chīfàn.
她 每 天 在 学生（　）吃饭。　彼女は毎日学生食堂で食べる。

A. 食堂　　B. 西瓜　　C. 车站　　D. 机场

48 Zhōngguó　　zuì duō.
中国（　）最 多。　中国の人口は最も多いです。

A. 汉字　　B. 人　　C. 机场　　D. 人口

49 Wǒ zài chá
我 在 查（　）。　私は新出単語を調べている。

A. 汉字　　B. 生词　　C. 手机　　D. 书包

50 Tāmen jiā　　kùnnán.
他们 家（　）困难。　彼らの家は生活が苦しい。

A. 生活　　B. 房间　　C. 回答　　D. 便宜

2 名詞 ⑥ 039

手机 shǒujī	【名】携帯電話("手提电话"の略称)	mǎi shǒujī 买手机(携帯を買う) wán shǒujī 玩手机(携帯をいじる)
手套★ shǒutào	【名】手袋	dài shǒutào 戴手套(手袋をはめる) pí shǒutào 皮手套(革の手袋)
书包★ shūbāo	【名】(一般的には学生用の)かばん	hóng shūbāo 红书包(赤いカバン) xiǎoxuéshēng shūbāo 小学生书包(ランドセル)
书店★ shūdiàn	【名】本屋、書店	wàiwén shūdiàn 外文书店(外国語の本屋) guàng shūdiàn 逛书店(本屋を見て回る)
宿舍★ sùshè	【名】宿舎、官舎、寮	xuésheng sùshè 学生宿舍(学生寮) zhù sùshè 住宿舍(宿舎生)
汤★ tāng	【名】スープ、吸い物	càitāng 菜汤(スープ) hē tāng 喝汤(スープを飲む)
题 tí	【名】問題、題目	shùxué tí 数学题(数学の問題) shìtí 试题(試験問題)
外国★ wàiguó	【名】外国	wàiguó diànyǐng 外国电影(海外映画) wàiguórén 外国人(外国人)
晚饭★ wǎnfàn	【名】夕飯、晩ご飯	zuò wǎnfàn 做晚饭(夕飯を作る) chī wǎnfàn 吃晚饭(夕飯を食べる)
晚上 wǎnshang	【名】晩、夜、夕方	wǎnshang shí diǎn 晚上十点(夜10時) jīntiān wǎnshang 今天晚上(今夜)

解答:名詞 41.B 42.A 43.B 44.A 45.A 46.B 47.A 48.D 49.B 50.A

練習：（　）の中に入る適切な単語を、下のA〜Dから1つ選びなさい

51 Xiànzài xuésheng dōu yǒu
現在　学生　都有（　　）。　　今の学生はみんな携帯を持っています。

A. 手表　　B. 手机　　C. 事情　　D. 题

52 zài jiā ma?
（　）在家吗？　　夜は家にいますか？

A. 问题　　B. 小时　　C. 手表　　D. 晚上

53 Zhè dào　　　　lǎoshī yǐjīng jiǎngguo le.
这道（　）老师已经讲过了。この問題は先生がもう説明してくれました。

A. 手表　　B. 外　　C. 题　　D. 西瓜

54 Nǐ chī　　le ma?
你吃（　）了吗？　　あなたは夕飯を食べましたか？

A. 米饭　　B. 咖啡　　C. 晚饭　　D. 早饭

55 Tā dài de shì míngpái
她戴的是名牌（　　）。　　彼女はブランドの手袋をはめている。

A. 食堂　　B. 手套　　C. 电脑　　D. 跑步

56 Wǒ gěi háizi mǎile yí ge hóngsè
我给孩子买了一个红色（　　）。　私は子供に赤いカバンを買ってあげた。

A. 自行车　　B. 手套　　C. 书包　　D. 手机

57 Wǒmen qù wàiwén　　　　kànkan ba.
我们去外文（　　）看看吧。　私たちは外国語の本屋を見に行きましょう。

A. 食堂　　B. 学校　　C. 书店　　D. 车站

58 Wǒ zhù zài xuésheng
我住在学生（　　）。　　私は学生寮に住んでいます。

A. 宾馆　　B. 饭店　　C. 宿舍　　D. 房间

59 Zhè jiā càiguǎn de cài　　hěn hǎohē.
这家菜馆的菜（　　）很好喝。この店のスープは美味しい。

A. 汤　　B. 红茶　　C. 咖啡　　D. 酒

60 Tā cháng kàn　　diànyǐng.
她常看（　　）电影。　　彼女はよく外国映画を見ている。

A. 电视　　B. 小说　　C. 日本　　D. 外国

2 名詞 ⑦ 040

| 問題 wèntí | 【名】問題、事柄、重要な点、質問 | dà wèntí 大问题（大問題）
huídá wèntí 回答问题（質問に答える） |

| 文章★ wénzhāng | 【名】文章、著作、論文 | xiě wénzhāng 写文章（文章を書く）
xiūgǎi wénzhāng 修改文章（文章を直す） |

| 文字★ wénzì | 【名】文字、字 | méiyǒu wénzì 没有文字（文字がない）
shénme wénzì 什么文字（何の文字？） |

| 午饭★ wǔfàn | 【名】昼飯、昼食 | chī wǔfàn 吃午饭（昼食を食べる）
mǎi wǔfàn 买午饭（昼食を買う） |

| 西瓜 xīguā | 【名】スイカ | chī xīguā 吃西瓜（スイカを食べる）
mài xīguā 卖西瓜（スイカを売る） |

| 希望 xīwàng | 【名】望み、希望、見込み | xīwàng hěn dà 希望很大（希望が大きい）
méi xīwàng 没希望（見込みがない） |

| 小时 xiǎoshí | 【名】（時間の経過・長さを表す）時間 | yí ge xiǎoshí 一个小时（1時間）
yí ge bàn xiǎoshí 一个半小时（1時間半） |

| 小说★ xiǎoshuō | 【名】小説 | Yīngwén xiǎoshuō 英文小说（英語の小説）
kàn xiǎoshuō 看小说（小説を読む） |

| 雪 xuě | 【名】雪 | xià xuě 下雪（雪が降る）
báixuě 白雪（白い雪） |

| 牙★ yá | 【名】歯 | yá téng 牙疼（歯が痛い）
shuā yá 刷牙（歯を磨く） |

解答：名詞 51.B 52.D 53.C 54.C 55.B 56.C 57.C 58.C 59.A 60.D

練習：（　）の中に入る適切な単語を、下のA〜Dから1つ選びなさい

61
Měi tiān wǒ dǎ sān ge　　　gōng.
每 天 我 打 三 个（　）工。　　わたしは毎日3時間アルバイトします。

A. 问题　　B. 小时　　C. 西瓜　　D. 晚上

62
　　　shì tā bú huì shuō Yīngyǔ.
（　）是 他 不 会 说 英语。　　問題は彼が英語を話せないということです。

A. 外　　B. 题　　C. 问题　　D. 事情

63
　　tài guì, suǒyǐ wǒ bù xiǎng mǎi.
（　）太 贵，所以 我 不 想 买。　　スイカは高すぎるので、私は買いたくありません。

A. 西瓜　　B. 希望　　C. 晚上　　D. 手机

64
　　zhēn dà a!
（　）真 大 啊！　　すごい雪です。

A. 雪　　B. 眼睛　　C. 意思　　D. 运动

65
Néng qù liúxué de　　　bú dà.
能 去 留学 的（　）不 大。　　留学に行ける見込みはあまり大きくありません。

A. 希望　　B. 小时　　C. 晚上　　D. 手机

66
Chī wán fàn hòu, yīnggāi shuā
吃 完 饭 后，应该 刷（　）。　　食べ終わったら歯磨きをするべきだ。

A. 眼睛　　B. 脸　　C. 牙　　D. 跑步

67
Wǒ zài xiūgǎi nǐ de
我 在 修改 你 的（　）。　　私はあなたの文章を直しています。

A. 信　　B. 文章　　C. 作业　　D. 考试

68
Yǒu yǔyán, méiyǒu
有 语言，没有（　）。　　言葉があって、文字がない。

A. 汉字　　B. 中文　　C. 文字　　D. 英语

69
Wǒ qù gěi nǐ mǎi
我 去 给 你 买（　）。　　私があなたの昼食を買いに行きます。

A. 午饭　　B. 牛奶　　C. 茶　　D. 咖啡

70
Tā néng kàn Yīngwén
她 能 看 英文（　）。　　彼女は英文小説を読める。

A. 书　　B. 小说　　C. 词典　　D. 电影

2 名詞 ⑧ 041

颜色 yánsè	【名】色	yánsè hǎokàn 颜色好看（色が美しい） hēi yánsè 黑颜色（黒色）
眼睛 yǎnjing	【名】目	hēi yǎnjing 黑眼睛（黒目） yǎnjing dà 眼睛大（目が大きい）
羊肉 yángròu	【名】羊肉	chī yángròu 吃羊肉（羊肉を食べる） yángròuchuàn 羊肉串（シシカバブ）
药 yào	【名】薬	chī yào 吃药（薬を飲む） zhōngyào 中药（漢方薬）
意思 yìsi	【名】意味、内容	shénme yìsi 什么意思（どういう意味？） méi yìsi 没意思（意味のない）
鱼 yú	【名】魚	yǎng yú 养鱼（魚を育てる） xǐhuan yú 喜欢鱼（魚が好き）
运动 yùndòng	【名】運動、スポーツ	yùndòngyuán 运动员（スポーツ選手） yùndòngchǎng 运动场（運動場）
早饭★ zǎofàn	【名】朝食、朝ご飯	bù chī zǎofàn 不吃早饭（朝食を食べない） qù chī zǎofàn 去吃早饭（朝食を食べに行く）
早上 zǎoshang	【名】朝	zǎoshang hǎo 早上好（おはよう） zǎoshang liùdiǎn 早上六点（朝6時）
丈夫 zhàngfu	【名】夫、主人	tā zhàngfu 她丈夫（彼女の夫） méi zhàngfu 没丈夫（夫がいない）

解答：名詞 61.B 62.C 63.A 64.A 65.A 66.C 67.B 68.C 69.A 70.B

練習：（　　）の中に入る適切な単語を、下のA〜Dから１つ選びなさい

71. Nǐ gǎnmào le, yào chī
你 感冒 了，要 吃（　　）。　　風邪を引いたので薬を飲まないといけない。

A. 眼睛　　B. 雪　　C. 药　　D. 右边

72. Zhè jù huà shì shénme
这 句 话 是 什么（　　）？　　このフレーズはどういう意味ですか？

A. 鱼　　B. 运动　　C. 早上　　D. 意思

73. Zhè shì yì chǎng gémìng
这 是 一 场 革命（　　）。　　これは革命運動です。

A. 右边　　B. 眼睛　　C. 运动　　D. 鱼

74. Zhège nǚhái de　　hěn dà, hěn piàoliang.
这个 女孩 的（　　）很 大，很 漂亮。　この女の子の目はとても大きく、綺麗です。

A. 眼睛　　B. 羊肉　　C. 药　　D. 右边

75. Rìběnrén bǐ Zhōngguórén xǐhuan chī
日本人 比 中国人 喜欢 吃（　　）。　日本人は中国人と比べて、魚を食べるのを好みます。

A. 运动　　B. 雪　　C. 鱼　　D. 颜色

76. Nǐ zuì xǐhuan shénme
你 最 喜欢 什么（　　）？　　何色が一番好きですか？

A. 羊肉　　B. 早上　　C. 药　　D. 颜色

77. Wǒ zuò hòutiān　　de chē huí jiā.
我 坐 后天（　　）的 车 回 家。　わたしはあさっての朝のバスに乗って、家に帰ります。

A. 运动　　B. 右边　　C. 早上　　D. 颜色

78. Rìběnrén hěn shǎo chī
日本人 很 少 吃（　　）。　　日本人はあまり羊肉を食べません。

A. 眼睛　　B. 羊肉　　C. 颜色　　D. 意思

79. Wǒ　　shàngbān qù le, hái méi huílái.
我（　　）上班 去 了，还 没 回来。　主人は仕事に行っていて、まだ帰っていません。

A. 丈夫　　B. 姐姐　　C. 奶奶　　D. 老师

80. Qù nǎr chī
去 哪儿 吃（　　）？　　どこで朝食を食べますか？

A. 早饭　　B. 羊肉　　C. 水果　　D. 牛奶

2 名詞 ⑨ 042

中学 ★
zhōngxué
【名】中学校

shàng zhōngxué
上中学（中学校へ通う）

zhōngxué bìyè
中学毕业（中学校を卒業する）

自行车
zìxíngchē
【名】自転車

qí zìxíngchē
骑自行车（自転車に乗る）

zhǎo zìxíngchē
找自行车（自転車を探す）

解答：名詞 71.C 72.D 73.C 74.A 75.C 76.D 77.C 78.B 79.A 80.A

練習：（　）の中に入る適切な単語を、下のA～Dから1つ選びなさい

81	Cóng wǒjiā dào gōngsī qí（　）yào bàn ge xiǎoshí. 从 我家 到 公司 骑（　）要 半 个 小时。	家から会社まで、自転車で30分ぐらいかかります。

　　A. 丈夫　　　　B. 电车　　　　C. 自行车　　　D. 飞机

82	Tā dìdi shàng（　）le. 她 弟弟 上（　）了。	彼女の弟は中学校へ通っている。

　　A. 大学　　　　B. 中学　　　　C. 学生　　　　D. 大夫

3 動詞 ① 043

| 搬家★ bānjiā | 【動】引っ越す、転居する | míngnián bānjiā 明年搬家（来年引越す）
shénme shíhou bānjiā 什么时候搬家（いつ引越すのか） |

| 帮助 bāngzhù | 【動】助ける、援助する | hùxiāng bāngzhù 互相帮助（助け合う）
bāngzhù biérén 帮助别人（他人を助ける） |

| 比 bǐ | 【動】比べる、比較する | bǐ dàxiǎo 比大小（大小を比べる）
bǐ gèzi 比个子（背比べ） |

| 毕业★ bìyè | 【動】卒業する | míngnián bìyè 明年毕业（来年卒業する）
dàxué bìyè 大学毕业（大学を卒業する） |

| 唱歌 chàng gē | 【動】歌を歌う | xǐhuan chàng gē 喜欢唱歌（歌うのが好き）
bú huì chàng gē 不会唱歌（歌えない） |

| 出 chū | 【動】出る | chūmén 出门（出かける）
chūlai 出来（出てくる） |

| 穿 chuān | 【動】着る | chuān yīfu 穿衣服（服を着る）
chuān xié 穿鞋（靴を履く） |

| 到 dào | 【動】到達する、着く | dào le 到了（到着した）
dào jiā le 到家了（家に着いた） |

| 等 děng | 【動】待つ | děng lǎoshī 等老师（先生を待つ）
děng yíxià 等一下（ちょっと待つ） |

| 懂 dǒng | 【動】分かる、理解する | bù dǒng 不懂（分からない）
dǒng le 懂了（分かった） |

解答：名詞 81.C 82.B

練習：下の動詞が入る適切な場所を、文中のA、B、Cから1つ選びなさい

1	Tā jīngcháng wǒ suǒyǐ wǒ hěn gǎnxiè tā. 他 经常（A）我（B），所以 我 很 感谢（C）他。 帮助	よく手伝ってくれるので、彼に感謝の気持ちでいっぱいです。
2	Tā liǎ zài gèzi ne. 他俩（A）在（B）个子（C）呢。 比	彼らは背を比べているところです。
3	Tā chàng de hěn hǎo 她（A）唱 得（B）很 好（C）。 唱歌	彼女は歌を歌うのがとてもうまいです。
4	Wáng lǎoshī qu le. （A）王 老师（B）去（C）了。 出	王先生は出かけました。
5	Shān shang lěng děi duō diǎnr 山 上 冷，（A）得 多（B）点儿（C）。 穿	頂上は寒いから、たくさん着なければいけません。
6	Běijing gěi wǒ dǎ diànhuà wǒ qù jiē nǐ. （A）北京（B）给 我 打 电话（C），我 去 接 你。 到	北京に着いたら電話をください。迎えに行きます。
7	Qǐng nǐ yíxià 请（A）你（B）一下（C）。 等	ちょっと待ってください。
8	yǒuméiyou Hànyǔ de rén （A）有没有（B）汉语 的 人（C）？ 懂	中国語が分かる人はいますか？
9	Nǐ shénme shíhou 你（A）什么（B）时候（C）？ 搬家	あなたはいつ引越すのですか？
10	Wǒ érzi míngnián dàxué 我 儿子（A）明年（B）大学（C）。 毕业	私の息子は来年大学を卒業する。

3 動詞 ② 044

翻译 fānyì ★	【動】訳す、翻訳する、通訳する	fānyì jùzi 翻译句子（文を訳す） fānyìcuò le 翻译错了（訳し間違えた）
放假 fàngjià ★	【動】休みになる	míngtiān fàngjià 明天放假（明日休み） fàngjià sān tiān 放假三天（3日間休み）
飞 fēi ★	【動】飛ぶ	fēizǒu le 飞走了（飛んで行った） fēi de hěn gāo 飞得很高（高く飛んでいる）
服务 fúwù ★	【動】サービスする、奉仕する	fúwù tàidù 服务态度（サービスの態度） fúwù fèi 服务费（サービス料）
告诉 gàosu	【動】告げる、言う	gàosu nǐ shíjiān 告诉你时间（時間を告げる） bié gàosu tā 别告诉他（彼に告げてはいけない）
给 gěi	【動】与える、やる、くれる	gěi tā 给他（彼に与える） bié gěi 别给（与えてはいけない）
过 guò	【動】通過する、通る、過ぎる	guò hé 过河（川を通る） guò mǎlù 过马路（道を通る）
欢迎 huānyíng	【動】歓迎する	rèliè huānyíng 热烈欢迎（歓迎する） huānyíng nǐ! 欢迎你！（あなたを歓迎します）
回答 huídá	【動】答える	huídá wèntí 回答问题（問題に答える） huídá zhèngquè 回答正确（答えが正しい）
加 jiā ★	【動】足す、加える	jiābān 加班（残業する） jiā gōngzī 加工资（給料を上げる）

解答：動詞 1.A 2.B 3.A 4.B 5.B 6.A 7.B 8.B 9.C 10.C

練習：下の動詞が入る適切な場所を、文中のA、B、Cから1つ選びなさい

11	(A) 你 (A) 他 明天 (B) 开会 的 时间 (C) 了 吗？ 告诉	明日の会議の時間を彼に教えましたか？
12	(A) 妈妈 一 个 月 (B) 我 (C) 500 块 钱。 给	母は1ヶ月に500元くれます。
13	(A) 了 这 条 河 (B) 就 到 了 (C)。 过	この川を通っていくと着きます。
14	(A) 各 位 (B) 光临 (C)。 欢迎	皆様のお越しを歓迎します。
15	请 (A) 我 (B) 的 问题 (C)。 回答	私の質問に答えてください。
16	请 (A) 把 这个 句子 (B) 成 英文 (C)。 翻译	この文を英語に訳してください。
17	(A) 明天 (B)，不 上班 (C)。 放假	明日は休みなので、出勤しない。
18	(A) 飞机 (B) 在 空中 (C)。 飞	飛行機は空を飛んでいる。
19	这个 商店 (A) 的 (B) 态度 不 好 (C)。 服务	この店のサービス態度は悪い。
20	我们 (A) 每 天 (B) 都 (C) 班。 加	私たちは毎日残業する。

3 動詞②

123

3 動詞 ③ 045

介绍 jièshào	【動】紹介する	zìwǒ jièshào 自我介绍（自己紹介） jièshào péngyou 介绍朋友（友人を紹介する）
进 jìn	【動】入る	jìnlai 进来（入ってくる） jìnqu 进去（入っていく）
觉得 juéde	【動】感じる、～と思う	juéde lèi 觉得累（疲れを感じる） juéde búcuò 觉得不错（良いと思う）
开始 kāishǐ	【動】始める	xiànzài kāishǐ 现在开始（今から始める／始まる） kāishǐ shàngkè 开始上课（授業開始）
看病★ kànbìng	【動】診察する、治療する、診察を受ける	qù kànbìng 去看病（診察を受けに行く） méi kànbìng 没看病（診察に行ってない）
考试★ kǎoshì	【動】試験をする、試験を受ける	míngtiān kǎoshì 明天考试（明日は試験） kǎoshì chéngjì 考试成绩（試験の成績）
拉★ lā	【動】引く、引っ張る	lā chē 拉车（車を引く） lā jìnlai 拉进来（引いて入る）
旅游 lǚyóu	【動】旅行する	qù lǚyóu 去旅游（旅行する） lǚyóu gōngsī 旅游公司（旅行会社）
卖 mài	【動】売る	mài fángzi 卖房子（家を売る） màiwán le 卖完了（売り切れた）
跑步 pǎobù	【動】駆け足をする、ジョギング	xǐhuan pǎobù 喜欢跑步（ジョギングが好き） zǎoshang pǎobù 早上跑步（朝ジョギングをする）

解答：動詞 11.A 12.B 13.A 14.A 15.A 16.B 17.B 18.C 19.B 20.C

練習：下の動詞が入る適切な場所を、文中のA、B、Cから１つ選びなさい

21	Nàme wǒ lái zuò yíxià zìwǒ 那么（A）我 来（B）做 一下 自我（C）。 介绍	では、自己紹介させていただきます。
22	Mén suǒzhe ne, buqù 门（A）锁着 呢，（B）不去（C）。 进	鍵がかかっているので、入れません。
23	wǒ tā kěndìng huì lái （A）我（B）他 肯定 会 来（C）。 觉得	彼はきっと来ると思います。
24	huìyì le ma? （A）会议（B）了（C）吗？ 开始	会議はもう始まりましたか？
25	Míngtiān qù Běihǎidào 明天（A）去（B）北海道（C）。 旅游	明日、北海道へ旅行します。
26	nàge fángzi le yìbǎi wàn （A）那个 房子（B）了 100 万（C）。 卖	あの家は100万元で売りました。
27	shì tā zuì xǐhuan de yùndòng （A）是 他 最（B）喜欢 的 运动（C）。 跑步	ジョギングは彼の好きなスポーツです。
28	míngtiān bié wàng le. （A）明天（B），别 忘（C）了。 考试	明日は試験だから忘れないでください。
29	tā qù le （A）她 去（B）了（C）。 看病	彼女は病院に行った。
30	Bǎ chē jìnlai 把（A）车（B）进来（C）。 拉	車を引き入れて。

3 動詞 ④ 046

起床 qǐ chuáng	【動】起きる	liùdiǎn qǐ chuáng 六点起床（6時に起きる） méi qǐ chuáng 没起床（起きていない）
起来★ qǐlái	【動】起きる、立つ、立ち上がる、起き上がる	zhàn qǐlái 站起来（立ち上がる） méi qǐlái 没起来（起きていない）
请假★ qǐngjià	【動】休みを願い出る、休みをとる	kěyǐ qǐngjià 可以请假（休みを取れる） qǐng yì tiān jià 请一天假（1日休みを取る）
晴 qíng	【動】晴れる	qíngtiān 晴天（晴れ） tiān qíng le 天晴了（晴れた）
让 ràng	【動】〜させる、譲る	bú ràng 不让（させない） ràng zuò 让座（座らせる／席を譲る）
认为 rènwéi	【動】〜と思う	wǒ rènwéi 我认为（私は思う） rènwéi zěnmeyàng? 认为怎么样？（どう考える？）
上班 shàngbān	【動】出勤する	qù shàngbān 去上班（会社に勤める） shàngbān shíjiān 上班时间（出勤時間）
生病 shēngbìng	【動】病気になる	shēngbìng le 生病了（病気になる） róngyì shēngbìng 容易生病（病気になり易い）
死★ sǐ	【動】死ぬ、枯れる	èsǐ 饿死（餓死） dòngsǐ 冻死（凍死）
送 sòng	【動】贈る	zèngsòng 赠送（贈る） sòng gěi 送给（〜に送る）

解答：動詞 21.C 22.B 23.B 24.B 25.C 26.B 27.A 28.B 29.B 30.B

練習：下の動詞が入る適切な場所を、文中の A、B、C から 1 つ選びなさい

31. 已经 十 点了，(A) 你 (B) 快 (C) 吧。　　もう 10 時になりました、早く起きてください。
    起床

32. 天 (A) 了 (B)。　　晴れています。
    晴

33. (A) 妈妈 不 (B) 我 一 个 人 (C) 去。　　母は私を 1 人で行かせません。
    让

34. 我 (A) 她 没有 (B) 资格 (C) 去 留学。　　私は、彼女は留学に行く資格はないと考えます。
    认为

35. (A) 他 (B) 去 了。　　彼は会社に行っています。
    上班

36. (A) 人 (B) 的 时候，更 需要 朋友 (C) 在 身边。　　人が病気のとき、友達が側にいることがいつにも増して必要です。
    生病

37. 她 结婚 时 (A) 妈妈 (B) 她 一 辆 车 (C)。　　彼女は結婚するとき、母から車を 1 台もらいました。
    送

38. (A) 他 在 (B) 睡觉，还 没 (C)。　　彼は寝ている、まだ起きていない。
    起来

39. 最近 (A) 很 忙，(B) 不 能 (C)。　　最近とても忙しく休みが取れない。
    请假

40. 去年 (A) 他 父亲 (B) 了 (C)。　　去年彼の父親が亡くなった。
    死

3 動詞 ⑤ 047

| 躺 tǎng | 【動】体を横にする、横になる、寝そべる | tǎng zài chuángshang 躺在床上（ベッドに寝る）
tǎngzhe kàn shū 躺着看书（寝ながら本を読む） |

| 挑 tiāo | 【動】選ぶ | tiāo píngguǒ 挑苹果（りんごを選ぶ）
tiāo dōngxi 挑东西（ものを選ぶ） |

| 跳舞 tiàowǔ | 【動】ダンスをする、踊る | xǐhuan tiàowǔ 喜欢跳舞（ダンスが好き）
bú huì tiàowǔ 不会跳舞（ダンスができない） |

| 偷 tōu | 【動】盗む | tōu dōngxi 偷东西（ものを盗む）
tōu qián 偷钱（お金を盗む） |

| 完 wán | 【動】終わる | wán le 完了（終わった）
méi wán 没完（まだ終わっていない） |

| 玩 wán | 【動】遊ぶ | chūqu wán 出去玩（遊びに行く）
wán wánjù 玩玩具（おもちゃで遊ぶ） |

| 问 wèn | 【動】聞く | wèn lù 问路（道を尋ねる）
wèn shíjiān 问时间（時間を尋ねる） |

| 洗 xǐ | 【動】洗う | xǐ shǒu 洗手（手を洗う）
xǐ yīfu 洗衣服（服を洗う／洗濯する） |

| 笑 xiào | 【動】笑う | xiào le 笑了（笑った）
xiàoshēng 笑声（笑い声） |

| 休息 xiūxi | 【動】休む | hǎohǎo xiūxi 好好休息（よく休む）
xiūxi yíxià 休息一下（ちょっと休む） |

解答：動詞 31.C 32.A 33.B 34.A 35.B 36.B 37.B 38.C 39.C 40.B

練習：下の動詞が入る適切な場所を、文中のA、B、Cから１つ選びなさい

| 41 | Wǒ bú huì
我（A）不会（B）。

跳舞 | 私はダンスができません。 |

| 42 | jiémù yǐjīng le.
（A）节目（B）已经（C）了。

完 | 番組はもう終わりました。 |

| 43 | Wǒmen qù hǎibiān ba!
我们（A）去（B）海边（C）吧！

玩 | 海辺へ遊びに行きましょう。 |

| 44 | Zhège wèntí wǒ zuótiān guo lǎoshī.
这个 问题 我（A）昨天（B）过（C）老师。

问 | この問題については、私は昨日先生に聞きました。 |

| 45 | chī fàn qián yào shǒu
（A）吃饭前要（B）手（C）。

洗 | ご飯を食べる前に手を洗うべきです。 |

| 46 | Dàjiā dōu kāixīn de le.
大家（A）都（B）开心 地（C）了。

笑 | みんなうれしそうに笑いました。 |

| 47 | Bié jí, hǎo le zài gàn.
别 急，（A）好（B）了（C）再 干。

休息 | 急がないで、十分に休んでからやってください。 |

| 48 | Bié zhe kàn shū
别（A）着（B）看书（C）。

躺 | 寝ながら本を読んではいけません。 |

| 49 | Zhè shì wǒ gěi nǐ de píngguǒ.
这 是（A）我 给（B）你（C）的 苹果。

挑 | これは私があなたに選んだりんごです。 |

| 50 | tā dōngxi le
（A）他（B）东西 了（C）。

偷 | 彼はものを盗んだ。 |

3 動詞 ⑥ 048

| 希望 xīwàng | 【動】希望する、望む | yǒu xīwàng
有希望（望みがある）
xīwàng jiàndào nǐ
希望见到你（会えることを望みます） |

| 要 yào | 【動】要る、欲しい | yào shénme
要什么（何がほしい？）
bú yào
不要（いらない） |

| 游泳 yóuyǒng | 【動】水泳する、泳ぐ | xué yóuyǒng
学游泳（水泳を学ぶ）
bú huì yóuyǒng
不会游泳（泳げない） |

| 运动 yùndòng | 【動】スポーツする、運動する | měi tiān yùndòng
每天运动（毎日運動する）
yùndòng yì xiǎoshí
运动一小时（1時間運動する） |

| 找 zhǎo | 【動】探す、訪ねる、釣り銭を出す | zhǎo rén
找人（人探し）
zhǎo dōngxi
找东西（探し物） |

| 知道 zhīdao | 【動】知っている、わかる | bù zhīdao
不知道（わからない）
zhīdao le
知道了（わかった） |

| 走 zǒu | 【動】歩く、行く、出発する | mǎshàng zǒu
马上走（すぐ行く）
zǒuzhe qù
走着去（歩いて行く） |

解答：動詞 41.B 42.C 43.C 44.B 45.B 46.C 47.A 48.A 49.C 50.B

練習：下の動詞が入る適切な場所を、文中のA、B、Cから１つ選びなさい

51	Wǒ jiānglái dāng yì míng Rìyǔ lǎoshī 我（A）将来 当（B）一 名 日语 老师（C）。	私は日本語の先生になることを望んでいます。
	希望	

52	Qǐng wèn nín diǎnr shénme 请 问（A）您（B）点儿 什么（C）？	すみません、何になさいますか。
	要	

53	Tā yóu de hěn kuài 他（A）游 得（B）很 快（C）。	彼は泳ぐのがとても速いです。
	游泳	

54	Wǒ měi tiān xiàwǔ yí ge xiǎoshí 我 每 天（A）下午（B）一 个 小时（C）。	私は毎日午後、１時間の運動をします。
	运动	

55	Wǒ yào de shū dào le. 我 要（A）的 书（B）到（C）了。	私が必要な本は見つかりました。
	找	

56	Nǐ tā de diànhuà hàomǎ ma? 你（A）他 的 电话（B）号码（C）吗?	あなたは彼の電話番号を知っていますか？
	知道	

57	Huǒchē zěnme hái bù 火车（A）怎么（B）还 不（C）？	汽車はどうしてまだ出発しないのですか？
	走	

4 形容詞 ① 049

| 白 bái | 【形】白い | báisè 白色（白色）
bái huā 白花（白い花） |

| 长 cháng | 【形】長い | tóufa cháng 头发长（髪が長い）
shíjiān cháng 时间长（時間が長い） |

| 错 cuò | 【形】間違っている | cuò le 错了（間違えた）
kàncuò 看错（見間違える） |

| 对 duì | 【形】正しい | dáduì le 答对了（正しい／正解です）
huídá de duì 回答得对（答えは正しい） |

| 高 gāo | 【形】高い | tài gāo le 太高了（高すぎる）
gāo gèzi 高个子（長身） |

| 贵 guì | 【形】（値段が）高い | jiàgé guì 价格贵（値段が高い）
guì bu guì 贵不贵（値段は高い？） |

| 好吃 hǎochī | 【形】おいしい | hǎochī de fàn 好吃的饭（美味しいご飯）
bù hǎochī 不好吃（不味い） |

| 黑 hēi | 【形】黒い | hēi tóufa 黑头发（黒い髪）
hēisè 黑色（黒色） |

| 红 hóng | 【形】赤い | hóngsè 红色（赤色）
hóng máoyī 红毛衣（赤いセーター） |

| 近 jìn | 【形】近い | hěn jìn 很近（近い）
bú jìn 不近（近くない） |

解答：動詞 51.A 52.B 53.A 54.B 55.B 56.A 57.C

練習：（　）の中に入る適切な単語を、下のA〜Dから1つ選びなさい

4 形容詞①

1 Nǐ dá　　　le!
你 答（　）了！　　　　あなたの答えは当たりです。

A. 贵　　B. 对　　C. 黑　　D. 近

2 Wǒ jiā lí xuéxiào hěn
我 家 离 学校 很（　）。　　私の家は学校からとても近いです。

A. 近　　B. 高　　C. 长　　D. 红

3 Zhège zì nǐ xiě　　le.
这个 字 你 写（　）了。　　この字を、あなたは書き間違えました。

A. 白　　B. 贵　　C. 黑　　D. 错

4 Tā de shàngyī shì　　sè de.
她 的 上衣 是（　）色 的。　　彼女の上着は赤色です。

A. 近　　B. 红　　C. 高　　D. 好吃

5 Shànghǎi de piào tài　　le.
上海 的 票 太（　）了。　　上海のチケットは高すぎます。

A. 高　　B. 长　　C. 贵　　D. 对

6 Nàge nǚhái de tóufa zhēn
那个 女孩 的 头发 真（　）。　　あの女の子は本当に髪が長いですね。

A. 长　　B. 错　　C. 红　　D. 好吃

7 　　sè de yīfu róngyì zāng.
（　）色 的 衣服 容易 脏。　　白い服は汚れやすいです。

A. 高　　B. 对　　C. 白　　D. 贵

8 Tài　　le, wǒ shàngbuqù.
太（　）了，我 上不去。　　高すぎて、私は上がっていけません。

A. 黑　　B. 近　　C. 好吃　　D. 高

9 Rìběn liàolǐ　　ma?
日本 料理（　）吗？　　日本料理はおいしいですか？

A. 长　　B. 高　　C. 好吃　　D. 贵

10 Tā zhǎng de hěn
他 长 得 很（　）。　　彼は色黒です。

A. 错　　B. 黑　　C. 长　　D. 近

4 形容詞 ② 050

快 kuài	【形】（速度が）速い	kuài diǎn 快点（速くして） zǒu de kuài 走得快（歩くのが速い）
快乐 kuàilè	【形】愉快である、楽しい	shēnghuó kuàilè 生活快乐（生活が楽しい） kuàilè de jiātíng 快乐的家庭（幸せな家庭）
累 lèi	【形】疲れる	lèi le ma 累了吗（疲れた？） lèi bu lèi 累不累（疲れた？）
绿★ lǜ	【形】緑（の）	lǜ yè 绿叶（緑の葉） lǜ cǎo 绿草（緑の草）
麻烦★ máfan	【形】煩わしい、面倒（である）	máfan shìr 麻烦事儿（面倒なこと） zhǎo máfan 找麻烦（迷惑をかける）
慢 màn	【形】遅い、ゆっくりである	màn diǎn shuō 慢点说（ゆっくり話す） tài màn le 太慢了（遅すぎる）
忙 máng	【形】忙しい	gōngzuò máng 工作忙（仕事が忙しい） zuìjìn bù máng 最近不忙（最近忙しくない）
难看★ nánkàn	【形】醜い、みっともない	xiě de nánkàn 写得难看（字が汚い） yàngzi nánkàn 样子难看（見た目が悪い）
便宜 piányi	【形】（値段が）安い	jiàgé piányi 价格便宜（値段が安い） hěn piányi 很便宜（とても安い）
新 xīn	【形】新しい	xīn yīfu 新衣服（新しい服） xīn shēnghuó 新生活（新しい生活）

解答：形容詞 1.B 2.A 3.D 4.B 5.C 6.A 7.C 8.D 9.C 10.B

練習：(　　)の中に入る適切な単語を、下のA～Dから1つ選びなさい

11　Zài Rìběn de shēnghuó hěn
在 日本 的 生活 很（　　）。　日本での生活は楽しいです。

A. 便宜　　B. 快　　C. 慢　　D. 快乐

12　Něge zuì
哪个 最（　　）?　どれが一番安いですか。

A. 阴　　B. 忙　　C. 累　　D. 便宜

13　sǐ le, xiūxi yíhuìr ba.
（　　）死 了，休息 一会儿 吧。　ひどく疲れているので、ちょっと休みましょう。

A. 远　　B. 快乐　　C. 快　　D. 累

14　Jīntiān hěn　　míngtiān xíng ma?
今天 很（　　），明天 行 吗?　今日は忙しいから、明日でいいですか？

A. 慢　　B. 忙　　C. 阴　　D. 便宜

15　Qǐng nín　　diǎnr shuō.
请 您（　　）点儿 说。　ゆっくり話してください。

A. 忙　　B. 累　　C. 便宜　　D. 慢

16　Yào chídào le, kāi　　diǎnr.
要 迟到 了，开（　　）点儿。　遅れそうなので、速めに運転してください。

A. 快　　B. 累　　C. 慢　　D. 快乐

17　Zhè shì wǒ gāng mǎi de　　diànnǎo.
这 是 我 刚 买 的（　　）电脑。　これは私がさっき買ったばかりの新しいパソコンです。

A. 慢　　B. 新　　C. 快　　D. 远

18　Zhè piàn　　yè hěn hǎokàn.
这 片（　　）叶 很 好看。　この緑の葉はとても綺麗だ。

A. 红　　B. 白　　C. 绿　　D. 长

19　Zhège wèntí hěn
这个 问题 很（　　）。　この問題はとても面倒だ。

A. 麻烦　　B. 容易　　C. 快乐　　D. 错

20　Zhè shuāng xié yàngzi hěn
这 双 鞋 样子 很（　　）。　この靴はダサい。

A. 好看　　B. 难看　　C. 漂亮　　D. 好

4 形容詞②

135

4 形容詞 ③ 051

阴 yīn	【形】陰っている、曇っている	yīntiān 阴天（曇り） tiān yīn le 天阴了（曇った）
远 yuǎn	【形】遠い	jiā yuǎn 家远（家が遠い） lí chēzhàn yuǎn 离车站远（駅から遠い）

解答：形容詞 11.D 12.D 13.D 14.B 15.D 16.A 17.B 18.C 19.A 20.B

練習：（　　）の中に入る適切な単語を、下のA～Dから１つ選びなさい

21	Tiān　　　le,　bú huì xià yǔ ba. 天（　　）了，不会下雨吧。	曇ってきたが、雨は降らないでしょう。
	A. 新　　　　B. 累　　　　C. 阴　　　　D. 便宜	

22	Zhèr　lí　Dōngjīng hěn 这儿 离 东京 很（　　）。	ここは東京から遠いです。
	A. 远　　　　B. 阴　　　　C. 新　　　　D. 快	

形容詞③

5 数詞 ◎ 052

百 bǎi	【数】百	yìbǎi mǐ 一百米（100メートル） sānbǎi ge 三百个（300個）	
第一 dìyī	【数】第一、一番初め	dìyī ge rén 第一个人（一番最初の人） dìyī míng 第一名（第1位、トップ）	
两 liǎng	【数】2（量詞の前に用いる）	liǎng ge yuè 两个月（2ヶ月） liǎng sān ge 两三个（2、3個）	
千 qiān	【数】千	liǎngqiān sān (bǎi) 两千三（百）（2300） sānqiān 三千（3000）	

解答：形容詞 21.C 22.A

練習：（　）の中に入る適切な単語を、以下から１つ選びなさい

百　　千　　両　　第一

1	Wǒ hái yǒu　　　ge yuè jiù huí guó le. 我 还 有（　）个 月 就 回 国 了。
	あと２ヶ月で国へ帰ります。
2	Zhège huìchǎng zuì duō néng zuò liǎng　　　rén. 这个 会场 最多 能 坐 两（　）人。
	この会場には多くて2000人が入れます。
3	Cóng wǒ jiā dào xuéxiào yǒu sān　　　mǐ. 从 我 家 到 学校 有 三（　）米。
	家から学校までは300メートルです。
4	Tā shì　　　ge Běidà liúxué de xuésheng. 他 是（　）个 北大 留学 的 学生。
	彼は初めて北京大学に留学した学生です。

6 副詞 ① 053

| 別 bié | 【副】（禁止を表す）〜するな | bié zhèyàng
别这样（そうしてはいけない）
bié qù
别去（行ってはいけない） |

| 常常★ chángcháng | 【形】いつも、しょっちゅう、よく、しばしば | chángcháng lái
常常来（よく来る）
chángcháng chídào
常常迟到（よく遅刻する） |

| 非常 fēicháng | 【副】非常に | fēicháng gāoxìng
非常高兴（非常にうれしい）
fēicháng rè
非常热（非常に暑い） |

| 还 hái | 【副】まだ、やはり、なお、その上 | hái méi huí jiā
还没回家（まだ家に帰ってない）
hái zǎo
还早（まだ早い） |

| 就 jiù | 【副】すぐに、すでに、だけ、ほかでもなく | bā diǎn jiù lái le
八点就来了（8時にすでに来た）
mǎshàng jiù lái
马上就来（もうすぐ来る） |

| 可能 kěnéng | 【副】〜するかもしれない、たぶん〜だろう | kěnéng yào xià yǔ
可能要下雨（雨がふるだろう）
kěnéng bù lái
可能不来（来ないかもしれない） |

| 先 xiān | 【副】まず、先に | xiān huí jiā
先回家（まずは帰る）
xiān chīfàn
先吃饭（まずは食事する） |

| 新 xīn | 【副】新たに、最近〜した | xīn lái de
新来的（新しく来た）
xīn mǎi de
新买的（新しく買った） |

| 也 yě | 【副】も | wǒ yě zhīdao
我也知道（私もわかる）
tā yě qù
他也去（彼も行く） |

| 已经 yǐjīng | 【副】すでに、もう | yǐjīng liǎng nián le
已经两年了（すでに2年たった）
yǐjīng hóng le
已经红了（すでに赤くなった） |

解答：数詞 1. 两 2. 千 3. 百 4. 第一

練習：（　）の中に入る適切な単語を、下のA～Dから1つ選びなさい

6 副詞①

1 Nǐ kànkan wǒ ( ) mǎi de qúnzi.
你 看看 我（　）买 的 裙子。　新しく買ってきたスカートを見てください。

　A. 先　　　　　B. 为什么　　　C. 新　　　　D. 就

2 Wǒ ( ) gāng tīngshuō.
我（　）刚 听说。　私も聞いたばかりです。

　A. 已经　　　　B. 别　　　　　C. 可能　　　D. 也

3 ( ) zài shuō dàhuà le.
（　）再 说 大话 了。　ほらをふかないでください。

　A. 还　　　　　B. 别　　　　　C. 先　　　　D. 非常

4 ( ) huí jiā ba.
（　）回 家 吧。　先に帰ってください。

　A. 就　　　　　B. 为什么　　　C. 先　　　　D. 新

5 Xiǎo Wáng kěnéng ( ) méi huí jiā ne.
小 王 可能（　）没 回 家 呢。　おそらく王さんはまだ家に帰っていないでしょう。

　A. 还　　　　　B. 非常　　　　C. 已经　　　D. 为什么

6 Tā ( ) yǐjīng huí jiā le.
他（　）已经 回 家 了。　彼はもう家に帰ったかもしれません。

　A. 先　　　　　B. 可能　　　　C. 还　　　　D. 就

7 Guójiā túshūguǎn de shū ( ) duō.
国家 图书馆 的 书（　）多。　国家図書館の本は非常に多いです。

　A. 先　　　　　B. 比较　　　　C. 别　　　　D. 非常

8 Lǎo Wáng qù Rìběn ( ) liǎng nián le.
老 王 去 日本（　）两 年 了。　王さんは日本に行ってすでに2年になります。

　A. 也　　　　　B. 可能　　　　C. 还　　　　D. 已经

9 Děngdeng, wǒ zhè ( ) lái.
等等， 我 这（　）来。　ちょっと待って、私はすぐに行きます。

　A. 先　　　　　B. 新　　　　　C. 就　　　　D. 还

10 Tā ( ) lái wǒ jiā wánr.
她（　）来 我 家 玩儿。　彼女はよく家へ遊びに来る。

　A. 已经　　　　B. 可能　　　　C. 常常　　　D. 还

6 副詞 ② 054

一起 yìqǐ	【副】一緒に	yìqǐ qù 一起去（一緒に行く） yìqǐ gōngzuò 一起工作（一緒に仕事する）
再 zài	【副】もう一度、また、さらに	zài shuō yí biàn 再说一遍（もう一度言う） xiàwǔ zài lái 下午再来（午後また来て）
真 zhēn	【副】本当に	zhēn lěng 真冷（本当に寒い） zhēn piàoliang 真漂亮（本当に綺麗だ）
正在 zhèngzài	【副】ちょうど～している、～をしている最中である	zhèngzài kàn diànshì 正在看电视（いまテレビを見ている） zhèngzài kāihuì 正在开会（会議中）
最 zuì	【副】最も	zuì rè 最热（最も暑い） zuìhǎo 最好（もっとも良い、ベスト）

解答：副詞 1.C 2.D 3.B 4.C 5.A 6.B 7.D 8.D 9.C 10.C

練習：（　　）の中に入る適切な単語を、下のA～Dから1つ選びなさい

11
Wàimiàn xiàzhe yǔ ne, nǐ bié wángle dài sǎn.
外面（　）下着 雨 呢, 你 别 忘了 带 伞。
外は雨が降っています、傘を携帯するのを忘れずに。

A. 正在　　　B. 最　　　C. 真　　　D. 一起

12
Jīnnián dōngtiān lěng!
今年 冬天（　）冷！
今年の冬は本当に寒いです。

A. 再　　　B. 最　　　C. 真　　　D. 一起

13
Jīntiān shì rè de yìtiān.
今天 是（　）热 的 一天。
今日は最も暑い日です。

A. 正在　　　B. 一起　　　C. 最　　　D. 再

14
Tā shì gēn tóngxué chūqu de, búyòng dānxīn.
他 是 跟 同学（　）出去 的, 不用 担心。
彼はクラスメートと一緒に行ったので、心配しないで。

A. 再　　　B. 真　　　C. 一起　　　D. 正在

15
Néng jiāo wǒ yí biàn ma?
能（　）教 我 一 遍 吗?
もう一度教えていただけますか。

A. 最　　　B. 正在　　　C. 再　　　D. 真

7 介詞 055

比 bǐ	【介】~より	bǐ rìběn dà 比日本大（日本より大きい） bǐ wǒ gāo 比我高（私より背が高い）	
从 cóng	【介】~から	cóng jiā dào xuéxiào 从家到学校（家から学校まで） cóng Běijīng lái 从北京来（北京から来る）	
对 duì	【介】~に（対して、向かって）、について	tā duì wǒ shuō 他对我说（彼は私に言う） duì kèrén rèqíng 对客人热情（客人に対して親切だ）	
给 gěi	【介】~に…する	gěi nǐ xiě xìn 给你写信（あなたに手紙を書く） gěi tā dǎ diànhuà 给他打电话（彼に電話する）	
和★ hé	【介】~と（共に）、~に（対象）	hé nǐ 和你（あなたと） hé shuí 和谁（誰と）	
离 lí	【介】（時間・空間の隔たりを表す）~から、~まで	lí jiā bù yuǎn 离家不远（家から近い） lí xuéxiào yǒu wǔbǎi mǐ 离学校有五百米（学校から500メートル）	
向 xiàng	【介】向かって、~へ、~に	xiàng qián kàn 向前看（前向きになる） xiàng qián zǒu 向前走（前に進む）	

解答：副詞 11.A 12.C 13.C 14.C 15.C

練習：正しい文になるように、（　）に適切な単語を入れ、{　}内の単語を並び替えなさい

1	我　明天 {a.(　) b.送去 c.你}。 Wǒ míngtiān　　sòngqu　　nǐ	明日届けに行きます。	
	A. 对	B. 离	C. 给	D. 向

2	学校 {a.(　) b.很 c.我家 d.远}。 Xuéxiào　　hěn　wǒ jiā　yuǎn	学校は家から遠いです。	
	A. 离	B. 比	C. 从	D. 对

3	{a.(　) b.哪里 c.你们是 d.来}的? nǎli　nǐmen shì　lái de?	あなたたちはどこから来たのですか？	
	A. 向	B. 从	C. 对	D. 给

4	孩子 {a.(　) b.跑去 c.妈妈 d.那边}了。 Háizi　pǎoqu　māma　nàbiān le.	子供はお母さんに向って走っていきました。	
	A. 比	B. 离	C. 从	D. 向

5	{a.(　) b.让我 c.再考虑一下 d.这件事}可以吗? ràng wǒ　zài kǎolǜ yíxià　zhè jiàn shì kěyǐ ma?	このことについて、考えさせていただけませんか？	
	A. 对	B. 给	C. 向	D. 从

6	{a.(　) b.大得多 c.日本 d.中国} dà de duō　Rìběn　Zhōngguó	中国は日本よりずっと広いです。	
	A. 离	B. 对	C. 向	D. 比

7	我 {a.(　) b.一起 c.去 d.你}。 Wǒ　yìqǐ　qù　nǐ	あなたと一緒に行く。	
	A. 离	B. 对	C. 和	D. 比

7 介詞

8 疑問詞 056

为什么
wèishénme
【疑問】何故

wèishénme chūguó
为什么出国（何故出国するの？）

wèishénme bù xiě
为什么不写（何故書かない？）

解答：介詞 1.C, a-c-b 2.A, a-c-b-d 3.B, c-a-b-d 4.D, a-c-d-b 5.A, a-d-b-c 6.D, d-a-c-b 7.C, a-d-b-c

練習：（　）の中に入る適切な単語を、下のA～Dから1つ選びなさい

1 　Nǐ （　） yào chūguó ne?
　你（　）要 出国 呢?　　　どうして海外に行きたいのですか？

　A. 为什么　　B. 就　　C. 新　　D. 可能

8 疑問詞

9 量詞 057

公斤 gōngjīn	【量】キログラム	liǎng gōngjīn 两公斤（2キログラム） sān gōngjīn ròu 三公斤肉（肉3キロ）	
件 jiàn	【量】服や事柄を数える単位	yí jiàn yīfu 一件衣服（1着の服） zhè jiàn shìqing 这件事情（この事）	
斤★ jīn	【量】（重さの単位）斤（500グラム）	yì jīn ròu 一斤肉（500グラムの肉） yào jǐ jīn 要几斤（何グラム要るか）	
元 yuán	【量】（中国の通貨単位）元	sānshí yuán 三十元（30元） liǎng yuán 两元（2元）	
张 zhāng	【量】〜枚	yì zhāng zhǐ 一张纸（1枚の紙） liǎng zhāng piào 两张票（2枚のチケット）	

解答：疑問詞 1.A

練習：（　）の中に入る適切な単語を、以下から１つ選びなさい

公斤　件　元　张　斤

1
Zuótiān jiějie sòng wǒ yí　　piàoliang de yīfu.
昨天 姐姐 送 我 一（　）漂亮 的 衣服。

昨日姉がきれいな服をくれました。

2
Zài gěi wǒ yìbǎi　　zhǐ ba.
再 给 我 一百（　）纸 吧。

紙をもう100枚ください。

3
Zhè háizi chūshēng shí zhǐyǒu liǎng　　.
这 孩子 出生 时 只有 两（　）。

この子は生まれたとき2キログラムしかありませんでした。

4
Zhè shuāng xié shì qībǎi　　mǎi de.
这 双 鞋 是 七百（　）买 的。

この靴は700元で買った。

5
Yì　　duōshao qián?
一（　）多少 钱?

500グラムでいくらですか？

10 助詞 ● 058

得 de	【助】（動詞の後に置き、程度、状態等の補語を導く）	shuō de hěn hǎo 说得很好（話すのが上手い） xiě de piàoliang 写得漂亮（綺麗に書く）
过 guo	【助】〜したことがある	kànguo 看过（見た事がある） méi qùguo 没去过（行ったことがない）
着 zhe	【助】持続を表す。 〜ている、 〜状態にある	zhèng shuìzhe 正睡着（寝ている） fàngzhe 放着（置いてある、ほったらかす）

解答：量詞 1.件 2.张 3.公斤 4.元 5.斤

練習：（　）の中に入る適切な単語を、以下から1つ選びなさい

得　　过　　着

1
Zhuōzi shang fàng　　　yì běn Yīngyǔ cídiǎn.
桌子　上　放（　　）一 本　英语　辞典。

テーブルに英語の辞書が1冊置いてある。

2
Nǐ Hànyǔ shuō　　　tài kuài, wǒ méi tīng míngbai.
你 汉语 说（　　）太 快，我 没 听　明白。

あなたの中国語は話すのが速すぎて、わたしは全く聞き取れませんでした。

3
Nǐ kàn　　　zhè bù diànyǐng ma?
你 看（　　）这 部　电 影 吗?

この映画を見たことがありますか？

11 助動詞 059

得★ děi	【助動】	〜しなければならない、〜するべきである	děi qù yīyuàn 得去医院（病院に行かないといけない） děi huí jiā 得回家（帰らないといけない）
可以 kěyǐ	【助動】	〜することができる	kěyǐ ná 可以拿（持ってもよい） kěyǐ chī 可以吃（食べてもよい）
要 yào	【助動】	意志を表す。 〜しようと思う、 〜したい	yào qù Rìběn 要去日本（日本に行こうと思う） yào huí jiā 要回家（帰ろうと思う）

解答：助詞 1.着 2.得 3.过

練習：（　）の中に入る適切な単語を、以下から１つ選びなさい

可以　　要　　得

1
Māma　　　gěi mèimei zhī máoyī.
妈妈（　）给 妹妹 织 毛衣。

母は、妹にセーターを編むつもりです。

2
Wǒ　　　bāngmáng ma?
我（　）帮忙 吗？

私が何か手伝えることがありますか？

3
Nǐ　　　qù yīyuàn kànkan.
你（　）去 医院 看看。

あなたは病院に行って診てもらったほうがいい。

12 接続詞 060

但是 dànshì	【接】しかし	dànshì bú huì xiě 但是不会写（だが、書けない） dànshì hěn guì 但是很贵（だが、高い）
所以 suǒyǐ	【接】したがって、 だから	suǒyǐ méi qù 所以没去（だから行かなかった） suǒyǐ méi lái 所以没来（だから来ない）
因为 yīnwèi	【接】何故ならば	yīnwèi tài máng 因为太忙（忙しすぎるから〜） yīnwèi xǐhuan 因为喜欢（好きだから〜）

解答：助動詞 1. 要 2. 可以 3. 得

練習：（　）の中に入る適切な単語を、以下から１つ選びなさい

但是　　所以　　因为

1
Xià yǔ le,　　　méi qù.
下 雨 了，（　）没 去。

雨が降ったので行きませんでした。

2
Wàimiàn xià xuě,　　bù lěng.
外面　下 雪，（　）不 冷。

外では雪が降っているが、寒くはありません。

3
　　　　tāmen máng, suǒyǐ méi lái.
（　）他们 忙，所以 没 来。

彼らは忙しいので来ません。

13 方位詞 ● 061

里面★ lǐmiàn	【名】中、内部	zài lǐmiàn 在里面（中にある） fàng lǐmiàn 放里面（中に置く、中に入れる）
旁边 pángbiān	【名】そば、隣	wǒ pángbiān 我旁边（私のそば） xuéxiào pángbiān 学校旁边（学校の隣）
上面★ shàngmiàn	【名】上、上の方	fàng zài shàngmiàn 放在上面（上に置く） cóng shàngmiàn ná 从上面拿（上から取る／持つ）
外★ wài	【方】外、外側、外部	wǎng wài zǒu 往外走（外へ歩く） wǎng wài kàn 往外看（外を見る）
外面★ wàimiàn	【名】表、外側	wǎng wàimiàn fàng 往外面放（表に置く） wǎng wàimiàn ná 往外面拿（外に持ち出す）
下边★ xiàbiān	【名】下、下の方	fàng zài xiàbiān 放在下边（下に置く） zhuōzi xiàbiān 桌子下边（机の下）
右★ yòu	【方】右	xiàng yòu kàn 向右看（右を向く） wǎng yòu zhuǎn 往右转（右へ曲がる）
右边 yòubiān	【名】右側	zài yòubiān 在右边（右側へ、右側で、右側にある） zhàn yòubiān 站右边（右側に立つ）
左★ zuǒ	【方】左	xiàng zuǒ kàn 向左看（左を向く） wǎng zuǒ fàng 往左放（左へ置く）
左边 zuǒbiān	【名】左側	wǎng zuǒbiān zǒu 往左边走（左側へ行く） wǎng zuǒbiān guǎi 往左边拐（左へ曲がる）

😊 解答：接続詞 1. 所以　2. 但是　3. 因为

練習：（　）の中に入る適切な単語を、下のA～Dから1つ選びなさい

13 方位詞

1　Zhàn zài wǒ　　　　de rén shì wǒ bàba.
站 在 我（　）的 人 是 我 爸爸。私の左側に立っている人は私の父です。

A. 前　　　B. 后　　　C. 左边　　　D. 右

2　Nǐ zuò wǒ　　　ba.
你 坐 我（　）吧。　　　　　　私の隣に座ってください。

A. 上面　　B. 旁边　　C. 下边　　　D. 后

3　Zhàn zài lǎoshī　　　de shì Lǐ Míng.
站 在 老师（　）的 是 李 明。先生の右に立っているのは李明さんです。

A. 里面　　B. 右边　　C. 早上　　　D. 外

4　Shūbāo　　yǒu shénme dōngxi?
书包（　）有 什么 东西？　　　カバンの中は何ですか。

A. 里面　　B. 右边　　C. 下边　　　D. 中

5　Nǐ wǎng　　kàn.
你 往（　）看。　　　　　　　　外をみてください。

A. 外　　　B. 右边　　C. 后　　　　D. 下

6　Zhèxiē dōngxi bié wǎng　　fàng.
这些 东西 别 往（　）放。　　　これらのモノを外に置かないでください。

A. 外面　　B. 右边　　C. 后　　　　D. 里面

7　Zài wǎng　　zhuǎn yìdiǎnr.
再 往（　）转 一点儿。　　　　もうちょっと右に回ってください。

A. 里面　　B. 右　　　C. 前　　　　D. 中

8　Bǎ diànnǎo zài wǎng　　fàng yìdiǎnr.
把 电脑 再 往（　）放 一点儿。パソコンをもうちょっと左側に置いてください。

A. 里面　　B. 右　　　C. 左　　　　D. 中

9　Búyào bǎ shū fàng zài zhuōzi
不要 把 书 放 在 桌子（　）。　本を机の下に置かないでください。

A. 里面　　B. 下边　　C. 上　　　　D. 中

10　Bǎ jiǔbēi fàng zài zhuōzi
把 酒杯 放 在 桌子（　）。　　グラスをテーブルの上に置いてください。

A. 上面　　B. 里　　　C. 下　　　　D. 中

解答：方位詞 1.C 2.B 3.B 4.A 5.A 6.A 7.B 8.C 9.B 10.A

第三章

新HSK3級および中国語検定試験3級が必要とする言語能力

新HSK3級と中国語検定試験3級は基本的に中国語を第2外国語として2年（200～300時間）学んだ者を対象とする試験である。内容的には、概ね以下の言語能力が必要となる。

1 あいさつ言葉
出会い、別れ、近況のあいさつ、お詫び、お礼、呼びかけ、誘い、勧め、歓迎等とその応対

2 簡単な自己紹介
名前、年齢、住所、家族、所属、趣味、能力、外見、性格、呼称などに関する簡単な表現

3 数と量の表し方
数の数え方、人や物の数え方、年齢やお金などの尋ね方、順序や順番の言い方

4 時間の表し方
年月日、曜日、時間等の言い方、尋ね方と、現在、過去、未来などの時間詞の使い方

5 存在と所在
存在や所在、所有などの表し方

6
天気、方位や物事の状態、特質、性質、サイズなどに関する簡単な描写

7 簡単な日常常用表現
買い物、交通、所在、病院、スポーツ、娯楽などに関連する受け答え

8
願望や要求、能力や技能を表す表現

9 比較や選択に関する表現

10
原因や理由、論理関係などに関する簡単な表現

11
感情や考え方、提案、注意、忠告などに関する簡単な表現

12
禁止、使役、受け身、処置、慰め、励ましなどに関する簡単な表現

13
様態、程度、結果や方向などの表しかた

文法ポイント整理

新HSK3級および中国語検定試験3級を受験する際に、第一章、第二章の文法ポイントに付け加え、以下の内容を知っておく必要がある。

1. 時間の表現

前章の内容に加えて、以下の時点・時刻表現も正しく使えることが求められる。

時点・時刻の表現

〜点…分	(〜時…分)	差…分／刻〜点	(〜時…分前)
〜点半	(〜時半)	〜点差…分／刻	(〜時…分前)
〜点…刻	(〜時…分)	〜点过…分／刻	(〜時…分過ぎ)

注:中国語で"刻"は15分間を表し、"一刻"(15分)と"三刻"(45分)のみに用いる。

Bā diǎn wǔshí (fēn) kāishǐ shàngkè.
八点五十(分)开始上课。
(8時50分に授業が始まります。)

Shíyī diǎn bàn zài chēzhàn jiàn.
十一点半在车站见。
(11時半に駅で会いましょう。)

Shí'èr diǎn chà wǔ fēn.
十二点差五分。
(12時5分前です。)

Chà wǔ fēn liǎng diǎn.
差五分两点。
(2時5分前です。)

Sān diǎn chà yí kè.
三点差一刻。
(2時45分です。)

Sān diǎn guò sān fēn.
三点过三分。
(3時を3分過ぎました。)

"〜小时"(〜時間)、"〜分钟"(〜分間)など時間の長さを表す語(時間詞)と時点・時刻を表す語(時量詞)は文の中で置かれる位置が異なる。

「時間詞」と「時量詞」の文中での位置

主語(S)+時間詞+述語+時量詞+目的語(O)
時間詞+主語(S)+述語+時量詞+目的語(O)

Wǒ zuótiān kànle sān ge xiǎoshí diànyǐng.
我 昨天 看了 三 个 小时 电影。
（私は昨日3時間映画を見ました。）

Zuótiān wǒ kànle sān ge xiǎoshí diànyǐng.
昨天 我 看了 三 个 小时 电影。
（昨日私は3時間映画を見ました。）

2. 数量表現

1. 人やモノを数える表現の語順（前章参照）

> 数詞＋量詞＋名詞
> 指示代詞＋数詞＋量詞＋名詞　　　　　数詞 "一" は、一般的に省略される

sān ge rén
三 个 人
（3人）

liǎng běn cídiǎn
两 本 词典
（2冊の辞書）

zhè běn shū
这 本 书
（この本）

zhè wǔ ge rén
这 五 个 人
（この5人）

nà liǎng běn cídiǎn
那 两 本 词典
（あの2冊の辞書）

nà liàng chē
那 辆 车
（あの車）

2. 概数を表す表現方法：以下のような表現が常用される。

> 小大の順に並べる2つの数字＋量詞
> 几＋桁数を表す数詞＋量詞　　十の桁数＋几＋量詞
> 数詞＋量詞＋左右
> 数詞＋多／来＋量詞、数詞＋量詞＋多

bā jiǔ tiān
八 九 天
（8、9日）

èr sān shí ge
二 三 十 个
（2、30個）

sān sì ge xiǎoshí
三 四 个 小时
（3、4時間）

161

jǐ shí ge
几十个
(数十人)

jǐ qiān nián
几千年
(数千年)

jǐ wàn rén
几万人
(数万人)

èrshí jǐ ge
二十几个
(20数個)

èrshí suì zuǒyòu
二十岁左右
(20歳前後)

shí tiān zuǒyòu de shíjiān
十天 左右 的 时间
(10日間ほどの時間)

shí lái ge
十来个
(10人ぐらい)

èrshí duō suì
二十多岁
(20数歳)

wǔ kuài duō qián
五块多钱
(5元ちょっと)

3. 副詞

ここでは第一章と第二章で学んだ副詞に加え"再"、"又"、"经常"など頻度を表す 頻度副詞 と"当然"、"终于"、"其实 qíshí（じつは）"、"还是 háishi（やはり）"などの語気を表す 語気副詞 および本章の単語用例リストの「副詞」部分で提示されているすべての副詞の正しい使い方が求められる。

Tā xiànzài bú zài, nǐ xiàwǔ zài lái ba.
她 现在 不 在，你 下午 再 来 吧。
(彼女は今いないので、午後もう一度来てください。)

Tā jīngcháng chídào.
她 经常 迟到。
(彼女はいつも遅刻します。)

Tā yòu chídào le.
她 又 迟到 了。
(彼女はまた遅刻しました。)

Wǒ dāngrán bù tóngyì.
我 当然 不 同意。
(私は当然同意しません。)

Tā zhōngyú lái le.
她 终于 来 了。
(彼女がついに来ました。)

注：すでに起こったことの繰り返しには"又"を、これから繰り返しが行われるときは"再"を使う。

4. 介詞（前置詞）

ここでは、以下の介詞を使いこなすことが求められる。

> 在 zài, 从 cóng, 到 dào, 离 lí, 向 xiàng, 往 wǎng
> 　　　　　　　　　　　　　　　　（「時間、場所、方向」を導く介詞）
> 跟 gēn, 对 duì, 给 gěi, 把 bǎ, 关于 guānyú, 除了 chúle
> 　　　　　　　　　　　　　　　　（「対象」を導く介詞）
> 为 wèi, 为了 wèile, 由于 yóuyú　　（「原因・理由」を導く介詞）
> 用 yòng, 通过 tōngguò　　　　　　（「手段・方式」を導く介詞）
> 被 bèi, 叫 jiào, 让 ràng, 给 gěi　（「受け身文」に用いる介詞。9. 参照）
> 比 bǐ, 跟 gēn, 和 hé　　　　　　　（「比較文」に用いる介詞。6. 参照）

5. そのほかの助動詞

第一章と第二章で取り上げた助動詞に加え、"可能，应该，愿意，敢"も正しく使えることが求められる。

Míngtiān tā kěnéng yào qù.
明天 他 可能 要 去。
（明日彼はおそらく行かなければなりません。）

Lǎoshī bìng le, nǐ yīnggāi qù kànkan.
老师 病 了，你 应该 去 看看。
（先生が病気なので、あなたはお見舞いに行くべきだ。）

Tā bú yuànyì qù.
他 不 愿意 去。
（彼は行きたがりません。）

Wǎnshang wǒ yí ge rén bù gǎn chūqu.
晚上 我 一 个 人 不 敢 出去。
（夜に1人で出歩くのは怖いです。）

6. さまざまな比較表現

1. 同程度の比較

> 肯定形：A ＋跟／和＋ B ＋一样／相同　　（A と B は同じ）
> 否定形：A ＋跟／和＋ B ＋不一样／不同　（A と B は違う）

Wǒ de chē gēn tā de chē yíyàng.
我 的 车 跟 他 的 车 一样。
（私の車と彼の車は同じです。）

Wǒ de shǒujī gēn nǐ de shǒujī bù yíyàng.
我 的 手机 跟 你 的 手机 不 一样。
（私の携帯電話とあなたの携帯電話は違います。）

2. 状態や性質の程度の比較

> 肯定形：A＋有＋B＋这么／那么〜　　（AはBほどこんなに／あんなに〜である）
> 否定形：A＋没有＋B＋这么／那么〜　（AはBほどこんなに／あんなに〜ではない）

Wǒ dìdi yǒu nǐ zhème gāo.
我 弟弟 有 你 这么 高。
（私の弟の背丈はあなたくらいあります。）

Dōngjīng méiyǒu Shànghǎi nàme rè.
东京 没有 上海 那么 热。
（東京は上海ほどあんなに暑くありません。）

3. 最上級の比較

> A＋最〜　　　　　　　　　　　（Aはもっとも〜だ）
> A＋比〜都…　　　　　　　　　（Aは〜よりも…だ）

Tā de Yīngyǔ zuì hǎo.
他的 英语 最好。
（彼の英語が最も良いです。）

Tā zhù de dìfang zuì yuǎn.
他 住的 地方 最 远。
（彼の住む場所は最も遠いです。）

注：`A＋比〜都…` のパターンでは、"比"の後に一般的に疑問詞をおくが、疑問詞以外の語が来ることもある。

Zhè jiā shāngdiàn de dōngxi bǐ nǎr dōu piányi.
这 家 商店 的 东西 比 哪儿 都 便宜。
（このお店のものは他のどこよりも安いです。）

Tā Hànyǔ bǐ shuí dōu hǎo.
他 汉语 比 谁 都 好。
（彼の中国語は誰よりも上手です。）

Wǒ bǐ nǐmen dōu gāo.
我 比 你们 都 高。
（私はあなた達より背が高いです。）

注：`A＋比＋B＋形容詞／動詞＋程度補語` 形の比較表現もよく使われる。

Jīntiān bǐ zuótiān rè de duō.
今天 比 昨天 热 得 多。
（今日は昨日より暑いです。）

注： A＋比＋B＋形容詞〜 のパターンでは、形容詞の前に"很"、"太"などの程度を表す副詞を置かない。

比較した結果、「程度が更に〜」というときの構文は A＋更〜 となる。

Míngtiān gèng lěng.
明天　　更　冷。
（明日はさらに寒いです。）

7. 存現文

存在、出現、消失を表す動詞述語文を「存現文」という。語順は

> 場所／時間＋動詞＋その他の成分＋事物／人

Zhuōzi shang fàngzhe liǎng běn Yīngyǔ cídiǎn.
桌子　上　放着　两　本　英语　词典。
（机に2冊の英語の辞書が置いてあります。）

Zuótiān láile yí ge Měiguórén.
昨天　来了　一　个　美国人。
（昨日1人のアメリカ人が来ました。）

注：存現文は不特定の人や物事の存在、出現、消失を述べるもので、特定の事物や人の存在、出現、消失を述べるものではない。

存現文の語順の中で提示している「その他の成分」とは、どのような状態で存在するのか、あるいは、どうなっていたかなどを表す成分で、一般に動詞の後に付す"了"、"着"、補語がある。

8. "把"構文

"把"構文とは、動作や行為を行うことによって、動作行為の対象になんらかの処置を加える、影響を与えることを強調する構文である。"把"構文で目的語は動詞の前に置く。

> 肯定形：主語(S)＋把＋目的語(O)＋動詞(V)＋α　　　　（SはOをVする）
> 否定形：主語(S)＋没(有)＋把＋目的語(O)＋動詞(V)＋α　（SはOをVしない）

Wǒ bǎ Hànyǔ zuòyè zuòwán le.
我 把 汉语 作业 做完 了。
（私は中国語の宿題をやり終えました。）

Nǐ bǎ shū fànghǎo.
你 把 书 放好。
（本をちゃんと置いてください。）

Wǒ méi bǎ zuótiān de zuòyè zuòwán.
我 没 把 昨天 的 作业 做完。
（私は明日の宿題をやり終わっていません。）

注：" 把" 構文では、動作行為の対象である目的語は存在がはっきりした特定のものでなければならない。

" 把" 構文に用いる動詞は、動作の対象である人やモノに具体的に処置を加える動作や行為を表す動詞でなければならない。自動詞や " 是，像 xiàng，有，在" などの、動作を伴わない判断や状態を表す動詞、" 怕 pà, 喜欢 xǐhuan" などの心理活動や感覚を表す動詞を使ってはならない。

" 把" 構文には、動詞を単独で用いることができない。動詞の後に必ず処置した結果の状態を表す成分αが加わる。このαは " 了"、" 着"、結果補語、方向補語、程度補語などである。

" 把" 構文の否定は一般に " 没有／没" を使うが、意思や条件を表す文は " 不" で否定する。

Bù bǎ zuòyè zuòwán bù huí jiā.
不 把 作业 做完 不 回 家。
（宿題をやり終えるまで家に帰りません。）

Bù bǎ fàn chīwán, bù néng kàn diànshì.
不 把 饭 吃完，不 能 看 电视。
（ご飯を食べ終えるまで、テレビを見れません。）

9. 受け身文

「AはBに〜される」というような、人やモノがなんらかの動作行為を被ることを表す構文を「受け身文」と言う。受け身文を「" 被" 構文」、「被動文」と言う場合もある。

肯定形：主語(S)＋被＋人／モノ(N)＋(给)＋動詞(V)＋α
　　　　　　　　　　　　（SはNにVされる）
否定形：主語(S)＋没／不＋被＋人／モノ(N)＋(给)＋動詞(V)＋α
　　　　　　　　　　　　（SはNにVさなかった／されない）

注：ここで、Sは受動者／被動者、Nが執動者／主動者である。

"被"の代わりに、"叫，让"を使うこともある。ここでの"被，叫，让"の品詞は介詞である。"叫，让"は話し言葉によく現れる。

Tā bèi lǎoshī pīpíng le.
他 被 老师 批评 了。
（彼は先生に叱られた。）

Wǒ méi bèi lǎoshī pīpíngguo.
我 没 被 老师 批评过。
（私は先生に叱られたことがありません。）

Zìxíngchē ràng mèimei nònghuài le.
自行车 让 妹妹 弄坏 了。
（自転車は妹に壊された。）

Tā jiào dàifu gěi shuōle yí dùn.
他 叫 大夫 给 说了 一 顿。
（彼はお医者さんに叱られた。）

注：執動者／主動者Nが不明、あるいは言う必要がないときには省略することができる。この場合、"叫，让"を使うことはできず、"被"のみを用いる。

Qiánbāo bèi tōu le.
钱包 被 偷 了。
（財布が盗まれた。）

× 钱包 让／叫 偷了。

注：受け身文中の"给"は省略することができるが、"给"を用いると文がより一層話し言葉になる。

受け身文では、動詞を単独で用いることができない。動詞の後に必ず結果の状態を表す成分 a が必要となる。この a は、上記の例のように、"了"、"过"、結果補語、方向補語、程度補語などである。

10. 各種疑問文

1. 文末に語気助詞を用いる疑問文

    ① 文末＋吗？（許諾疑問文）

    Nǐmen shì xuésheng ma?
    你们 是 学生 吗?
    （あなた達は学生ですか？）

    Tāmen lái ma?
    他们 来 吗?
    （彼らは来ますか？）

    Dōngjīng rè ma?
    东京 热 吗?
    （東京は暑いですか？）

    ② 文末＋呢？（簡易疑問文とも言う。使い方は次の２通りである。）

    A＋呢？（Aはどこにある／いる）

Nǐ māma ne?
你 妈妈 呢?
(あなたのお母さんは?)

Diànnǎo ne?
电脑 呢?
(パソコンは?)

前文，A＋呢?　（前文で述べた内容に対して、A はどうするかを問う。）

Wǒ chī mǐfàn, nǐ ne?
我 吃 米饭，你 呢?
(私はご飯を食べますが、あなたは?)

Wǒ bù xiǎng qù liúxué, nǐ ne?
我 不 想 去 留学，你 呢?
(私は留学したくありませんが、あなたは?)

③ 文末＋吧?　（推量のニュアンスを帯びる疑問。）

Nǐ shì Shànghǎirén ba?
你 是 上海人 吧?
(あなたは上海の方でしょう?)

2. 反復疑問文

動詞／形容詞の肯定形と否定形を並べて作る疑問文を反復疑問文（正反疑問文ともいう）という。反復疑問文は、確認のニュアンスを帯びる。

動詞(V)＋不＋動詞(V)
形容詞＋不＋形容詞

Nǐ míngtiān lái bu lái?
你 明天 来 不 来 ?
(あなたは明日来ますか?)

Zhè shì bu shì nǐ de shū?
这 是 不 是 你 的 书?
(これはあなたの本ですか?)

Zhè běn shū hǎo bu hǎo?
这 本 书 好 不 好 ?
(この本はよいですか?)

注：動詞"有"の反復疑問形は"有没有"である。

Nǐmen xuéxiào yǒuméiyou Rìběn liúxuéshēng?
你们 学校 有没有 日本 留学生 ?
(あなた達の学校に日本人留学生はいますか?)

注：述語動詞の前に助動詞がある場合の反復疑問形は　助動詞＋不＋助動詞＋動詞　になる。
動詞ではなく、助動詞の肯定形否定形を使うことに注意。

Tā huì bu huì shuō Hànyǔ?
她会不会说汉语？
（彼女は中国語を話せますか？）

Nǐ míngtiān néng bu néng lái?
你明天能不能来？
（あなたは明日来られますか？）

Nǐ gǎn bu gǎn shuō?
你敢不敢说？
（言ってみますか？）

Kě bu kěyǐ chōuyān?
可不可以抽烟？
（タバコを吸ってもいいですか？）

注："是不是"は確認のニュアンスを帯び、文中だけではなく、文頭にも、文末にも表れる。

Nǐmen shì bu shì Měiguórén?
你们是不是美国人？
（あなた達はアメリカ人でしょう？）

Shì bu shì nǐ nònghuài le?
是不是你弄坏了？
（あなたが壊したのではないですか？）

Nǐ nònghuài le, shì bu shì?
你弄坏了，是不是？
（あなたが壊した、そうでしょう？）

注：行為がすでに行われたのかを問う場合の完了形の反復疑問形は
　　動詞＋（目的語）＋了＋没有　になる。

Tā láile méiyǒu?
她来了没有？
（彼女は来ましたか？）

Zuótiān huí jiā le méiyǒu?
昨天回家了没有？
（昨日家に帰りましたか？）

3. 疑問詞を用いる疑問文

ここでは以下の疑問詞の使い分けを明確にすることが求められる。

什么，谁，哪，哪儿，哪里，哪个，多少，几，怎么，怎么样，为什么，多，什么地方，什么时候，多长时间

対象	用いる疑問詞	用例		
人	shuí/shéi　shénme　nǎ 谁，　　　什么，　哪	shuí qù? 谁去？	nǎ wèi? 哪位？	shénme rén? 什么人？

物	shénme　năge 什么，　哪个	shénme shū?　năge diànnăo? 什么 书?　哪个 电脑?
場所	năr　năli　shénme dìfang 哪儿, 哪里, 什么 地方	zài năr?　xiăng qù shénme dìfang? 在 哪儿?　想 去 什么 地方?
数量 番号	duōshao jǐ 多少, 几	jǐ suì?　duōshăo qián?　jǐ hào? 几 岁?　多少 钱?　几 号?
時点 日時	jǐ　shénme shíhou　nă 几, 什么 时候, 哪	xīngqī jǐ?　nă yuè?　nă tiān?　nă nián? 星期 几?　哪 月?　哪 天?　哪 年? jǐ hào?　jǐ diăn?　jǐ yuè? 几 号?　几 点?　几 月?
時量	duōcháng shíjiān 多长　时间	xuéle duōcháng shíjiān? 学了 多长　时间?
状態	zěnmeyàng 怎么样	Zhè jiàn yīfu zěnmeyàng? 这 件 衣服 怎么样?
原因 理由	wèishénme zěnme 为什么，　怎么	wèishénme bú qù xuéxiào? 为什么　不 去 学校? zuótiān zěnme méi lái? 昨天　怎么 没 来?
手段 方法	zěnme 怎么	zěnme qù xuéxiào? 怎么 去 学校?
程度	duō 多	duō yuăn?　duō dà? 多 远?　多 大?

4. 選択疑問文（二者択一の疑問文）

> 是＋A＋还是＋B　　　　　　　　　（AかそれともBか）
> 動詞句A＋还是＋動詞句B　　　　　（AをするかそれともBをするか）

Nǐ shì xuésheng háishi lǎoshī?
你 是 学生 还是 老师?
（あなたは学生ですか？それとも先生ですか？）

Xiān chīfàn háishi xiān xǐzǎo?
先 吃饭 还是 先 洗澡？
（先に食べますか？それともお風呂に入りますか？）

Wánr yóuxì háishi kàn diànshì?
玩儿 游戏 还是 看 电视？
（ゲームで遊びますか？それともテレビを見ますか？）

注：平叙文の文末に "好吗"、"可以吗"、"对吗" などを付けて、依頼や確認のニュアンスの疑問文を作ることもよくある。

Nǐ xiān xiūxi, hǎo ma?
你 先 休息，好 吗？
(先に休んでください、いいですか？)

Wǒ xiǎng huí jiā, kěyǐ ma?
我 想 回 家，可以 吗？
(私は家に帰りたいです、いいですか？)

Nǐ bù xǐhuan tā, duì ma?
你 不 喜欢 他，对 吗？
(あなたは彼のことが嫌いですよね？)

11. 頻出関連詞句

因果関係： **因为～所以…** 「～なので…だ」

Yīnwèi xià yǔ, suǒyǐ méi qù.
因为 下 雨，所以 没 去。(雨が降ったので行きません。)

逆接関係： **虽然～但是…** 「～だが、しかし…だ」

Suīrán tā zài Měiguó liúguo xué, dànshì tā de Yīngyǔ bú tài hǎo.
虽然 他 在 美国 留过 学，但是 他 的 英语 不 太 好。
(彼はアメリカに留学したことがありますが、英語はあまり上手くありません。)

注："虽然"と"但是"のどちらかを省略してもよい。

仮定関係： **如果～（的话）就… 要是～（的话）就…** 「もし～ならば…だ」

Rúguǒ xià yǔ dehuà, wǒ jiù bú qù xuéxiào.
如果 下 雨 的话，我 就 不 去 学校。(もし雨が降ったら、私は学校に行きません。)
Yàoshi tā lái dehuà, wǒ jiù bù lái.
要是 她 来 的话，我 就 不 来。(もし彼女が来るのなら、私は行きません。)

累加関係: **不但～而且…** 「～だけではなく、しかも…だ」

Tā búdàn huì shuō Yīngyǔ, érqiě yě huì shuō Hànyǔ.
他 不但 会 说 英语，而且 也 会 说 汉语。
(彼は英語を話せるだけでなく、中国語も話せる。)

並列関係: **一边～一边…** 「～をしながら…をする」

Tā yìbiān dǎ diànhuà, yìbiān chīfàn.
他 一边 打 电话，一边 吃饭。(彼は電話をかけながらご飯を食べます。)

連続関係: **先～然后…** 「(まず) ～してから…する」

Wǒ dǎsuan xiān qù Shànghǎi kànkan, ránhòu qù Běijīng.
我 打算 先 去 上海 看看，然后 去 北京。
(私はまず上海に行ってから北京に行くつもりです。)

選択関係: **～或者…** 「～するか、それとも…するか」

Méi qián dehuà xiàng nǐ bàba huòzhě xiàng nǐ māma yào.
没 钱 的话 向 你 爸爸 或者 向 你 妈妈 要。
(お金がなければ、お父さんかお母さんに言ってください。)

新HSK 3 級　頻出単語一覧

（『新汉语水平考试大纲』で求めている新 HSK 3 級基本単語）

阿姨	差	段	还	结束
啊	长	锻炼	还是	解决
矮	超市	多么	害怕	借
爱好	衬衫	饿	河	经常
安静	成绩	而且	黑板	经过
把	城市	耳朵	护照	经理
班	迟到	发烧	花	久
搬	出现	发现	花园	旧
办法	除了	方便	坏	举行
办公室	厨房	放	环境	句子
半	春	放心	换	决定
帮忙	词语	分	黄	可爱
包	聪明	附近	会议	渴
饱	打扫	复习	或者	刻
北方	打算	干净	几乎	客人
被	带	敢	机会	空调
鼻子	担心	感冒	极	口
比较	蛋糕	刚才	记得	哭
比赛	当然	跟	季节	裤子
必须	灯	根据	检查	筷子
变化	低	更	简单	蓝
表示	地	公园	见面	老
表演	地方	故事	健康	离开
别人	地铁	刮风	讲	礼物
宾馆	地图	关	角	历史
冰箱	电梯	关系	脚	脸
才	电子邮件	关心	接	练习
菜单	东	关于	街道	辆
参加	冬	国家	节目	了解
草	动物	果汁	节日	邻居
层	短	过去	结婚	楼

173

绿	裙子	同事	行李箱	照顾
马	然后	同意	熊猫	照片
马上	热情	头发	需要	照相机
满意	认为	突然	选择	只
帽子	认真	图书馆	眼镜	中间
米	容易	腿	要求	终于
面包	如果	完成	爷爷	种
面条	伞	碗	一般	重要
明白	上网	万	一边	周末
拿	生气	忘记	一定	主要
奶奶	声音	为	一共	注意
南	使	为了	一会儿	祝
难	世界	位	一样	着急
难过	瘦	文化	一直	字典
年级	叔叔	西	以后	自己
年轻	舒服	习惯	以前	总是
鸟	树	洗手间	以为	最近
努力	数学	洗澡	音乐	作业
爬山	刷牙	夏	银行	作用
盘子	双	先	应该	
胖	水平	相同	影响	
啤酒	司机	相信	用	
葡萄	虽然	香蕉	游戏	
普通话	太阳	像	有名	
其实	糖	小心	又	
其他	特别	校长	遇到	
骑	疼	鞋	愿意	
奇怪	提高	新闻	月亮	
铅笔	体育	新鲜	越	
清楚	甜	信	云	
秋	条	兴趣	站	

中国語検定試験 3 級追加語彙

「新 HSK3 級　頻出単語一覧」に含まれていない、中国語検定試験 3 級等、同レベルの試験に現れる語を品詞別に整理したものである。本文では★で示した。

▼名詞

车票	护士	贸易	外语	邮票
答案	机器	米	文学	雨
大小	价钱	年纪	西红柿	杂志
大衣	教育	农村	箱子	植物
地址	科学	岁数	心	职业
方法	快餐	太太	意见	纸
服装	困难	停车场	油	专业
公寓	力量	拖鞋	邮局	

▼動詞

安	寄	剩	脱	抓
抱	联系	数	闻	准备
擦	弄	算	握	装
吹	爬	讨论	吸	作
倒	取	贴	修	
点名	商量	通知	原谅	
挂	烧	吐	照相	
管	生	推	煮	

▼形容詞

薄	厚	宽	热闹	幸福
粗	急	厉害	细	硬
好听	紧张	流利	辛苦	愉快

▼副詞

从来	互相
大概	挺
赶快	正好
好好	只好
好像	

▼量詞

场	架
封	年纪
盒	

▼接続詞

可是	只要
要是	

▼方位詞

北	南
东	西

1 代詞／代名詞 062

| 別人 biérén | 【代】他人 | biérén de shì
別人的事（他人のこと）
méiyǒu biérén
没有别人（他人はいない） |

| 其他 qítā | 【代】他の～ | qítā xuéxiào
其他学校（他の学校）
qítā rén
其他人（他の人） |

| 它 tā | 【代】それ、あれ
（人間以外の物事を表す） | gěi tā wèishí
给它喂食（えさを与える）
tā shì wǒ de
它是我的（それは私のものです） |

練習：（　）の中に入る適切な単語を、以下から１つ選びなさい

別人　　它　　其他

1. Rúguǒ nǐ xǐhuan zhè jiàn yīfu, jiù bǎ （　　） náqu ba.
如果 你 喜欢 这 件 衣服，就 把 （　　）拿去 吧。

もしこの服が気に入ったのなら、持って行きなさい。

2. Búyào guǎn （　　） de shì.
不要 管 （　　）的 事。

他人のことに手を出さないほうがいいです。

3. Háiyǒu （　　） rén zhīdao ma?
还有 （　　）人 知道 吗？

ほかに知っている人はいますか？

1 代詞／代名詞

2 名詞 ① 063

単語	品詞	意味	例
爱好 àihào	【名】	趣味、興味、好み	yǒu shénme àihào 有什么爱好（趣味は何ですか） àihào bù tóng 爱好不同（趣味が違う）
阿姨 āyí	【名】	おばさん、お姉さん	Wáng āyí 王阿姨（王おばさん） āyí hǎo 阿姨好（おばさん、こんにちは）
班 bān	【名】	クラス、班	tóngbān tóngxué 同班同学（クラスメート） Rìyǔ bān 日语班（日本語クラス）
办法 bànfǎ	【名】	方法、手段	xiǎng bànfǎ 想办法（なんとかする／方法を講じる） méi bànfǎ 没办法（仕方ない／どうしようもない）
办公室 bàngōngshì	【名】	事務室、研究室、オフィス	xiàozhǎng bàngōngshì 校长办公室（校長室） zài bàngōngshì 在办公室（事務室にいる）
北方 běifāng	【名】	北方	běifāng lěng 北方冷（北方は寒い） běifāngrén 北方人（北方の人）
鼻子 bízi	【名】	鼻	gāo bízi 高鼻子（高い鼻） dà bízi 大鼻子（大きな鼻）
比赛 bǐsài	【名】	試合、競技	cānjiā bǐsài 参加比赛（試合に参加する） bǐsài chéngjì 比赛成绩（試合の成績）
宾馆 bīnguǎn	【名】	ホテル	dìng bīnguǎn 订宾馆（ホテルを予約する） zhù bīnguǎn 住宾馆（ホテルに泊まる）
冰箱 bīngxiāng	【名】	冷蔵庫	diànbīngxiāng 电冰箱（電気冷蔵庫） bīngxiāng huài le 冰箱坏了（冷蔵庫が壊れた）

解答：代詞・代名詞 1.它 2.别人 3.其他

練習：（　　）の中に入る適切な単語を、下のＡ～Ｄから１つ選びなさい

1	Tā jiā de　　　　li dōu shì ròu. 她家的（　　）里都是肉。			彼女の家の冷蔵庫の中はすべて肉です。
	A. 宾馆	B. 办公室	C. 爱好	D. 冰箱
2	Nǐ yǒu shénme 你有什么（　　）？			あなたの趣味は何ですか？
	A. 北方	B. 阿姨	C. 爱好	D. 鼻子
3	Hànyǔ lǎoshī de　　　zài nǎr? 汉语老师的（　　）在哪儿？			中国語の先生の研究室はどこですか？
	A. 比赛	B. 班	C. 办法	D. 办公室
4	Wǒmen　　　zhǐ yǒu yí ge nǚshēng. 我们（　　）只有一个女生。			私たちのクラスには女の子が１人しかいません。
	A. 冰箱	B. 北方	C. 班	D. 爱好
5	Tā zài　　　gōngzuò. 她在（　　）工作。			彼女はホテルで働いています。
	A. 办法	B. 比赛	C. 宾馆	D. 阿姨
6	Hái yǒu bié de　　　ma? 还有别的（　　）吗？			ほかに方法はありませんか？
	A. 鼻子	B. 办法	C. 北方	D. 办公室
7	Wáng　　　dài rén hěn rèqíng. 王（　　）待人很热情。			王おばさんは人に対してとても親切です。
	A. 阿姨	B. 宾馆	C. 冰箱	D. 爱好
8	Wǒ cānjiā míngtiān de lánqiú 我参加明天的篮球（　　）。			明日のバスケットボールの試合に参加します。
	A. 冰箱	B. 宾馆	C. 班	D. 比赛
9	Xīfāngrén de　　　bǐ dōngfāngrén de gāo. 西方人的（　　）比东方人的高。			西方の人の鼻は、東方の人よりも高いです。
	A. 北方	B. 鼻子	C. 爱好	D. 办公室
10	Zhōngguó　　　dōngtiān hěn lěng. 中国（　　）冬天很冷。			中国の北方は、冬がとても寒いです。
	A. 比赛	B. 办法	C. 北方	D. 爱好

2　名詞①

2 名詞 ② 064

| 菜单 càidān | 【名】メニュー | kàn càidān
看菜单（メニューを見る）
Zhōngwén càidān
中文菜单（中国語のメニュー） |

| 草 cǎo | 【名】草 | yěcǎo
野草（野草）
huācǎo
花草（草花） |

| 超市 chāoshì | 【名】スーパー、スーパーマーケット | guàng chāoshì
逛超市（スーパーへ行く）
dà chāoshì
大超市（大型スーパー） |

| 车票★ chēpiào | 【名】乗車券、切符 | mǎi chēpiào
买车票（乗車券を買う）
náchū chēpiào
拿出车票（乗車券を取り出す） |

| 衬衫 chènshān | 【名】シャツ | báisè chènshān
白色衬衫（白いシャツ）
nán chènshān
男衬衫（メンズシャツ） |

| 成绩 chéngjì | 【名】成績、成果 | chéngjì yōuxiù
成绩优秀（成績が優秀である）
Yīngyǔ chéngjì
英语成绩（英語の成績） |

| 城市 chéngshì | 【名】都市 | dà chéngshì
大城市（大都市）
lǚyóu chéngshì
旅游城市（観光都市） |

| 厨房 chúfáng | 【名】台所、炊事場 | chúfáng yòngpǐn
厨房用品（台所用品）
chúfáng guìzi
厨房柜子（台所の戸棚） |

| 春 chūn | 【名】春（口語では単独で用いない） | chūntiān
春天（春 *口語では必ず"天"をつける）
chūnjì
春季（春季） |

| 词语 cíyǔ | 【名】語句、字句 | cíyǔ yòngfǎ
词语用法（語句の使い方）
chángyòng cíyǔ
常用词语（常用語） |

解答：名詞 1.D 2.C 3.D 4.C 5.C 6.B 7.A 8.D 9.B 10.C

練習：（　　）の中に入る適切な単語を、下のA～Dから1つ選びなさい

11 Niánqīngrén duōshù xǐhuan dà
年轻人　多数　喜欢　大（　　）。　　　若者は大体大都市が好きです。

A. 词语　　　B. 春　　　C. 衬衫　　　D. 城市

12 Lùbiān zhǎng le hěn duō
路边　长了很多（　　）。　　　道端には草がたくさん生えています。

A. 草　　　B. 超市　　　C. 冰箱　　　D. 成绩

13 Qǐng xiān kàn yíxià　　　wǒ mǎshàng guòlai.
请　先　看　一下（　　），我　马上　过来。　　　まずメニューをご覧になってください、すぐ戻ってきます。

A. 蛋糕　　　B. 菜单　　　C. 厨房　　　D. 城市

14 Tā de shùxué　　　yìzhí hěn hǎo.
他 的 数学（　　）一直 很 好。　　　彼の数学の成績はずっといいです。

A. 成绩　　　B. 衬衫　　　C. 词语　　　D. 超市

15 Bǎ　　　náchūlai.
把（　　）拿出来。　　　乗車券を出してください。

A. 成绩　　　B. 衬衫　　　C. 词语　　　D. 车票

16 Xiǎoqū pángbiān yìbān dōu yǒu
小区　旁边　一般　都 有（　　）。　　　普通、団地の近くにスーパーがあります。

A. 蛋糕　　　B. 厨房　　　C. 超市　　　D. 城市

17 Qīzi zài　　　zuò cài.
妻子 在（　　）做 菜。　　　妻はキッチンで料理をつくっています。

A. 厨房　　　B. 蛋糕　　　C. 衬衫　　　D. 春

18 Yì nián fēn wéi　　　xià, qiū, dōng sì ge jìjié.
一 年 分 为（　　），夏、秋、冬 四个 季节。　　　1年は、春、夏、秋、冬の4つの季節に分かれます。

A. 成绩　　　B. 草　　　C. 菜单　　　D. 春

19 Yòng xiàliè　　　zàojù.
用　下列（　　）造句。　　　以下の語句を用いて短文をつくりなさい。

A. 词语　　　B. 超市　　　C. 城市　　　D. 蛋糕

20 Zhè jiā diàn de　　　yàngshì hěn duō.
这 家 店 的（　　）样式 很 多。　　　この店のシャツはデザインが豊富です。

A. 衬衫　　　B. 蛋糕　　　C. 成绩　　　D. 厨房

2 名詞 ③ 065

答案★ dá'àn	【名】答案、解答、答え	wèntí de dá'àn 问题的答案（問題の解答） biāozhǔn dá'àn 标准答案（模範解答）
大小★ dàxiǎo	【名】大きさ、サイズ	dàxiǎo yíyàng 大小一样（大きさが同じ） dàxiǎo bù yíyàng 大小不一样（大きさが違う）
大衣★ dàyī	【名】オーバー（コート）	chuān dàyī 穿大衣（コートを着る） mián dàyī 棉大衣（綿入りコート）
蛋糕 dàngāo	【名】ケーキ	chī dàngāo 吃蛋糕（ケーキを食べる） shēngrì dàngāo 生日蛋糕（誕生日ケーキ）
灯 dēng	【名】灯、ランプ	kāi dēng 开灯（灯をつける） diàndēng 电灯（電灯）
电梯 diàntī	【名】エレベーター	zuò diàntī 坐电梯（エレベーターに乗る） diàntī huài le 电梯坏了（エレベーターが壊れた）
电子邮件 diànzǐyóujiàn	【名】メール	fā diànzǐyóujiàn 发电子邮件（メールを送る） yòng diànzǐyóujiàn liánxì 用电子邮件联系（メールで連絡する）
地方 dìfang	【名】場所、ところ	shénme dìfang 什么地方（どんな場所） nǎge dìfang 哪个地方（どの場所）
地铁 dìtiě	【名】地下鉄	zuò dìtiě 坐地铁（地下鉄に乗る） dìtiě zhàn 地铁站（地下鉄の駅）
地图 dìtú	【名】地図	kàn dìtú 看地图（地図を見る） shìjiè dìtú 世界地图（世界地図）

解答：名詞 11.D 12.A 13.B 14.A 15.D 16.C 17.A 18.D 19.A 20.A

練習：（　　）の中に入る適切な単語を、下のA～Dから1つ選びなさい

21　（　）tài dà le, èrshí ge rén dōu méi chīwán.
（　）太 大 了，20 个 人 都 没 吃完。
ケーキは大きすぎて、20人でも食べ切れませんでした。

A. 春　　　B. 词语　　　C. 菜单　　　D. 蛋糕

22　Néng jiè nǐ de （　）kànkan ma?
能 借 你 的（　）看看 吗？
地図を貸して頂けますか？

A. 地铁　　B. 地方　　C. 地图　　D. 电梯

23　Zhè liǎng ge bēizi （　）yíyàng ma?
这 两 个 杯子（　）一样 吗？
この2つのコップは大きさが同じですか？

A. 成绩　　B. 衬衫　　C. 词语　　D. 大小

24　Qī céng yǐshàng de lóu cái yǒu（　）。
七 层 以上 的 楼 才 有（　）。
7階以上のビルだけエレベーターがあります。

A. 地铁　　B. 电梯　　C. 地方　　D. 电子邮件

25　Yǒu biāozhǔn （　）ma?
有 标准（　）吗？
模範解答はありますか？

A. 答案　　B. 灯　　C. 地图　　D. 东

26　Xiànzài zhǐnéng tōngguò（　）liánxì le.
现在 只能 通过（　）联系 了。
今はメールで連絡するしかありません。

A. 电子邮件　　B. 地图　　C. 电梯　　D. 地方

27　Zuò（　）bǐ zuò gōnggòng qìchē piányi.
坐（　）比 坐 公共 汽车 便宜。
地下鉄に乗るのはバスより安いです。

A. 灯　　B. 地图　　C. 地方　　D. 地铁

28　Nàge chuān（　）de rén shì shuí?
那个 穿（　）的 人 是 谁？
あのコートを着た人は誰ですか？

A. 动物　　B. 耳朵　　C. 大衣　　D. 衣服

29　Yè shēn le, gè jiā dōu diǎnshàngle（　）。
夜 深 了，各 家 都 点上了（　）。
夜が更けてきて、それぞれの家は明かりを点けました。

A. 地方　　B. 电子邮件　　C. 灯　　D. 地铁

30　Zhè piān wénzhāng yǒu sān ge（　）xiěcuò le.
这 篇 文章 有 三 个（　）写错 了。
この文章は間違っているところが3箇所あります。

A. 电梯　　B. 地铁　　C. 地方　　D. 动物

2 名詞 ④ 066

見出し	品詞	意味	例
地址★ dìzhǐ	【名】	住所、宛先、所在地	wèn dìzhǐ 问地址（住所を聞く） bù zhīdao dìzhǐ 不知道地址（住所を知らない）
冬 dōng	【名】	冬（口語では単独で用いない）	dōngtiān 冬天（冬 ＊口語では必ず"天"をつける） dōngjì 冬季（冬季）
动物 dòngwù	【名】	動物	dòngwùyuán 动物园（動物園） xiǎo dòngwù 小动物（小動物）
耳朵 ěrduo	【名】	耳	ěrduo yǎng 耳朵痒（耳が痒い） dà ěrduo 大耳朵（大きな耳）
方法★ fāngfǎ	【名】	方法、やり方	gōngzuò fāngfǎ 工作方法（仕事のやり方） xuéxí fāngfǎ 学习方法（勉強方法）
服装★ fúzhuāng	【名】	服装、身なり	fúzhuāng diàn 服装店（洋服店） fúzhuāng shèjì 服装设计（服のデザイン）
附近 fùjìn	【名】	付近、近辺	xuéxiào fùjìn 学校附近（学校の付近） chēzhàn fùjìn 车站附近（駅の近く）
感冒 gǎnmào	【名】	風邪	zhòng gǎnmào 重感冒（ひどい風邪） gǎnmào yào 感冒药（風邪薬）
刚才 gāngcái	【名】	たった今、先ほど、今しがた	gāngcái de shì 刚才的事（さっきのこと） gāngcái de huà 刚才的话（さっきの話）
根据 gēnjù	【名】	根拠	méiyǒu gēnjù 没有根据（根拠がない） yào yǒu gēnjù 要有根据（根拠がなくてはいけない）

解答：名詞 21.D 22.C 23.D 24.B 25.A 26.A 27.D 28.C 29.C 30.C

練習：（　）の中に入る適切な単語を、下のA～Dから1つ選びなさい

31. Wǒ ( ) téng.
我（　）疼。　　　　　　　　私は耳が痛いです。

A. 动物　　　B. 耳朵　　　C. 地铁　　　D. 冬

32. ( )tiān shì yì nián zhōng zuì lěng de jìjié.
（　）天 是 一 年 中 最 冷 的 季节。　冬は1年で一番寒い季節です。

A. 动物　　　B. 耳朵　　　C. 地铁　　　D. 冬

33. Xiànzài de yěshēng ( ) yuèláiyuè shǎo le.
现在 的 野生（　）越来越 少 了。　今の野生動物はだんだん少なくなってきました。

A. 动物　　　B. 耳朵　　　C. 地铁　　　D. 冬

34. Nǐ zhīdào tā de ( ) ma?
你 知道 她 的（　）吗？　　　あなたは彼女の住所を知っていますか？

A. 地址　　　B. 电话　　　C. 老师　　　D. 名字

35. Tā de xuéxí ( ) hěn hǎo.
她 的 学习（　）很 好。　　彼女の勉強方法はとても良い。

A. 成绩　　　B. 方法　　　C. 词语　　　D. 电脑

36. Wǒ zài ( ) diàn dǎgōng.
我 在（　）店 打工。　　　私は服屋でアルバイトしている。

A. 车站　　　B. 书　　　C. 服装　　　D. 超市

37. Nǐ zhèyàng shuō yǒu ( ) ma?
你 这样 说 有（　）吗？　　このように話したのは根拠があるのですか？

A. 根据　　　B. 故事　　　C. 过去　　　D. 刚才

38. Yīyuàn li dàochù dōu shì dé ( ) de rén.
医院 里 到处 都 是 得（　）的 人。　病院は風邪を引いている人でいっぱいです。

A. 刚才　　　B. 附近　　　C. 果汁　　　D. 感冒

39. Wǒ jiā ( ) yǒu yì suǒ Rìyǔ xuéxiào.
我 家（　）有 一 所 日语 学校。　家の近くに日本語学校があります。

A. 公园　　　B. 根据　　　C. 故事　　　D. 附近

40. Xiǎo Zhāng, ( ) yǒu rén zhǎo nǐ.
小 张，（　）有 人 找 你。　張さん、さっき人が訪ねて来ましたよ。

A. 刚才　　　B. 根据　　　C. 感冒　　　D. 关系

2 名詞 ⑤ 067

公寓★ gōngyù	【名】	アパート、マンション	xuésheng gōngyù 学生公寓（学生寮） zhù gōngyù 住公寓（アパートに住む）
公园 gōngyuán	【名】	公園	qù gōngyuán 去公园（公園へ行く） guàng gōngyuán 逛公园（公園をぶらつく）
故事 gùshi	【名】	物語、ストーリー	jiǎng gùshi 讲故事（物語を話す） tīng gùshi 听故事（物語を聞く）
关系 guānxi	【名】	関係、つながり、かかわり、間柄	gōngzuò guānxi 工作关系（仕事関係） guānxi bù hǎo 关系不好（関係が良くない）
国家 guójiā	【名】	国家、国	guójiā gànbù 国家干部（国家幹部） guójiā duì 国家队（国の代表チーム）
果汁 guǒzhī	【名】	ジュース	hē guǒzhī 喝果汁（ジュースを飲む） chún guǒzhī 纯果汁（果汁100%ジュース）
过去 guòqù	【名】	むかし、過去、以前、今まで	wàngjì guòqù 忘记过去（過去を忘れる） guòqù de shì 过去的事（過去のこと）
河 hé	【名】	川	hébiān 河边（川辺） héshuǐ 河水（川の水）
黑板 hēibǎn	【名】	黒板	kàn hēibǎn 看黑板（黒板を見る） cā hēibǎn 擦黑板（黒板を拭く）
护士★ hùshi	【名】	看護婦、看護師	dāng hùshi 当护士（看護師になる） yīyuàn de hùshi 医院的护士（病院の看護師）

解答：名詞 31.B 32.D 33.A 34.A 35.B 36.C 37.A 38.D 39.D 40.A

練習：（　　）の中に入る適切な単語を、下のＡ〜Ｄから１つ選びなさい

41 Bàba māma jīngcháng qù　　　sànbù.
爸爸 妈妈 经常 去（　　）散步。　父母はよく公園へ散歩に行きます。

　A. 感冒　　　B. 公园　　　C. 关系　　　D. 国家

42 Tā bìyè hòu dāngle　　　gànbù.
她 毕业 后 当了（　　）干部。　彼女は卒業したあと国家幹部になりました。

　A. 过去　　　B. 刚才　　　C. 故事　　　D. 国家

43 Xiǎoháizi yìbān dōu xǐhuan tīng
小孩子 一般 都 喜欢 听（　　）。　子供は普通、物語を聞くのが好きです。

　A. 故事　　　B. 果汁　　　C. 附近　　　D. 感冒

44 Zhè liǎng jiā rén de　　　bú tài hǎo.
这 两 家 人 的（　　）不 太 好。　これら２つの家の人の関係はあまり良くありません。

　A. 公园　　　B. 关系　　　C. 根据　　　D. 过去

45 Zhè yǐjīng shì　　　de shìqing le.
这 已经 是（　　）的 事情 了。　これはもう過去のことです。

　A. 过去　　　B. 果汁　　　C. 国家　　　D. 故事

46 Chángjiāng shì Zhōngguó zuì cháng de
长江 是 中国 最 长 的（　　）。　長江は中国の一番長い河です。

　A. 画　　　　B. 花　　　　C. 国家　　　D. 河

47 Qǐng dàjiā kàn
请 大家 看（　　）。　皆さん、黒板を見てください。

　A. 环境　　　B. 护照　　　C. 黑板　　　D. 花

48 Xuéxiào de xuésheng　　　hěn hǎo.
学校 的 学生（　　）很 好。　学校の学生寮はとても良い。

　A. 公寓　　　B. 宾馆　　　C. 食堂　　　D. 超市

49 Tā nǚ'ér shì yīyuàn de
她 女儿 是 医院 的（　　）。　彼女の娘は病院の看護師です。

　A. 大夫　　　B. 老师　　　C. 警察　　　D. 护士

50 Yǒu　　　ma?
有（　　）吗?　ジュースはありますか？

　A. 过去　　　B. 果汁　　　C. 关系　　　D. 国家

2 名詞 ⑥ 068

护照 hùzhào	【名】パスポート	chūshì hùzhào 出示护照（パスポートを提示する） hùzhào hàomǎ 护照号码（パスポート番号）
花 huā	【名】花	yǎng huā 养花（花を育てる） zhòng huā 种花（花を植える）
花园 huāyuán	【名】花園、庭園	xiǎo huāyuán 小花园（小さな庭園） huāyuán guǎnlǐ 花园管理（庭園の管理）
环境 huánjìng	【名】環境	bǎohù huánjìng 保护环境（環境を保護する） zìrán huánjìng 自然环境（自然環境）
会议 huìyì	【名】会議	zhǔchí huìyì 主持会议（会議の司会をする） cānjiā huìyì　　　　gōngzuò huìyì 参加会议（会議に出る）　工作会议（業務会議）
机会 jīhuì	【名】チャンス、機会	hǎo jīhuì 好机会（良い機会） zhuāzhù jīhuì 抓住机会（チャンスをつかむ）
机器★ jīqì	【名】機械	ānzhuāng jīqì 安装机器（機械を設置する） xiūlǐ jīqì 修理机器（機械を修理する）
季节 jìjié	【名】季節	huáxuě jìjié 滑雪季节（スキーの季節） shǎnghuā jìjié 赏花季节（花の季節）
价钱★ jiàqián	【名】値段、価格	jiàqián guì 价钱贵（値段が高い） jiǎng jiàqián 讲价钱（値切る）
健康 jiànkāng	【名】健康	shēntǐ jiànkāng 身体健康（健康である） zhù nǐ jiànkāng 祝你健康（あなたの健康を祈る）

解答：名詞 41.B 42.D 43.A 44.B 45.A 46.D 47.C 48.A 49.D 50.B

練習：（　）の中に入る適切な単語を、下のＡ〜Ｄから１つ選びなさい

51
Tā huì xiūlǐ zhè tái
他 会 修理 这 台（　　）。　　　　彼はこの機械を修理できる。

A. 机器　　　B. 汽车　　　C. 电脑　　　D. 电视

52
　　　yǒu yìdiǎn guì.
（　　）有 一点 贵。　　　　値段が少し高い。

A. 价钱　　　B. 表　　　C. 毛衣　　　D. 啤酒

53
Bǎohù　　　shì měi ge rén de zérèn.
保护（　　）是 每 个 人 的 责任。　　　環境保護はみんなの責任です。

A. 花园　　　B. 黑板　　　C. 会议　　　D. 环境

54
Qǐng chūshì nín de
请 出示 您 的（　　）。　　　　パスポートを見せてください。

A. 健康　　　B. 脚　　　C. 护照　　　D. 花园

55
Zhè cì de　　　yóu Wáng bùzhǎng zhǔchí.
这 次 的（　　）由 王 部长 主持。　　今回の会議は王部長が司会をします。

A. 会议　　　B. 护照　　　C. 画　　　D. 环境

56
Wǒ yéye zài jiā li zhòngle hěn duō
我 爷爷 在 家里 种了 很 多（　　）。　　おじいさんは家でたくさんの花を植えました。

A. 画　　　B. 环境　　　C. 花园　　　D. 花

57
Wǒ hěn xǐhuan qù　　　shǎnghuā.
我 很 喜欢 去（　　）赏花。　　私は、庭園へ行って花を観賞するのが好きです。

A. 花　　　B. 花园　　　C. 环境　　　D. 健康

58
Yòu dào méiyǔ　　　le.
又 到 梅雨（　　）了。　　　また梅雨の季節が来ました。

A. 节目　　　B. 季节　　　C. 街道　　　D. 客人

59
Zài gěi wǒ yí cì
再 给 我 一 次（　　）。　　　もう一度チャンスをください。

A. 客人　　　B. 节日　　　C. 结婚　　　D. 机会

60
Duō chī shūcài duì wǒmen de　　yǒulì.
多 吃 蔬菜 对 我们 的（　　）有利。　　野菜をたくさん食べるのは健康に良いです。

A. 花园　　　B. 脚　　　C. 健康　　　D. 河

2 名詞 ⑦ 069

脚 jiǎo	【名】足（くるぶしから つま先までを指す）	jiǎo dà 脚大（足が大きい） jiǎobèi 脚背（足の甲） shǒujiǎo 手脚（手足）
教育★ jiàoyù	【名】教育	jiàoyù fāngfǎ 教育方法（教育方法） jiàoyù háizi 教育孩子（子供を教育する）
街道 jiēdào	【名】大通り、町内	rènao de jiēdào 热闹的街道（賑やかな大通り） jiēdào gōngzuò 街道工作（町内の仕事）
结婚 jiéhūn	【名】結婚	jiéhūn zhèng 结婚证（結婚証明書） jiéhūn niánlíng 结婚年龄（結婚年齢）
节目 jiémù	【名】演目、出し物	yǎn jiémù 演节目（演目を演じる） diànshì jiémù 电视节目（テレビ番組）
节日 jiérì	【名】記念日、祝日、祭日	guò jiérì 过节日（祝日を過ごす） chuántǒng jiérì 传统节日（伝統的な祝日）
经过 jīngguò	【名】経緯、経過、いきさつ	shìqing de jīngguò 事情的经过（事のいきさつ） shìgù de jīngguò 事故的经过（事故の経過）
经理 jīnglǐ	【名】社長、経営者	gōngsī jīnglǐ 公司经理（会社の社長） zǒngjīnglǐ 总经理（総支配人）
句子 jùzi	【名】句、センテンス、文	zào jùzi 造句子（文を作る） jùzi chéngfèn 句子成分（文の要素）
客人 kèrén	【名】お客さん	zhāodài kèrén 招待客人（客を招待する） wàiguó kèrén 外国客人（外国からの客）

解答：名詞 51.A 52.A 53.D 54.C 55.A 56.D 57.B 58.B 59.D 60.C

練習：（　　）の中に入る適切な単語を、下のA～Dから１つ選びなさい

61　Qǐng gěi wǒ yí fèn jīntiān wǎnshang de　　　　dān.
请 给 我 一 份 今天　晚上　的（　　）单。　今晩の出し物リストをください。

A. 结婚　　　B. 节目　　　C. 节日　　　D. 机会

62　Qǐng xiángxì shuōmíng yíxià shìqing de
请　详细　说明 一下 事情 的（　　）。　事のいきさつを詳しく説明してください。

A. 经理　　　B. 句子　　　C. 季节　　　D. 经过

63　Jīntiān de　　　　zhēn bù shǎo.
今天 的（　　）真 不 少。　今日のお客さんは本当に多いです。

A. 客人　　　B. 经过　　　C. 季节　　　D. 句子

64　Wángfǔjǐng dàjiē shì Běijīng zuì rènao de
王府井　大街 是 北京 最 热闹 的（　　）。　王府井大通りは北京で最もにぎわう大通りです。

A. 经过　　　B. 结婚　　　C. 街道　　　D. 句子

65　Jīntiān shì wǒmen liǎ de　　　　jìniànrì.
今天 是 我们 俩 的（　　）纪念日。　今日はわたしたち２人の結婚記念日です。

A. 节目　　　B. 机会　　　C. 结婚　　　D. 季节

66　（　　）qù Běijīng chūchāi le.
（　　）去 北京　出差 了。　社長は北京へ出張に行きました。

A. 经理　　　B. 经过　　　C. 节日　　　D. 句子

67　Shuìjiào qián xǐ　　　　shì hǎo xíguàn.
睡觉　前 洗（　　）是 好 习惯。　寝る前に足を洗うのは良い習慣です。

A. 护照　　　B. 健康　　　C. 脚　　　　D. 河

68　Nǐ bǎ zhège　　　　fānyìcuò le.
你 把 这个（　　）翻译错 了。　この文の翻訳が間違っている。

A. 客人　　　B. 句子　　　C. 经理　　　D. 经过

69　Jīntiān shì shénme　　　　a?
今天 是 什么（　　）啊？　今日は何の記念日ですか？

A. 街道　　　B. 节日　　　C. 结婚　　　D. 节目

70　Tā de　　　　fāngfǎ hěn hǎo.
她 的（　　）方法 很 好。　彼女の教育方法はとても良い。

A. 开车　　　B. 教育　　　C. 学习　　　D. 工作

2 名詞 ⑧ 070

科学 ★ kēxué	【名】科学	zìrán kēxué 自然科学（自然科学） kēxué jìshù 科学技术（科学技術）
空调 kōngtiáo	【名】エアコン	kāi kōngtiáo 开空调（エアコンを入れる） xīnshì kōngtiáo 新式空调（新型のエアコン）
口 kǒu	【名】口	huò cóng kǒu chū 祸从口出（口は災いのもと） bìkǒu 闭口（口をつぐむ）　kǒukuài 口快（口が軽い）
裤子 kùzi	【名】ズボン	chuān kùzi 穿裤子（ズボンをはく） tuō kùzi 脱裤子（ズボンを脱ぐ）
快餐 ★ kuàicān	【名】ファストフード、インスタント食品	kuàicān diàn 快餐店（ファストフード店） chī kuàicān 吃快餐（ファストフードを食べる）
筷子 kuàizi	【名】箸	yòng kuàizi 用筷子（箸を使う） fàngxià kuàizi 放下筷子（箸を置く）
困难 ★ kùnnán	【名】困難、難しい	yǒu kùnnán 有困难（困難がある） shēnghuó kùnnán 生活困难（生活が苦しい）
礼物 lǐwù	【名】プレゼント、贈り物	shēngrì lǐwù 生日礼物（誕生日プレゼント） sòng lǐwù 送礼物（プレゼントを贈る）
力量 ★ lìliang	【名】力、力量	lìliang dà 力量大（力が強い） jízhōng lìliang 集中力量（力を集中させる）
历史 lìshǐ	【名】歴史	bǎi nián lìshǐ 百年历史（百年の歴史）　Zhōngguó lìshǐ 中国历史（中国の歴史） lìshǐ xiǎoshuō 历史小说（歴史小説）

解答：名詞 61.B 62.D 63.A 64.C 65.C 66.A 67.C 68.B 69.B 70.B

練習：（　　）の中に入る適切な単語を、下のA～Dから1つ選びなさい

71
Rìběn de　　　jìshù shuǐpíng hěn gāo.
日本的（　　）技术水平很高。日本の科学技術はレベルがとても高い。

A. 科学　　　B. 教育　　　C. 季节　　　D. 司机

72
Rén duō　　　dà.
人多（　　）大。人が多ければ力が強い。

A. 房子　　　B. 车站　　　C. 车　　　　D. 力量

73
Sòng tā shénme shēngrì　　　hǎo ne?
送他什么生日（　　）好呢？彼へはどんな誕生日プレゼントを送ればいいでしょう？

A. 礼物　　　B. 历史　　　C. 邻居　　　D. 练习

74
Tā bú huì yòng
他不会用（　　）。彼はお箸が使えません。

A. 脸　　　　B. 礼物　　　C. 裤子　　　D. 筷子

75
Zhè jù huà shì cóng tā　　　li shuōchūlai de.
这句话是从他（　　）里说出来的。この話は彼の口から出たのです。

A. 空调　　　B. 口　　　　C. 裤子　　　D. 历史

76
Jīntiān chuān qúnzi, bù chuān
今天穿裙子，不穿（　　）。今日はズボンではなくスカートを穿きます。

A. 脸　　　　B. 筷子　　　C. 邻居　　　D. 裤子

77
Zhè suǒ xuéxiào yǐ yǒu bǎi nián
这所学校已有百年（　　）。この学校は100年の歴史があります。

A. 邻居　　　B. 礼物　　　C. 历史　　　D. 练习

78
Zánmen qù chī　　　ba.
咱们去吃（　　）吧。みんなでファストフードを食べに行きましょう。

A. 快餐　　　B. 菜　　　　C. 面包　　　D. 水果

79
Chūmén bié wàngle guān
出门别忘了关（　　）。外出するときはエアコンを止めるのを忘れないでください。

A. 空调　　　B. 练习　　　C. 历史　　　D. 脸

80
Tāmen jiā de shēnghuó hěn
他们家的生活很（　　）。彼の家は生活が苦しい。

A. 困难　　　B. 好　　　　C. 幸福　　　D. 难

2 名詞 ⑨ 071

| 脸 liǎn | 【名】顔 | xǐliǎn
洗脸（洗顔する）
bú yào liǎn
不要脸（恥知らず／厚かましい） |

| 练习 liànxí | 【名】練習問題、演習、練習 | zuò liànxí
做练习（練習する）
liànxítí
练习题（練習問題） |

| 邻居 línjū | 【名】隣 | gébì línjū
隔壁邻居（隣人）
línjū jiā
邻居家（隣の家） |

| 楼 lóu | 【名】ビル、建物の階 | jiàoxué lóu
教学楼（教育棟）
èr lóu
二楼（2階） |

| 绿 lǜ | 【名】緑 | lǜdēng
绿灯（青信号）
lǜsè
绿色（緑色） |

| 马 mǎ | 【名】馬 | qí mǎ
骑马（馬に乗る）
mǎchē
马车（馬車） |

| 贸易★ màoyì | 【名】貿易、交易、商取引 | màoyì gōngsī
贸易公司（貿易会社）
jìnchūkǒu màoyì
进出口贸易（輸出入貿易） |

| 帽子 màozi | 【名】帽子 | dài màozi
戴帽子（帽子をかぶる）
hóng màozi
红帽子（赤い帽子） |

| 米 mǐ | 【名】米 | dàmǐ
大米（米）
jìnkǒu mǐ
进口米（輸入米） |

| 面包 miànbāo | 【名】パン | mǎi miànbāo
买面包（パンを買う）
kǎomiànbāo
烤面包（トースト） |

解答：名詞 71.A 72.D 73.A 74.D 75.B 76.D 77.C 78.A 79.A 80.A

練習：（　）の中に入る適切な単語を、下のA〜Dから１つ選びなさい

81
Yòng féizào xǐ
用　肥皂　洗（　　）。　　　石鹸で洗顔をします。

A. 练习　　　B. 礼物　　　C. 脸　　　D. 楼

82
Tā de　　　shì Zhōngguórén.
他 的（　　）是　中国人。　　　彼の隣に住んでいるのは中国人です。

A. 历史　　　B. 筷子　　　C. 礼物　　　D. 邻居

83
Wǒ zài sān　　　nǐ shànglai bǎ.
我 在 三（　　），你 上来 把。　　　私は３階にいます。上がってきて。

A. 空调　　　B. 楼　　　C. 口　　　D. 邻居

84
Měi tiān zǎofàn dōu shì　　　wǒ yǐjīng bù xiǎng chī le.
每 天 早饭 都 是（　　），我 已经 不 想 吃 了。　　　朝ご飯は毎日パンで、私はもう食べたくなくなりました。

A. 盘子　　　B. 面包　　　C. 帽子　　　D. 马

85
Rìběn de　　　hěn hǎochī.
日本 的（　　）很 好吃。　　　日本の米はとても美味しいです。

A. 帽子　　　B. 马　　　C. 米　　　D. 绿

86
Wǒ tóu tài dà le, cónglái bú dài
我 头 太 大 了，从来 不 戴（　　）。　　　私は頭が大きすぎて、帽子をかぶったことがありません。

A. 帽子　　　B. 米　　　C. 年级　　　D. 盘子

87
Hǎohǎo zuò
好好 做（　　）。　　　練習問題をしっかりとやります。

A. 筷子　　　B. 裤子　　　C. 练习　　　D. 脸

88
Nǐ huì qí　　　ma?
你 会 骑（　　）吗？　　　馬に乗れますか？

A. 马　　　B. 帽子　　　C. 面包　　　D. 米

89
Xiànzài shì　　　dēng.
现在 是（　　）灯。　　　今は青信号です。

A. 奶奶　　　B. 绿　　　C. 年级　　　D. 南

90
Tā shì　　　gōngsī de jīnglǐ.
她 是（　　）公司 的 经理。　　　彼女は貿易会社の社長です。

A. 服装　　　B. 贸易　　　C. 出租车　　　D. 电脑

2 名詞 ⑩ 072

奶奶 nǎinai	【名】	父方のおばあさん	wǒ nǎinai 我奶奶（私の祖母） lǎonǎinai 老奶奶（おばあさん、呼びかけの言葉）
年级 niánjí	【名】	学年、学級	gāo niánjí 高年级（高学年） dī niánjí 低年级（低学年）
年纪★ niánjì	【名】	年齢、年	niánjì dà 年纪大（年上） duō dà niánjì 多大年纪（年はおいくつですか）
鸟 niǎo	【名】	鳥	xiǎoniǎo 小鸟（小鳥）　niǎolèi 鸟类（鳥類） niǎo jiào 鸟叫（鳥が鳴く）
农村★ nóngcūn	【名】	農村	nóngcūn chūshēng 农村出生（農村生まれ） nóngcūn shēnghuó 农村生活（農村生活）
盘子 pánzi	【名】	皿	shuā pánzi 刷盘子（皿を洗う） sān pánzi cài 三盘子菜（3皿のおかず）
啤酒 píjiǔ	【名】	ビール	hē píjiǔ 喝啤酒（ビールを飲む） Qīngdǎo píjiǔ 青岛啤酒（青島ビール）
葡萄 pútao	【名】	葡萄	yí chuàn pútao 一串葡萄（一房の葡萄） pútaojiǔ 葡萄酒（ワイン）
普通话 pǔtōnghuà	【名】	中国語の標準語	xué pǔtōnghuà 学普通话（標準語を学ぶ） shuō pǔtōnghuà 说普通话（標準語を話す）
铅笔 qiānbǐ	【名】	鉛筆	zìdòng qiānbǐ 自动铅笔（シャーペン）　yòng qiānbǐ 用铅笔（鉛筆を使う） qiānbǐ zì 铅笔字（鉛筆の字）

解答：名詞 81.C 82.D 83.B 84.B 85.C 86.A 87.C 88.A 89.B 90.B

練習：（　　）の中に入る適切な単語を、下のA～Dから１つ選びなさい

91 Tā xiànzài shì gāo　　　　de xuésheng.
他 现在 是 高（　　）的 学生。　彼は今、高学年生です。

A. 鸟　　　B. 盘子　　　C. 年级　　　D. 绿

92 Xià zhōusān shì　　　　bāshí suì shēngrì. 来週の水曜日はおばあさんの80歳の誕生
下 周三 是（　　）八十 岁 生日。 日です。

A. 面包　　　B. 帽子　　　C. 奶奶　　　D. 绿

93 　　shénme shíhou shú?
（　　）什么 时候 熟？　ブドウはいつ熟しますか？

A. 葡萄　　　B. 啤酒　　　C. 铅笔　　　D. 普通话

94 　　gòu le ma?
（　　）够 了 吗？　お皿は足りますか？

A. 盘子　　　B. 鸟　　　C. 年级　　　D. 南

95 Shàngkè shí qǐng jiǎng
上课 时 请 讲（　　）。　授業のときは、標準語で話してください。

A. 秋　　　B. 裙子　　　C. 普通话　　　D. 伞

96 Qǐng yòng　　xiě.
请 用（　　）写。　鉛筆で書いてください。

A. 裙子　　　B. 声音　　　C. 铅笔　　　D. 世界

97 Qīngdǎo　　zài Zhōngguó hěn yǒumíng.
青岛（　　）在 中国 很 有名。　青島ビールは中国でとても有名です。

A. 啤酒　　　B. 树　　　C. 声音　　　D. 葡萄

98 Wǒ fùqīn　　dà le, zài jiā xiūxi.
我 父亲（　　）大 了，在 家 休息。 私の父は年をとったので、家にいます。

A. 年纪　　　B. 衬衫　　　C. 服装　　　D. 女儿

99 Tāmen jiā zài
他们 家 在（　　）。　彼らの家は農村にある。

A. 农村　　　B. 工人　　　C. 城市　　　D. 职工

100 Xiǎo　　zài fēi.
小（　　）在 飞。　小鳥が飛んでいます。

A. 米　　　B. 鸟　　　C. 马　　　D. 南

2 名詞 ⑪ 073

秋 qiū	【名】	秋（口語では単独で用いない）	qiūtiān liáng 秋天凉（秋は涼しい）＊口語では必ず"天"をつける qiūtiān dào le 秋天到了（秋になった）
裙子 qúnzi	【名】	スカート	chuān qúnzi 穿裙子（スカートを履く） yì tiáo qúnzi 一条裙子（1着のスカート）
伞 sǎn	【名】	傘	yǔsǎn 雨伞（雨傘） yì bǎ sǎn 一把伞（1本の傘）
声音 shēngyīn	【名】	声	shēngyīn xiǎo 声音小（声が小さい） shénme shēngyīn 什么声音（何の音？）
世界 shìjiè	【名】	世界、世の中	shìjiè jìlù 世界记录（世界記録） quánshìjiè 全世界（全世界）
叔叔 shūshu	【名】	叔父、おじ、おじさん	wǒ shūshu 我叔叔（私のおじ） qīn shūshu 亲叔叔（実のおじ）
树 shù	【名】	木、樹木	shùyè 树叶（木の葉） guǒshù 果树（果物の木）
数学 shùxué	【名】	数学	shùxué kè 数学课（数学の授業） shùxuéjiā 数学家（数学学者）
水平 shuǐpíng	【名】	レベル	gāo shuǐpíng 高水平（高いレベル） Hànyǔ shuǐpíng 汉语水平（中国語のレベル）
司机 sījī	【名】	運転手	dāng sījī 当司机（運転手になる） chūzūchē sījī 出租车司机（タクシーの運転手）

解答：名詞 91.C 92.C 93.A 94.A 95.C 96.C 97.A 98.A 99.A 100.B

練習：（　）の中に入る適切な単語を、下のA～Dから1つ選びなさい

101
Wǒ　　　　shì Rìyǔ fānyì.
我（　）是 日语 翻译。　　　　私のおじは日本語の通訳です。

A. 叔叔　　　B. 太阳　　　C. 同事　　　D. 水平

102
Tā de　　　chéngjì zuì hǎo.
他的（　）成绩 最 好。　　　　彼の数学の成績は一番良いです。

A. 水平　　　B. 叔叔　　　C. 司机　　　D. 数学

103
Rìběn de shēnghuó　　　bǐ Zhōngguó gāo.
日本 的 生活（　）比 中国 高。　　　日本の生活水準は中国より高い。

A. 体育　　　B. 数学　　　C. 水平　　　D. 太阳

104
Tā shūshu shì gōnggòng qìchē
他 叔叔 是 公共 汽车（　）。　　　彼のおじさんはバスの運転手です。

A. 司机　　　B. 水平　　　C. 糖　　　　D. 哥哥

105
　　shang méiyǒu zhème róngyì de shì.
（　）上 没有 这么 容易 的 事。　　　世の中そんな簡単なことはありません。

A. 啤酒　　　B. 世界　　　C. 树　　　　D. 葡萄

106
　　tiān de tiānqì bǐjiào liángkuài.
（　）天 的 天气 比较 凉快。　　　　秋は比較的涼しいです。

A. 秋　　　　B. 树　　　　C. 伞　　　　D. 铅笔

107
Xià yǔ le, dài　　　le ma?
下 雨 了，带（　）了 吗？　　　　雨が降ってきました、傘を持ちましたか？

A. 裙子　　　B. 伞　　　　C. 声音　　　D. 葡萄

108
Xiàoyuán li yǒu hěn duō yīnghuā
校园 里 有 很 多 樱花（　）。　　　キャンパスにはたくさんの桜の木があります。

A. 普通话　　B. 世界　　　C. 葡萄　　　D. 树

109
Mèimei de　　　wǒ chuān yǒudiǎnr xiǎo.
妹妹 的（　）我 穿 有点儿 小。　　　妹のスカートは私には少し小さいです。

A. 裙子　　　B. 啤酒　　　C. 铅笔　　　D. 秋

110
Tīng　　　hǎoxiàng shì Lǎo Lǐ huílai le.
听（　）好像 是 老李 回来 了。　　　あの声は、どうやら李さんが帰ってきたみたいです。

A. 世界　　　B. 铅笔　　　C. 伞　　　　D. 声音

2 名詞 ⑫ 074

岁数 suìshu ★	【名】年齢、年	suìshu xiǎo 岁数小（年下） duōdà suìshu 多大岁数（何歳ですか）
太太 tàitai ★	【名】奥さま、奥さん	nǐ tàitai 你太太（あなたの奥さん） piàoliang de tàitai 漂亮的太太（綺麗な奥さん）
太阳 tàiyáng	【名】太陽	tàiyáng luò 太阳落（太陽が沈む） shài tàiyáng 晒太阳（太陽に晒す）
糖 táng	【名】あめ	chī táng 吃糖（あめを食べる） shuǐguǒ táng 水果糖（フルーツあめ）　shātáng 砂糖（砂糖）
桃子 táozi ★	【名】桃	huà táozi 画桃子（桃を描く） táozi shù 桃子树（桃の木）
体育 tǐyù	【名】体育、スポーツ	tǐyù kè 体育课（体育の授業）　tǐyù yùndòng 体育运动（スポーツ） tǐyùguǎn 体育馆（体育館）
停车场 tíngchēchǎng ★	【名】駐車場	dà tíngchēchǎng 大停车场（大駐車場） méi tíngchēchǎng 没停车场（駐車場がない）
同事 tóngshì	【名】同僚	kànwàng tóngshì 看望同事（同僚を見舞う） lǎo tóngshì 老同事（昔の同僚）
头发 tóufa	【名】髪	tóufa cháng 头发长（髪が長い） jiǎn tóufa 剪头发（髪を切る）
腿 tuǐ	【名】足	liǎng tiáo tuǐ 两条腿（両足） zhuōzi tuǐ 桌子腿（机の脚）

解答：名詞 101.A 102.D 103.C 104.A 105.B 106.A 107.B 108.D 109.A 110.D

練習：（　　）の中に入る適切な単語を、下のA～Dから1つ選びなさい

111
Míngtiān yǒu　　　kè.
明天　有（　　）课。　　　　　明日、体育の授業があります。

A. 体育　　　B. 同事　　　C. 头发　　　D. 腿

112
Tā de　　　hěn cháng.
她的（　　）很长。　　　　　彼女は足が長いです。

A. 糖　　　B. 腿　　　C. 太阳　　　D. 叔叔

113
　　　yījīng luò le.
（　　）已经落了。　　　　　太陽はもう沈みました。

A. 体育　　　B. 水平　　　C. 数学　　　D. 太阳

114
Wǒ sòng gěi nǐ de　　　nǐ chīle ma?
我送给你的（　　）你吃了吗？　　わたしがあげたあめを食べましたか？

A. 同事　　　B. 司机　　　C. 糖　　　D. 头发

115
Zhè shì　　　bāng wǒ mǎi de.
这是（　　）帮我买的。　　　　これは同僚が買ってくれたのです。

A. 头发　　　B. 同事　　　C. 叔叔　　　D. 司机

116
Nǐ　　　xiǎo, bù néng chōuyān.
你（　　）小，不能抽烟。　　　あなたは年齢が低いので、タバコは吸えません。

A. 岁数　　　B. 年　　　C. 岁　　　D. 个子

117
Nǐ　　　zài jiā ma?
你（　　）在家吗？　　　　　　あなたの奥さんは家にいますか？

A. 父亲　　　B. 爷爷　　　C. 太太　　　D. 奶奶

118
Chēzhàn fùjìn méiyǒu
车站附近没有（　　）。　　　　駅の近くに駐車場がありません。

A. 车站　　　B. 宾馆　　　C. 停车场　　　D. 超市

119
Wǒ bǎ　　　jiǎnduǎn le.
我把（　　）剪短了。　　　　　私は髪を短く切りました。

A. 头发　　　B. 腿　　　C. 数学　　　D. 糖

120
Wǒ chīle liǎng ge
我吃了两个（　　）。　　　　　私は桃を2つ食べた。

A. 水果　　　B. 桃子　　　C. 糖　　　D. 面包

2 名詞 ⑬ 075

图书馆 túshūguǎn	【名】	図書館	zài túshūguǎn 在图书馆（図書館にいる） túshūguǎn de shū 图书馆的书（図書館の本）
拖鞋★ tuōxié	【名】	スリッパ	chuān tuōxié 穿拖鞋（スリッパを履く） tuō tuōxié 脱拖鞋（スリッパを脱ぐ）
外语★ wàiyǔ	【名】	外国語	xué wàiyǔ 学外语（外国語を勉強する） dǒng wàiyǔ 懂外语（外国語がわかる）
碗 wǎn	【名】	茶碗、お椀	xǐ wǎn 洗碗（皿洗い） ná yí ge wǎn 拿一个碗（お椀を1つ取る）
文化 wénhuà	【名】	文化	rìběn wénhuà 日本文化（日本の文化） wénhuà jiāoliú 文化交流（文化交流）
文学★ wénxué	【名】	文学	xǐhuan wénxué 喜欢文学（文学が好き） zhōngguó wénxué 中国文学（中国文学）
西红柿★ xīhóngshì	【名】	トマト	chī xīhóngshì 吃西红柿（トマトを食べる） xiǎo xīhóngshì 小西红柿（ミニトマト）
习惯 xíguàn	【名】	習慣、習わし、しきたり	zǎoqǐ de xíguàn 早起的习惯（早起きの習慣） hǎo xíguàn 好习惯（良い習慣）　huài xíguàn 坏习惯（悪い習慣）
香蕉 xiāngjiāo	【名】	バナナ	mǎi xiāngjiāo 买香蕉（バナナを買う） xiāngjiāoshù 香蕉树（バナナの木）
箱子★ xiāngzi	【名】	箱、トランク、かばん	mùtou xiāngzi 木头箱子（木箱） zhǐ xiāngzi 纸箱子（紙の箱）

解答：名詞 111.A 112.B 113.D 114.C 115.B 116.A 117.C 118.C 119.A 120.B

練習：（　）の中に入る適切な単語を、下のA～Dから1つ選びなさい

121 （　）里 没有 座位 了。
li méiyǒu zuòwèi le.
図書館にはもう席がありません。

A. 文化　　B. 图书馆　　C. 西　　D. 碗

122 吃（　）对 肠胃 好。
Chī　　duì chángwèi hǎo.
バナナを食べるのは胃腸にいいです。

A. 香蕉　　B. 西　　C. 文化　　D. 碗

123 书 在 纸（　）里。
Shū zài zhǐ　　li.
本は紙箱の中にある。

A. 图书馆　　B. 商店　　C. 箱子　　D. 邮局

124 她 小孩 不吃（　）。
Tā xiǎohái bù chī
彼女の子供はトマトを食べない。

A. 西红柿　　B. 西瓜　　C. 苹果　　D. 超市

125 家 里 不要 穿（　）。
Jiā li búyào chuān
家の中でスリッパを履く必要はありません。

A. 拖鞋　　B. 袜子　　C. 衣服　　D. 帽子

126 我 不懂（　）。
Wǒ bù dǒng
私は外国語がわかりません。

A. 外语　　B. 法语　　C. 汉字　　D. 中文

127 我 对 中国（　）很 感 兴趣。
Wǒ duì zhōngguó　　hěn gǎn xìngqù.
私は中国文学にとても興味があります。

A. 文化　　B. 历史　　C. 文学　　D. 小说

128 我们 在学习 日本（　）。
Wǒmen zài xuéxí rìběn
私たちは日本の文化を学んでいます。

A. 图书馆　　B. 夏　　C. 校长　　D. 文化

129 （　）里 还 有 饭 吗?
li hái yǒu fàn ma?
茶碗にはまだご飯がありますか？

A. 像　　B. 碗　　C. 香蕉　　D. 文化

130 他 养成了 早起 的（　）。
Tā yǎngchéngle zǎoqǐ de
彼は早起きの習慣をつけました。

A. 文化　　B. 图书馆　　C. 鞋　　D. 习惯

2 名詞 ⑭ 076

夏 xià	【名】夏 （口語では単独で用いない）	xiàtiān 夏天（夏 ＊口語では必ず"天"をつける） xiàjì 夏季（夏季）
像 xiàng	【名】像、肖像	xiàoxiàng 肖像（肖像） tóngxiàng 铜像（銅像）
校长 xiàozhǎng	【名】校長、（大学の）学長、総長	xuéxiào xiàozhǎng 学校校长（学長） xiàozhǎng bàngōngshì 校长办公室（学長室）
鞋 xié	【名】靴	huàn xié 换鞋（靴を変える） liángxié 凉鞋（サンダル）
心 ★ xīn	【名】心臓、心	xīn hǎo 心好（良い心） xīn huài 心坏（悪い心）
新闻 xīnwén	【名】ニュース	tīng xīnwén 听新闻（ニュースを聞く） diànshì xīnwén 电视新闻（テレビのニュース）
信 xìn	【名】手紙	xiě xìn 写信（手紙を書く） huí xìn 回信（返事を出す）
行李箱 xínglǐxiāng	【名】スーツケース、トランク	ná xínglǐxiāng 拿行李箱（スーツケースを持つ／取る） dǎkāi xínglǐxiāng 打开行李箱（スーツケースを開ける）
兴趣 xìngqù	【名】興味	yǒu xìngqù 有兴趣（興味がある） bù gǎn xìngqù 不感兴趣（興味がない）
熊猫 xióngmāo	【名】パンダ	dàxióngmāo 大熊猫（パンダ） xiǎoxióngmāo 小熊猫（レッサーパンダ）

解答：名詞 121.B 122.A 123.C 124.A 125.A 126.A 127.C 128.D 129.B 130.D

練習：（　）の中に入る適切な単語を、下のA～Dから１つ選びなさい

131 Zhè shì shuí de
这 是 谁 的（　　）。　　これは誰の像ですか。

A. 香蕉　　B. 校长　　C. 碗　　D. 像

132 Zuówǎn de diànshì　　kànle ma?
昨晚 的电视（　　）看了吗?　　昨夜のテレビのニュースを見ましたか。

A. 新闻　　B. 熊猫　　C. 兴趣　　D. 行李箱

133 Jìnqu hòu bié wàngle tuō
进去后别忘了脱（　　）。　　入ったら靴を脱ぐのを忘れないでください。

A. 鞋　　B. 碗　　C. 夏　　D. 习惯

134 　　tiān shì yì nián zhōng zuì rè de jìjié.
（　）天 是 一 年 中 最 热 的 季节。　　夏は１年で一番暑い季節です。

A. 习惯　　B. 鞋　　C. 夏　　D. 香蕉

135 Zhè xuéxiào de　　shì shuí?
这 学校 的（　　）是 谁?　　この学校の校長は誰ですか？

A. 像　　B. 校长　　C. 碗　　D. 鞋

136 Tā duì tā bù gǎn
他 对 她 不 感（　　）。　　彼は彼女に興味がありません。

A. 洗手间　　B. 熊猫　　C. 需要　　D. 兴趣

137 Nǐ jiànguo　　ma?
你 见过（　　）吗?　　パンダを見たことがありますか？

A. 洗手间　　B. 眼镜　　C. 熊猫　　D. 需要

138 Zhège rén de　　tèbié huài.
这个 人 的（　　）特别 坏。　　この人の心根は特に悪い。

A. 身体　　B. 心　　C. 病　　D. 方法

139 Wǒ bǎ　　wàng zài chūzūchē shang le.
我 把（　　）忘 在 出租车 上 了。　　私はスーツケースをタクシーに忘れました。

A. 爷爷　　B. 行李箱　　C. 熊猫　　D. 信

140 Hái zài xiě　　ne?
还 在 写（　　）呢?　　まだ手紙を書いているのですか？

A. 兴趣　　B. 熊猫　　C. 需要　　D. 信

2 名詞 ⑮ 077

洗手间 xǐshǒujiān	【名】トイレ	shàng xǐshǒujiān 上洗手间（トイレに行く） méi xǐshǒujiān 没洗手间（トイレがない）
需要 xūyào	【名】必要、需要、要求、ニーズ	mǎnzú xūyào 满足需要（需要を満たす） xuésheng xūyào 学生需要（学生のニーズ）
眼镜 yǎnjìng	【名】眼鏡	pèi yǎnjìng 配眼镜（眼鏡を作る） dài yǎnjìng 戴眼镜（眼鏡をかける）
爷爷 yéye	【名】おじいさん	hǎo yéye 好爷爷（いいじいさん） lǎoyéye 老爷爷（おじいさん、呼びかけの言葉）
一会儿 yíhuìr	【名】ほんのしばらく	děng yíhuìr 等一会儿（ちょっと待って） xiūxi yíhuìr 休息一会儿（ちょっと休憩）
以后 yǐhòu	【名】これから、以後	xiàbān yǐhòu 下班以后（退勤後） wǔ nián yǐhòu 五年以后（5年後）
意见★ yìjiàn	【名】意見、考え	yǒu yìjiàn 有意见（意見がある） tí yìjiàn 提意见（意見を出す）
音乐 yīnyuè	【名】音楽	tīng yīnyuè 听音乐（音楽を聴く） yīnyuèhuì 音乐会（音楽会）
银行 yínháng	【名】銀行	yínháng cúnkuǎn 银行存款（銀行預金） yínháng cúnzhé 银行存折（預金通帳）
影响 yǐngxiǎng	【名】影響	yǒu yǐngxiǎng 有影响（影響を与える） fùmǔ de yǐngxiǎng 父母的影响（両親の影響）

解答：名詞 131.D 132.A 133.A 134.C 135.B 136.D 137.C 138.B 139.B 140.D

練習：（　）の中に入る適切な単語を、下のA～Dから1つ選びなさい

141　Děng yíhuìr, wǒ qù （　） qǔ diǎnr qián. 　ちょっと待って、銀行に貯金を下ろしに
等 一会儿，我 去（　）取 点儿 钱。　行ってきます。

A. 银行　　　B. 音乐　　　C. 以前　　　D. 游戏

142　tā xǐhuan dài
她 喜欢 戴（　）。　　　　　　彼女は眼鏡をかけるのが好きだ。

A. 新闻　　　B. 眼镜　　　C. 以后　　　D. 洗手间

143　Lèi de shíhou wǒ xǐhuan tīng
累 的 时候 我 喜欢 听（　）。　疲れたとき、私は音楽を聴くのが好きです。

A. 影响　　　B. 音乐　　　C. 银行　　　D. 照片

144　　　　zài nǎr?
（　）在 哪儿？　　　　　　　トイレはどこですか？

A. 洗手间　　B. 信　　　　C. 爷爷　　　D. 以后

145　　　wǒ yào hǎohǎo xuéxí.
（　）我 要 好好 学习。　　　これからしっかりと勉強するつもりです。

A. 需要　　　B. 以后　　　C. 新闻　　　D. 兴趣

146　Zhè jiàn shì dàilai de　　hěn bù hǎo.
这 件 事 带来 的（　）很 不 好。このことが非常に悪い影響を与えました。

A. 银行　　　B. 影响　　　C. 游戏　　　D. 云

147　Yǒu shénme　　ma?
有 什么（　）吗？　　　　　　何か意見はありますか。

A. 意见　　　B. 票　　　　C. 词语　　　D. 课本

148　Mǎnzú xuésheng de
满足 学生 的（　）。　　　　　学生のニーズを満足させる。

A. 以后　　　B. 爷爷　　　C. 新闻　　　D. 需要

149　　　měi tiān dōu dǎ tàijíquán.
（　）每天 都 打 太极拳。　　おじいさんは毎日太極拳をやっています。

A. 眼镜　　　B. 洗手间　　C. 熊猫　　　D. 爷爷

150　Duìbuqǐ, hái děi děng
对不起，还 得 等（　）。　　　すみません、もうちょっと待ってください。

A. 站　　　　B. 照片　　　C. 一会儿　　D. 以前

2 名詞 ⑯ 078

| 以前 yǐqián | 【名】以前、これまで、〜前、昔 | chūguó yǐqián 出国以前（出国前）
sān nián yǐqián 三年以前（3年前） |

| 油★ yóu | 【名】油 | zhíwù yóu 植物油（植物油）
shíyòng yóu 食用油（食用油） |

| 邮局★ yóujú | 【名】郵便局 | dào yóujú qù jì 到邮局去寄（郵便局で送る）
fùjìn de yóujú 附近的邮局（近くの郵便局） |

| 邮票★ yóupiào | 【名】郵便切手 | tiē yóupiào 贴邮票（切手を貼る）
jìniàn yóupiào 纪念邮票（記念切手） |

| 游戏 yóuxì | 【名】ゲーム | wán yóuxì 玩游戏（ゲームで遊ぶ）
yóuxìjī 游戏机（ゲーム機） |

| 雨★ yǔ | 【名】雨 | xià yǔ 下雨（雨が降る）
yǔ tíng le 雨停了（雨が止んだ） |

| 月亮 yuèliang | 【名】お月さま | kàn yuèliang 看月亮（月を見る）
shíwǔ de yuèliang 十五的月亮（十五夜） |

| 云 yún | 【名】雲 | báiyún 白云（白い雲）
yúncai 云彩（雲） |

| 杂志★ zázhì | 【名】雑誌 | Zhōngwén zázhì 中文杂志（中国語の雑誌）
wàiguó zázhì 外国杂志（海外の雑誌） |

| 站 zhàn | 【名】駅、停留所 | huǒchēzhàn 火车站（駅）
gōnggòng qìchē zhàn 公共汽车站（バス停） |

解答：名詞 141.A 142.B 143.B 144.A 145.B 146.B 147.A 148.D 149.D 150.C

練習：（　）の中に入る適切な単語を、下のA～Dから１つ選びなさい

151 Zánmen zài năge　　　xià a?
咱们 在 哪个（　）下 啊？　　どの駅で降りたらいいですか？

A. 照片　　　B. 月亮　　　C. 影响　　　D. 站

152 Tā zhěngtiān wán
他 整天 玩（　）。　　彼は１日中ゲームで遊んでいます。

A. 云　　　B. 月亮　　　C. 游戏　　　D. 站

153 Lánlán de tiānkōng piāozhe bái
蓝蓝 的 天空 飘着 白（　）。　　青い空に白い雲が漂っている。

A. 云　　　B. 月亮　　　C. 音乐　　　D. 一会儿

154 Yòng zhíwù　　　chǎo cài.
用 植物（　）炒 菜。　　植物油で炒める。

A. 鸡肉　　　B. 牛肉　　　C. 鸡蛋　　　D. 油

155 　　　zài yúncai hòumiàn ne.
（　）在 云彩 后面 呢。　　月は雲の後ろです。

A. 照片　　　B. 月　　　C. 月亮　　　D. 游戏

156 Wàiguó　　　hěn yǒu yìsi.
外国（　）很 有 意思。　　外国の雑誌はとても面白い。

A. 杂志　　　B. 报纸　　　C. 课本　　　D. 新闻

157 　　　xiàtiān hǎoxiàng méiyǒu zhème rè.
（　）夏天 好像 没有 这么 热。　　以前は夏はそんなに暑くありませんでした。

A. 以前　　　B. 一会儿　　　C. 站　　　D. 银行

158 Qǐng wèn,　　　zài nǎr?
请 问，（　）在 哪儿？　　すみません、郵便局はどこですか？

A. 牛奶　　　B. 衬衫　　　C. 邮局　　　D. 超市

159 Wǒ jiā yǒu hěn duō jìniàn
我家 有很多 纪念（　）。　　私の家にはたくさんの記念切手がある。

A. 车票　　　B. 礼物　　　C. 邮票　　　D. 水果

160 Yào xià　　　le, zánmen huí jiā ba.
要 下（　）了，咱们 回 家 吧。　　雨が降るので、皆さん帰りましょう。

A. 吃饭　　　B. 雨　　　C. 冷　　　D. 到站

2 名詞 ⑰ 079

照片 zhàopiàn	【名】写真	pāi zhàopiàn 拍照片（写真を撮る） liǎng zhāng zhàopiàn 两张照片（2 枚の写真）
照相机 zhàoxiàngjī	【名】カメラ	shùmǎ zhàoxiàngjī 数码照相机（デジタルカメラ） xiǎoxíng zhàoxiàngjī 小型照相机（小型カメラ）
植物★ zhíwù	【名】植物	zhíwùyuán 植物园（植物園） rèdài zhíwù 热带植物（熱帯植物）
职业★ zhíyè	【名】職業、職、仕事	zhíyè xuéxiào 职业学校（職業学校） méiyǒu zhíyè 没有职业（職がない）
纸★ zhǐ	【名】紙	báizhǐ 白纸（白紙） wèishēngzhǐ 卫生纸（トイレットペーパー）
中间 zhōngjiān	【名】真ん中、中	zhàn zài zhōngjiān 站在中间（真ん中に立つ） zhōngjiān de xuésheng 中间的学生（真ん中の学生）
周末 zhōumò	【名】週末	zhōumò yǒu shíjiān 周末有时间（週末暇がある） zhōumò lǚyóu 周末旅游（週末の旅行）
专业★ zhuānyè	【名】専攻、専門	Yīngyǔ zhuānyè 英语专业（英語専攻） zhuānyè kè 专业课（専門科目）
字典 zìdiǎn	【名】辞典、字典	Hànyǔ zìdiǎn 汉语字典（中国語の字典） chá zìdiǎn 查字典（字典を引く）
最近 zuìjìn	【名】最近、近ごろ	zuìjìn jǐ tiān 最近几天（最近の何日間） zuìjìn hěn máng 最近很忙（最近忙しい）

解答：名詞 151.D 152.C 153.A 154.D 155.C 156.A 157.A 158.C 159.C 160.B

練習：（　）の中に入る適切な単語を、下のA～Dから１つ選びなさい

161 Yǒu Hànyǔ　　　　ma?
有　汉语（　）吗？　　　　中国語字典はありますか？

A. 中间　　　B. 作业　　　C. 字典　　　D. 作用

162 Zhèxiē　　dōu shì zài Hángzhōu zhào de ma?　これらの写真は全部杭州で撮ったのですか？
这些（　）都 是 在　杭州　照 的 吗？

A. 云　　　B. 照片　　　C. 游戏　　　D. 银行

163 Tāmen dōu shì Yīngyǔ　　　de xuésheng.
他们　都 是 英语（　）的 学生。　彼らは皆英語専攻の学生です。

A. 专业　　　B. 文学　　　C. 杂志　　　D. 书店

164 Zhàn zài　　　de shì Wáng lǎoshī.
站 在（　）的 是 王　老师。　真ん中に立っているのは王先生です。

A. 周末　　　B. 字典　　　C. 最近　　　D. 中间

165 　　　méi diàn le.
（　）没 电 了。　カメラの充電がなくなりました。

A. 周末　　　B. 照相机　　　C. 字典　　　D. 作用

166 Zhège　　yǒu shíjiān ma?
这个（　）有 时间 吗？　今週末に時間がありますか？

A. 照相机　　　B. 字典　　　C. 最近　　　D. 周末

167 　　　hěn shǎo jiàndào tā le.
（　）很 少 见到 他 了。　最近あまり彼を見かけなくなった。

A. 作业　　　B. 中间　　　C. 最近　　　D. 周末

168 Wǒmen qù　　yuán guàngguang ba.
我们 去（　）园　逛逛　吧。　植物園を見に行きましょう。

A. 电影院　　　B. 植物　　　C. 机场　　　D. 超市

169 Wǒ bàba zài　　xuéxiào shàngbān.
我 爸爸 在（　）学校　上班。　私の父は職業学校に勤務している。

A. 医院　　　B. 职业　　　C. 商店　　　D. 超市

170 Cèsuǒ méi yǒu wèishēng　　le.
厕所 没 有 卫生（　）了。　トイレにトイレットペーパーがない。

A. 纸　　　B. 报纸　　　C. 杂志　　　D. 水

2 名詞 ⑱ 080

作业 zuòyè 【名】宿題
zuò zuòyè
做作业（宿題をする）
shùxué zuòyè
数学作业（数学の宿題）

作用 zuòyòng 【名】作用、効き目
fùzuòyòng
副作用（副作用）
qǐ zuòyòng
起作用（効き目がある）

解答：名詞 161.C 162.B 163.A 164.D 165.B 166.D 167.C 168.B 169.B 170.A

練習：（　）の中に入る適切な単語を、下のＡ～Ｄから１つ選びなさい

171
Jīnnián shǔjià méiyǒu
今年 暑假 没有（　　）。　　　　今年の夏休みは宿題がありません。

A. 照相机　　　B. 字典　　　　C. 作业　　　　D. 作用

172
Zhège yào yǒu fù
这个 药 有 副（　　）。　　　　この薬は副作用があります。

A. 作用　　　　B. 最近　　　　C. 中间　　　　D. 作业

3 動詞 ① 081

| 安 ān | 【動】設置する、取り付ける、つける | ān kōngtiáo 安空调（エアコンを取り付ける）
ān chuānghu 安窗户（窓を取り付ける） |

| 爱好 àihào | 【動】愛好する、好む | àihào hépíng 爱好和平（平和を好む）
àihào yīnyuè 爱好音乐（音楽を好む） |

| 搬 bān | 【動】運ぶ、引っ越す | bān zhuōzi 搬桌子（机を運ぶ）
bān dōngxi 搬东西（物を運ぶ） |

| 帮忙 bāngmáng | 【動】手伝う | xūyào bāngmáng 需要帮忙（手伝いが要る）
jiào rén bāngmáng 叫人帮忙（人に手伝ってもらう） |

| 包 bāo | 【動】包む、くるむ | bāo jiǎozi 包饺子（餃子を包む）
bāo dōngxi 包东西（物を包む） |

| 饱 bǎo | 【動】腹がいっぱいになる | chībǎo le 吃饱了（満腹になった）
hái méi bǎo 还没饱（まだ満腹でない） |

| 抱★ bào | 【動】抱く、抱える | bào háizi 抱孩子（子供をだっこする）
bào xiǎogǒu 抱小狗（犬をだっこする） |

| 变化 biànhuà | 【動】変化する | fāshēng biànhuà 发生变化（変化がおこる）
biànhuà duōduān 变化多端（変化がめまぐるしい） |

| 表示 biǎoshì | 【動】表す、示す | biǎoshì tóngyì 表示同意（同意を表す／示す）
biǎoshì fǎnduì 表示反对（反対を表す／示す） |

| 表演 biǎoyǎn | 【動】演じる、実演する、模範演技をする | biǎoyǎn tǐcāo 表演体操（体操の演技をする）
biǎoyǎn shūfǎ 表演书法（書道の実演をする） |

解答：名詞 171.C 172.A

練習：下の動詞が入る適切な場所を、文中のA、B、Cから1つ選びなさい

1	(A) 和平(B)。 héping 爱好	平和を好む。
2	(A) 他们(B) 走(C) 了。 tāmen　zǒu　le. 搬	彼らは引っ越しました。
3	(A) 需要(B) 我(C) 吗? xūyào　wǒ　ma? 帮忙	私の手伝いは必要ですか？
4	我(A) 吃(B) 了(C)。 Wǒ　chī　le 饱	私はもう満腹になりました。
5	能 帮(A) 我(B) 上(C) 吗? Néng bāng　wǒ　shang　ma? 包	包んでいただけないでしょうか？
6	两 年 没 见 了, (A) 山田(B) 很 大(C)。 Liǎng nián méi jiàn le,　Shāntián　hěn dà 变化	2年見ないうちに、山田さんはとても変わりました。
7	(A) 同意(B) 的 人 请(C) 举手。 tóngyì　de rén qǐng　jǔshǒu. 表示	同意を示す人は挙手をお願いいたします。
8	(A) 今天 的 晚会 上 我 要(B) 舞蹈(C)。 jīntiān de wǎnhuì shang wǒ yào　wǔdǎo 表演	私は今晩のパーティーでダンスを披露します。
9	家 里 还(A) 没(B) 空调(C)。 Jiā li hái　méi　kōngtiáo 安	家にまだエアコンを取り付けていない。
10	奶奶(A) 着(B) 孙子(C) 喝 茶。 Nǎinai　zhe　sūnzi　hē chá. 抱	おばあちゃんは孫をだっこしながらお茶を飲む。

215

3 動詞 ② 082

| 比较 bǐjiào | 【動】比較する、比べる | bǐjiào chángduǎn
比较长短（長短を比べる）
bǐjiào chāyì
比较差异（相違を比べる） |

| 比赛 bǐsài | 【動】試合する、競技する | hé tāmen bǐsài
和他们比赛（彼らと試合をする）
xiàwǔ bǐsài
下午比赛（午後試合をする） |

| 擦★ cā | 【動】拭く、ぬぐう、こする | cā hēibǎn
擦黑板（黒板を消す）
cā hàn
擦汗（汗をふく） |

| 参加 cānjiā | 【動】参加する | cānjiā huìyì
参加会议（会議に参加する）
cānjiā gōngzuò
参加工作（仕事に就く） |

| 差 chà | 【動】欠ける、不足する | chà duōshao
差多少？（どれだけ足りない？）
chà jiǔ ge
差九个（9個足りない） |

| 迟到 chídào | 【動】遅刻する | shàngkè chídào
上课迟到（授業に遅刻する）
cháng chídào
常迟到（いつも遅刻する） |

| 出现 chūxiàn | 【動】出現する、現れる、生じる | chūxiàn wèntí
出现问题（問題が出る）
chūxiàn máodùn
出现矛盾（矛盾が生じる） |

| 吹★ chuī | 【動】吹く、息を吹き付ける | chuī huǒ
吹火（火を吹きおこす）
chuī dízi
吹笛子（笛を吹く） |

| 带 dài | 【動】持つ、携帯する、引き連れる | dàizhe
带着（持っている）
dàilai
带来（持ってくる、引き連れてくる） |

| 担心 dānxīn | 【動】心配する、不安に思う、気遣う | búyòng dānxīn
不用担心（心配いらない）
dānxīn jiànkāng
担心健康（健康を気遣う） |

解答：動詞 1.A 2.B 3.C 4.B 5.B 6.B 7.A 8.B 9.B 10.A

練習：下の動詞が入る適切な場所を、文中のA、B、Cから１つ選びなさい

11 Nǐ hǎohǎo yíxià, kànkan nǎli bù tóng.
你 好好（A）一下,（B）看看（C）哪里 不 同。よく比べてください、どこが違うのか。

比较

12 Nǐ bǎ liǎn shang de hàn yíxià
你 把（A）脸 上 的 汗（B）一下（C）。顔の汗をふいてください。

擦

13 Tā měi tiān zài jiā liànxí dízi.
她（A）每 天 在 家（B）练习（C）笛子。彼女は毎日家で笛を吹く練習をする。

吹

14 xiàwǔ lánqiú
（A）下午（B）篮球（C）。　　　　　午後にはバスケットの試合をする。

比赛

15 Zhōngguó duì méiyǒu zhè cì bǐsài
（A）中国 队 没有（B）这 次 比赛（C）。中国は今回の試合に出ませんでした。

参加

16 Qián bú gòu hái sānbǎi.
钱 不 够（A），（B）还（C）三百。お金が300元足りません。

差

17 Jīntiān lùshang dǔchē, le.
今天（A）路上（B）堵车,（C）了。今日は道が渋滞していて、遅れました。

迟到

18 Jīntiān yòu le xīn wèntí
今天 又（A）了 新（B）问题（C）。今日また新たな問題が生じた。

出现

19 nǐ le jǐ zhī bǐ?
（A）你（B）了 几 支（C）笔？ペンを何本持っていますか？

带

20 Wǒ yǐjīng dào jiā le, búyòng
我 已经（A）到 家 了,（B）不用（C）。もうすでに家に着きました、心配しないでください。

担心

動詞②

3 動詞 ③ 083

打扫 dǎsǎo	【動】掃除する	dǎsǎo wèishēng 打扫卫生（清掃する） dǎsǎo fángjiān 打扫房间（部屋を掃除する）
倒* dǎo	【動】倒れる、 横倒しになる	bìngdǎo le 病倒了（病に倒れた） dǎo zài dìshang 倒在地上（地面に倒れる）
到达 dàodá	【動】到達する、着く、 達する	dàodá mùdìdì 到达目的地（目的地に着く） bā diǎn dàodá 八点到达（8時に着く）
点名* diǎnmíng	【動】点呼する、 出席をとる	kāishǐ diǎnmíng 开始点名（点呼を始める） diǎnmíng cè 点名册（出席簿）
锻炼 duànliàn	【動】鍛える、 鍛錬する	duànliàn shēntǐ 锻炼身体（体を鍛える） tǐyù duànliàn 体育锻炼（スポーツで鍛える）
发烧 fāshāo	【動】熱がある、 発熱する	fā gāo shāo 发高烧（高熱がある） yǒudiǎn fāshāo 有点发烧（少し熱っぽい）
发现 fāxiàn	【動】発見する、 見つける	fāxiàn wèntí 发现问题（問題発見） fāxiàn mìmì 发现秘密（秘密を見つける）
放 fàng	【動】置く	fàngxià 放下（置く） fàng zhèr 放这儿（ここに置く）
放心 fàngxīn	【動】安心する	qǐng fàngxīn 请放心（安心してください） fàngxīn shuì 放心睡（安心して寝る）
分 fēn	【動】分ける、別れる、 分配する	fēn bān 分班（クラスを分ける） fēnkāi 分开（別れる／分ける）

解答：動詞 11.A 12.B 13.C 14.B 15.B 16.C 17.C 18.A 19.B 20.C

練習：下の動詞が入る適切な場所を、文中のＡ、Ｂ、Ｃから１つ選びなさい

21	Tā　　　bìng　　　le 他（A）病（B）了（C）。	彼は病に倒れた。
	倒	
22	míngtiān　　Běijīng （A）明天（B）北京（C）。	明日北京に到着します。
	到达	
23	Hǎohǎo　　yíxià　　fángjiān 好好（A）一下（B）房间（C）。	ちゃんと部屋を掃除する。
	打扫	
24	Nǐ shēntǐ bù hǎo,　xūyào　jiāqiáng 你 身体 不 好,（A）需要（B）加强（C）。	あなたは体が弱いから、もっと体を鍛える必要があります。
	锻炼	
25	Nǐ bǎ　shū　zài　nǎli le? 你 把（A）书（B）在（C）哪里 了？	あなたは本をどこに置いたのですか？
	放	
26	ba, wǒ huì　zhàogù tā　de. （A）吧，我 会（B）照顾 他（C）的。	安心してください、私が彼の面倒をみますから。
	放心	
27	Xiǎo Lǐ　jīntiān　　le. （A）小 李（B）今天（C）了。	李さんは今日熱が出た。
	发烧	
28	Wǒ　　le　　tā de quēdiǎn 我（A）了（B）他 的 缺点（C）。	私は彼の欠点を見つけました。
	发现	
29	Àn　　chéngjì　　bān 按（A）成绩（B）班（C）。	成績によってクラス分けをする。
	分	
30	Xiànzài kāishǐ　qǐng dàjiā　búyào shuōhuà 现在 开始（A），请 大家（B）不要 说话（C）。	これから出欠をとります、話を止めてください。
	点名	

3 動詞 ④ 084

| 复习 fùxí | 【動】復習する | fùxí gōngkè 复习功课（授業を復習する）
fùxíwán le 复习完了（復習が終わった） |

| 挂★ guà | 【動】掛ける、掛かる | guà zài qiáng shang 挂在墙上（壁にかける）
guà dìtú 挂地图（地図を掛ける） |

| 关 guān | 【動】閉める、（スイッチを）切る | guān dēng 关灯（あかりを消す）
bā diǎn guān mén 八点关门（8時閉店） |

| 管★ guǎn | 【動】管理する、しつける、かまう | búyào guǎn 不要管（かまわない）
búyòng guǎn 不用管（かまわなくてよい） |

| 关心 guānxīn | 【動】心にかける、気に留める | guānxīn xuésheng 关心学生（学生を気にかける）
guānxīn shēnghuó 关心生活（生活を気にかける） |

| 过去 guòqù | 【動】向こうへ行く | búyào guòqù 不要过去（行ってはいけない）
guòqù kànkan 过去看看（行ってみる） |

| 害怕 hàipà | 【動】怖がる、恐れる、心配する | hěn hàipà 很害怕（怖い）
hàipà gǒu 害怕狗（犬が怖い） |

| 坏 huài | 【動】壊れる、腐る、傷む | huài le 坏了（壊れた、腐った、傷んでいる）
bú huài 不坏（こわれない） |

| 还 huán | 【動】返却する、返済する | huán shū 还书（本を返す）
huán qián 还钱（金を返す） |

| 换 huàn | 【動】取り替える、交換する | huàn wèizi 换位子（席を交換する）
huàn qián 换钱（両替する） |

解答：動詞 21.B 22.B 23.A 24.C 25.B 26.A 27.C 28.A 29.B 30.A

練習：下の動詞が入る適切な場所を、文中のA、B、Cから1つ選びなさい

31
(A) 这个 手机 (B) 了，我 给 你 换 个 新 的 (C)。
zhège shǒujī　le, wǒ gěi nǐ huàn ge xīn de
この携帯は壊れているので、あたらしいものに取り替えてあげます。
坏

32
考试 前 (A) 再 (B) 一 遍 (C)。
Kǎoshì qián　zài　yí biàn
試験の前にもう一度一通り復習したほうがいいです。
复习

33
他 (A) 出门 时 (B) 忘记 (C) 灯 了。
Tā　chūmén shí　wàngjì　dēng le.
彼は出かける時明かりを消すのを忘れました。
关

34
把 (A) 照片 (B) 在 墙 上 (C)。
Bǎ　zhàopiàn　zài qiáng shang
写真を壁に掛ける。
挂

35
不要 (A) 别人 (B) 的 事儿 (C)。
Búyào　biérén　de shìr
人のことにはかまわない。
管

36
老师 (A) 非常 (B) 我们 的 生活 (C)。
Lǎoshī　fēicháng　wǒmen de shēnghuó
先生は私たちの生活を非常に気にかけています。
关心

37
(A) 你 (B) 不要 (C)。
　　　nǐ　búyào
あなたは行ってはいけません。
过去

38
(A) 小 刘 (B) 晚上 (C) 一 个 人 睡觉。
Xiǎo Liú wǎnshang yí ge rén shuìjiào.
劉さんは夜1人で寝るのが怖いです。
害怕

39
(A) 咱们 (B) 一下 位子 (C) 吧。
zánmen yíxià wèizi ba.
わたしたち席を交換しましょう。
换

40
明天 (A) 去 (B) 书 (C)。
Míngtiān qù shū
明日、本を返却します。
还

3 動詞 ⑤ 085

| 寄 ★ jì | 【動】郵送する | jì xìn 寄信（手紙を郵送する）
jì yóujiàn 寄邮件（郵便物を送る） |

| 记得 jìde | 【動】覚えている | hái jìde 还记得（まだ覚えている）
bú jìde 不记得（覚えていない） |

| 检查 jiǎnchá | 【動】点検する、検査する | jiǎnchá zuòyè 检查作业（宿題を見る）
jiǎnchá shēntǐ 检查身体（健康診断を受ける） |

| 见面 jiànmiàn | 【動】対面する、顔を合わせる | jiànmiàn tán 见面谈（会って話す）
jiànguo miàn 见过面（会ったことがある） |

| 讲 jiǎng | 【動】話す、～について話す | jiǎnghuà 讲话（話す）
jiǎng gùshi 讲故事（物語を語る） |

| 接 jiē | 【動】迎える、つなぐ | yíngjiē 迎接（迎える） jiē rén 接人（人を迎える）
jiē shéngzi 接绳子（ロープをつなぐ） |

| 结婚 jiéhūn | 【動】結婚する | zhǔnbèi jiéhūn 准备结婚（結婚するつもり）
bù jiéhūn 不结婚（結婚しない） |

| 结束 jiéshù | 【動】終わる、うち切る | yǐjīng jiéshù le 已经结束了（もう終わった）
bǐsài jiéshù 比赛结束（試合が終わる） |

| 解决 jiějué | 【動】解決する、片付ける | jiějué wèntí 解决问题（問題を解決する）
jiějué kùnnan 解决困难（困難を解決する） |

| 借 jiè | 【動】借りる、貸す | jiè shū 借书（本を借りる）
jiè yíxià 借一下（ちょっと貸して） |

解答：動詞 31.B 32.B 33.C 34.B 35.A 36.B 37.C 38.B 39.B 40.B

練習：下の動詞が入る適切な場所を、文中のA、B、Cから１つ選びなさい

41　（A）问题（B）已经（C）了。　　　問題はもう解決した。
　　wèntí　　yǐjīng　　le.
　　解决

42　我（A）给她（B）了一封信（C）。　私は彼女に１通の手紙を送った。
　　Wǒ　gěi tā　le yì fēng xìn
　　寄

43　做完之后（A）一定（B）要认真（C）。　やり終えた後、必ず真面目に点検してください。
　　Zuòwán zhīhòu　yídìng　yào rènzhēn
　　检查

44　这件事（A）他（B）跟你（C）过了吧。　この事を彼はあなたに話したことがあるでしょう。
　　Zhè jiàn shì　tā　gēn nǐ　guo le ba.
　　讲

45　（A）明天要（B）跟他（C）。　明日、彼と顔を合わせるつもりです。
　　míngtiān yào　gēn tā
　　见面

46　（A）一切（B）都（C）了。　すべて終わった。
　　yíqiè　dōu　le.
　　结束

47　还（A）去年冬天的那场（B）雪（C）吗?　まだ去年の冬の雪を覚えていますか?
　　Hái　qùnián dōngtiān de nà chǎng　xuě　ma?
　　记得

48　（A）他的车是（B）朋友（C）给他的。　彼の車は友達が彼に貸したものです。
　　tā de chē shì　péngyou　gěi tā de.
　　借

49　他去（A）机场（B）我们（C）。　彼は空港にわたしたちを迎えに来ます。
　　Tā qù　jīchǎng　wǒmen
　　接

50　你（A）要跟（B）谁（C）?　君は誰と結婚するのですか?
　　Nǐ　yào gēn　shuí
　　结婚

3 動詞 ⑥ 086

単語	品詞	意味	例文
经过 jīngguò	【動】	経過する	jīngguò yì nián 经过一年（1年が経つ） jīngguò jiǎnchá 经过检查（検査を経る）
举行 jǔxíng	【動】	行う	jǔxíng hūnlǐ 举行婚礼（結婚式を行う） jǔxíng bǐsài 举行比赛（試合を行う）
决定 juédìng	【動】	決定する、決める	nǐ lái juédìng 你来决定（あなたが決める） zǔzhī juédìng 组织决定（組織が決定する）
哭 kū	【動】	泣く	bié kū 别哭（泣かないで） kūshēng 哭声（泣き声）
离开 líkāi	【動】	離れる	líkāi jiāxiāng 离开家乡（郷里を離れる） líkāi yǐhòu 离开以后（離れた後）
联系★ liánxì	【動】	連絡する	liánxìbúshàng 联系不上（連絡が取れない） jǐnkuài liánxì 尽快联系（迅速に連絡する）
练习 liànxí	【動】	練習する、けいこする	zuò liànxí 做练习（練習する） liànxí běn 练习本（練習帳）
了解 liǎojiě	【動】	理解する、わかる、知る	shēnrù liǎojiě 深入了解（深く知る） liǎojiě qíngkuàng 了解情况（状況を知る）
明白 míngbai	【動】	分かる	míngbai le 明白了（分かった） bù míngbai 不明白（分からない）
拿 ná	【動】	（手に）取る	názǒu 拿走（持っていく） náchūlai 拿出来（取り出す）

解答：動詞 41.C 42.B 43.C 44.C 45.C 46.C 47.A 48.C 49.B 50.C

練習：下の動詞が入る適切な場所を、文中のA、B、Cから１つ選びなさい

51
　　　　dàjiā　　dōu　　　le ba?
（A）大家（B）都（C）了吧？　　　　皆さん、お分かりでしょう？

明白

52
Wǒ xià ge yuè jiù néng　　dào　　jiàzhào　le.
我 下 个 月 就 能（A）到（B）驾照（C）了。　　わたしは来月になれば免許をとれます。

拿

53
　　yì nián de　　xuéxí　　tā de Hànyǔ yǐjīng hěn hǎo le.
（A）一 年 的（B）学习（C），他 的 汉语 已 经 很 好 了。　　１年間の勉強を経て、彼の中国語はすでに上達した。

经过

54
　　tā　　míngnián　　qù Zhōngguó liúxué.
（A）他（B）明年（C）去 中国 留学。　　彼は来年中国に留学することにした。

决定

55
　　xià ge yuè　　bǐsài　　xīwàng dàjiā jījí cānjiā.
（A）下 个 月（B）比赛（C），希望 大家 积极 参加。　　来月は試合が行われます、皆さんの積極的な参加を願っています。

举行

56
　　hǎole, hǎole,　　bié　　le.
（A）好了，好了，（B）别（C）了。　　よしよし、もう泣かないで。

哭

57
　　yǒu shì　　qǐng
（A）有 事（B）请（C）。　　何かあれば連絡してください。

联系

58
Tā　　měi tiān　　huà　　huà.
他（A）每 天（B）画（C）画。　　彼は毎日絵を描く練習をしています。

练习

59
　　zhè jiàn shìqing　　hái xūyào jìnyíbù
（A）这 件 事情（B）还 需要 进一步（C）。　　このことについては、更に一層知る必要があります。

了解

60
Jiéhūn le,　　tā bùdébù　　niángjiā.
结婚 了，（A）她 不得不（B）娘家（C）。　　結婚したので、彼女は実家を離れなくてはいけません。

离开

3 動詞 ⑦ 087

弄 nòng	【動】やる、する、いじる、つくる	nòngcuò le 弄错了（し間違った） nònghǎo le 弄好了（直った）
努力 nǔlì	【動】努力する、頑張る	gōngzuò nǔlì 工作努力（仕事を頑張る） děi nǔlì 得努力（努力しなければならない）
爬★ pá	【動】はう、登る、（赤ちゃんが）はいはいする	pá zài dìshang 爬在地上（地面を這う） pá shù 爬树（木に登る）
爬山 páshān	【動】登山する	xǐhuan páshān 喜欢爬山（山登りが好き） páshān yùndòng 爬山运动（登山競技）
骑 qí	【動】（跨って）乗る	qí zìxíngchē 骑自行车（自転車に乗る） qí mǎ 骑马（馬に乗る）
取★ qǔ	【動】手に取る、取る、受け取る	qǔ dōngxi 取东西（物をとる） qǔ xíngli 取行李（荷物を受け取る）
商量★ shāngliang	【動】相談する、協議する、意見交換する	hé nǐ shāngliang 和你商量（あなたと相談する） xiān shāngliang yíxià 先商量一下（先にちょっと相談する）
上网 shàngwǎng	【動】インターネットに接続する	xǐhuan shàngwǎng 喜欢上网（ネットが好き） shàngwǎng wán yóuxì 上网玩游戏（ネットゲームをする）
烧★ shāo	【動】燃やす、焼く、燃える、焼ける	shāo zhǐ 烧纸（紙を燃やす） shāo mùtou 烧木头（木材を燃やす）
生★ shēng	【動】産む、産まれる	shēng háizi 生孩子（子供を産む） qùnián shēng de 去年生的（昨年産んだ／産まれた）

解答：動詞 51.C 52.A 53.A 54.B 55.B 56.C 57.C 58.B 59.C 60.B

練習：下の動詞が入る適切な場所を、文中のA、B、Cから１つ選びなさい

61. 你（A）把 这些 木（B）头（C）掉。これらの木を燃やして。
Nǐ　　bǎ zhèxie mù　　　tou　　diào.
烧

62. （A）他 太太（B）孩子（C）了。　彼の奥さんは子供を産んだ。
　　　tā tàitai　　háizi　　le.
生

63. 你（A）把 自行车（B）好（C）了 吗？ あなたの自転車は直りましたか？
Nǐ　　bǎ zìxíngchē　　hǎo　　le ma?
弄

64. 他 每 天（A）都（B）在（C）。　彼は毎日頑張っています。
Tā měi tiān　　dōu　　zài
努力

65. （A）太 高 了, 我（B）不（C）上去。高すぎる、私は登れません。
　　tài gāo le, wǒ　　bù　　shàngqu.
爬

66. （A）我 的（B）爱好 是（C）。 わたしの趣味は登山です。
　　wǒ de　　àihào shì
爬山

67. （A）这个 女孩 不 会（B）自行车（C）。この女の子は自転車に乗れません。
　　zhège nǚhái bú huì　　zìxíngchē
骑

68. 我 是（A）来（B）信（C）的。 私は手紙を受け取りに来た。
Wǒ shì　　lái　　xìn　　de.
取

69. （A）有 一 件 事儿 想（B）和 你（C）一下。あなたとちょっと相談したいことがある。
　　yǒu yí jiàn shìr xiǎng　　hé nǐ　　yíxià.
商量

70. （A）我 每 天（B）看 新闻（C）。 わたしは毎日ネットでニュースを見ます。
　　wǒ měi tiān　　kàn xīnwén
上网

3 動詞 ⑧ 088

| 生气 shēngqì | 【動】怒る、腹をたてる | shēng tā de qì
生他的气（彼に怒る）　bié shēngqì
别生气（怒るな）
fēicháng shēngqì
非常生气（かなり怒る） |

| 剩★ shèng | 【動】残る、余る、残す、余す | shèngfàn
剩饭（残飯）
shèngxia de zuòyè
剩下的作业（宿題の残り） |

| 使 shǐ | 【動】〜に…させる | shǐ rén gǎndòng
使人感动（人を感動させる）
shǐ rén shēngqì
使人生气（人を怒らせる） |

| 数★ shǔ | 【動】数える | shǔ shù
数数（数を数える）
shǔ qián
数钱（お金を数える） |

| 刷牙 shuāyá | 【動】歯を磨く | xǐliǎn shuāyá
洗脸刷牙（洗顔と歯磨き）
fàn hòu shuāyá
饭后刷牙（ご飯の後歯を磨く） |

| 算★ suàn | 【動】計算する、勘定する | suàncuò le
算错了（計算を間違えた）
suàn qián
算钱（お金の計算） |

| 讨论★ tǎolùn | 【動】討論する、検討する | tǎolùn wèntí
讨论问题（問題を検討する）
tǎolùnhuì
讨论会（討論会） |

| 提高 tígāo | 【動】高める、上げる | tígāo zhìliàng
提高质量（質を高める）
tígāo shuǐpíng
提高水平（レベルを上げる） |

| 贴★ tiē | 【動】貼る、貼り付ける | tiē yóupiào
贴邮票（切手を貼る）
tiē zài qiáng shang
贴在墙上（壁に貼る） |

| 通知★ tōngzhī | 【動】知らせる、通知する、連絡する | dǎ diànhuà tōngzhī
打电话通知（電話で連絡する）
búyào tōngzhī
不要通知（知らせないように） |

解答：動詞 61.C 62.B 63.B 64.C 65.B 66.C 67.B 68.B 69.C 70.B

練習：下の動詞が入る適切な場所を、文中のA、B、Cから１つ選びなさい

71
(A) 产品 质量 (B) 还 需要 (C)。
chǎnpǐn zhìliàng hái xūyào

製品の品質をもっと高める必要がある。

提高

72
这 (A) 事 先 不 (B) 要 (C)。
Zhè shì xiān bú yào

この事は知らせる必要はない。

通知

73
(A) 下 的 作业 (B) 明天 (C) 做。
xia de zuòyè míngtiān zuò.

残りの宿題は明日やる。

剩

74
她 男朋友 三 天 不 给 (A) 她 打 电话, 所以 (B) 她 (C) 了。
Tā nánpéngyou sān tiān bù gěi tā dǎ diànhuà, suǒyǐ tā le.

彼氏が３日間彼女に電話しなかったので、彼女は怒った。

生气

75
她 (A) 的 日语 说 得 真 地道, (B) 我 (C) 很 佩服。
Tā de Rìyǔ shuō de zhēn dìdao, wǒ hěn pèifu.

彼女の日本語は本当に日本人らしくて、わたしを感心させます。

使

76
(A) 她 在 (B) 钱 (C)。
tā zài qián

彼女はお金を数えている。

数

77
(A) 晚上 (B) 一定 要 (C)。
wǎnshang yídìng yào

夜は必ず歯を磨かなければいけません。

刷牙

78
(A) 别 把 (B) 钱 (C) 错 了。
bié bǎ qián cuò le

お金の勘定を間違えてはいけない。

算

79
这个 (A) 问题 我们 (B) 一起 (C) 一下。
Zhège wèntí wǒmen yìqǐ yíxià.

この問題について、みんなで話し合いましょう。

讨论

80
别 (A) 把 这 张 (B) 照片 (C) 在 墙 上。
Bié bǎ zhè zhāng zhàopiàn zài qiáng shang.

この写真を壁に貼らないでください。

贴

3 動詞 ⑨ 089

同意 tóngyì	【動】同意する、賛成する	bù tóngyì 不同意（賛成しない） tóngyì qiānzì 同意签字（サインに同意する）
吐★ tǔ	【動】吐く、吐き出す	tǔtán 吐痰（痰を吐く） tǔchūlai 吐出来（吐き出す）
推★ tuī	【動】押す、押し動かす	tuī mén 推门（ドアを押す） tuī zìxíngchē 推自行车（自転車を押す）
脱★ tuō	【動】脱ぐ	tuō yīfu 脱衣服（服を脱ぐ） tuō wàzi 脱袜子（靴下を脱ぐ）
完成 wánchéng	【動】完成する	wánchéng rènwu 完成任务（任务を完成する） wánchéng zuòyè 完成作业（宿題を終える）
忘记 wàngjì	【動】忘れる	wàngjì guòqù 忘记过去（過去を忘れる） qiānwàn bié wàngjì 千万别忘记（絶対忘れるな）
闻★ wén	【動】嗅ぐ	wéndào xiāngwèi 闻到香味（いい香りがする） wénbudào wèi 闻不到味（匂いがわからない）
握★ wò	【動】握る、つかむ	wòzhe bú fàng 握着不放（握って放さない） wò shǒu 握手（握手する）
吸★ xī	【動】吸い込む、吸い取る	xīyān 吸烟（タバコを吸う） xī qì 吸气（空気を吸う）
相信 xiāngxìn	【動】信じる	xiāngxìn zìjǐ 相信自己（自分を信じる） bù xiāngxìn 不相信（信じない）

解答：動詞 71.C 72.C 73.A 74.C 75.B 76.B 77.C 78.C 79.C 80.C

練習：下の動詞が入る適切な場所を、文中のA、B、Cから１つ選びなさい

81	(A) 这儿 不 能 (B) 烟 (C)。 zhèr bù néng yān 吸	ここではタバコを吸えない。
82	(A) 老板 (B) 吗？ lǎobǎn ma? 同意	社長は認めてくれましたか？
83	年前 (A) 必须 (B) 任务 (C)。 Niánqián bìxū rènwu 完成	新年の前に任務を終わらせなければいけない。
84	(A) 我 (B) 了 他 说 的 话 (C)。 wǒ le tā shuō de huà 忘记	彼の話を忘れました。
85	(A) 公司 (B) 你 的 能力 (C)。 gōngsī nǐ de nénglì 相信	会社はあなたの能力を信じています。
86	(A) 不要 (B) 随地 (C) 痰。 búyào suídì tán 吐	痰を吐いてはいけません。
87	(A) 你 把 自行车 (B) 进来 (C) 吧。 nǐ bǎ zìxíngchē jìnlai ba. 推	自転車を押して入れて。
88	把 袜子 (A) 下来 (B) 洗 一 洗 (C)。 Bǎ wàzi xiàlai xǐ yi xǐ 脱	靴下を脱いで洗う。
89	我 (A) 到 了 (B) 一 种 香味儿 (C)。 Wǒ dào le yì zhǒng xiāngwèir 闻	私は美味しそうな匂いを感じた。
90	她 (A) 着 我 (B) 的 手 (C) 哭 了。 Tā zhe wǒ de shǒu kū le. 握	彼女は私の手を握りながら泣いた。

3 動詞 ⑩ 090

| 習慣 xíguàn | 【動】慣れる | xíguàn le
习惯了（もう慣れた）
hái méi xíguàn
还没习惯（まだ慣れていない） |

洗澡 xǐzǎo 【動】風呂に入る、入浴する、水浴びをする
qù xǐzǎo
去洗澡（風呂に行く）
xǐ rèshuǐ zǎo
洗热水澡（熱い風呂に入る）

小心 xiǎoxīn 【動】気をつける、注意する
xiǎoxīn diǎn
小心点（気をつける）
xiǎoxīn zháoliáng
小心着凉（冷やさないように注意する）

修★ xiū 【動】修理する、直す
xiū chē
修车（車を修理する）
xiūhǎo le
修好了（直った）

需要 xūyào 【動】必要とする
xūyào shēnfènzhèng
需要身份证（身分証明が必要）
xūyào diànnǎo
需要电脑（パソコンが必要）

选择 xuǎnzé 【動】選ぶ、選択する
xuǎnzé zhíyè
选择职业（職業を選ぶ）
xuǎnzé qúnzi
选择裙子（スカートを選ぶ）

要求 yāoqiú 【動】求める、要求する、必要とする
yāoqiú huídá
要求回答（回答を要求する）
yāoqiú wàiyǔ nénglì
要求外语能力（外国語力を求める）

以为 yǐwéi 【動】思う（しばしば事実と合わない思い込みに用いる）
wǒ yǐwéi
我以为（私は思う）
bié yǐwéi
别以为（思わないで）

影响 yǐngxiǎng 【動】影響する
yǐngxiǎng biérén
影响别人（他人に影響する）
yǐngxiǎng gōngzuò
影响工作（仕事に影響する）

用 yòng 【動】使用する、使う
yòng yí cì
用一次（1回使う）
yòng qián
用钱（金を使う）

解答：動詞 81.B 82.B 83.B 84.B 85.B 86.C 87.B 88.A 89.A 90.A

練習：下の動詞が入る適切な場所を、文中のＡ、Ｂ、Ｃから１つ選びなさい

91	Wǒ　　　　nǐ　　hái méi huílái　　　ne. 我（A）你（B）还 没 回来（C）呢。	わたしはあなたがまだ帰ってきていないと思いました。
	以为	

92	Nǐ de　　　diànnǎo　　hǎo　　le ma? 你 的（A）电脑（B）好（C）了 吗?	あなたのパソコンは修理できましたか?
	修	

93	Néng　　yíxià　　　nǐ de chē　　ma? 能（A）一下（B）你 的 车（C）吗?	あなたの車を使ってもいいですか?
	用	

94	zìjǐ　yí ge rén　　zài jiā yào （A）自己 一 个 人（B）在 家 要（C）。	１人で家にいるときは気をつけなさい。
	小心	

95	wǒ jiànjiàn　　le　zhèli de shēnghuó （A）我 渐渐（B）了 这里 的 生活（C）。	ここでの生活にだんだんと慣れてきました。
	习惯	

96	néng xiāochú　　　píláo （A）能 消除（B）疲劳（C）。	入浴は疲労を解消させる。
	洗澡	

97	Qǐng　　cóng lǐmiàn　　yí ge zhèngquè de 请（A）从 里面（B）一 个 正确 的（C）。	中から正しいものを１つ選んでください。
	选择	

98	bàn hùzhào　　shēnfènzhèng （A）办 护照（B）身份证（C）。	パスポートを申し込むときは身分証明書が要る。
	需要	

99	gōngsī　　yuèdǐ　wánchéng rènwu. （A）公司（B）月底（C）完成 任务。	会社が任務を月末に達成するように求める。
	要求	

100	Búyào　　tā　　de chéngzhǎng 不要（A）他（B）的 成长（C）。	彼の成長に影響することのないようにしてください。
	影响	

3 動詞 ⑪ 091

| 遇到 yùdào | 【動】出会う、ぶつかる、直面する | yùdào tóngxué 遇到同学（クラスメートに出会う）
yùdào kùnnan 遇到困难（困難にぶつかる） |

| 原谅★ yuánliàng | 【動】許す、容認する、勘弁する | bù néng yuánliàng 不能原谅（許せない）
qǐng yuánliàng 请原谅（許してください） |

| 站 zhàn | 【動】立つ | zhànhǎo 站好（ちゃんと立て）
zhànqǐlai 站起来（立ちあがる） |

| 长 zhǎng | 【動】生える、成長する、伸びる | zhǎngdà 长大（成長する、大きくなる）
zhǎng de piàoliang 长得漂亮（美しく育つ） |

| 着急 zháojí | 【動】焦る、苛立つ、慌てる | bié zháojí 别着急（焦らないで）
búyòng zháojí 不用着急（慌てなくてもいい） |

| 照顾 zhàogù | 【動】面倒を見る、世話をする | zhàogù xiǎohái 照顾小孩（子供を世話する）
zhàogù bìngrén 照顾病人（病人の面倒をみる） |

| 照相★ zhàoxiàng | 【動】写真を撮る、撮影する | qù zhàoxiàng 去照相（写真を撮りに行く）
yìqǐ zhàoxiàng 一起照相（一緒に写真を撮る） |

| 煮★ zhǔ | 【動】煮る、炊く、茹でる | zhǔ jīdàn 煮鸡蛋（卵を茹でる）
zhǔ ròu 煮肉（肉を煮込む） |

| 祝 zhù | 【動】祝う、祈る | zhùhè 祝贺（祝賀）
zhù nǐ xìngfú 祝你幸福（あなたの幸福を祈る） |

| 注意 zhùyì | 【動】注意する、気を配る | zhùyì ānquán 注意安全（安全に注意する）
shuōhuà yào zhùyì 说话要注意（口に気をつけて） |

解答：動詞 91.A 92.B 93.A 94.C 95.B 96.A 97.B 98.B 99.B 100.A

練習：下の動詞が入る適切な場所を、文中のＡ、Ｂ、Ｃから１つ選びなさい

3 動詞⑪

101　（A）你（B）生日 快乐（C）。　　お誕生日おめでとう。
　　　　nǐ　　shēngrì kuàilè
　　祝

102　请（A）你（B）说话 的 口气（C）。　話す口調に注意してください。
　　　Qǐng　nǐ　shuōhuà de kǒuqì
　　注意

103　今天（A）在 超市（B）了 小学 时 的 同学（C）。　今日、スーパーで小学校の友達に会いました。
　　　Jīntiān　zài chāoshì　le xiǎoxué shí de tóngxué
　　遇到

104　你（A）干 的 坏事（B），我们 不 能（C）。　あなたのした悪いことを、私たちは許すことができません。
　　　Nǐ　gān de huàishì　wǒmen bù néng
　　原谅

105　（A）今天（B）了 八 个 小时（C），很 累。　今日8時間立っていたので、疲れました。
　　　　　jīntiān　le bā ge xiǎoshí　hěn léi
　　站

106　（A）这 孩子 已经（B）这么（C）大 了。　この子はもう大きく成長しました。
　　　　zhè háizi yǐjīng　zhème　dà le
　　长

107　（A）别（B），他 不 会（C）有事 的。　焦らないで、彼は何事もないでしょうから。
　　　　bié　tā bú huì　yǒushì de
　　着急

108　她 经常（A）帮（B）邻居（C）小孩。　彼女はよくお隣さんを助けて、子供の面倒を見ます。
　　　Tā jīngcháng bāng　línjū　xiǎohái
　　照顾

109　来，（A）我们（B）一起（C）吧。　来て！一緒に写真を撮りましょう。
　　　Lái,　wǒmen　yìqǐ　ba
　　照相

110　这 是（A）今天（B）的 鸡蛋（C）。　これは今日煮た卵です。
　　　Zhè shì　jīntiān　de jīdàn
　　煮

3 動詞 ⑫ 092

抓★ zhuā	【動】	つかむ、つかみ取る	zhuājǐn shíjiān 抓紧时间（時間を無駄にしない） zhuāzhù jīhuì 抓住机会（チャンスをつかむ）
装★ zhuāng	【動】	しまい入れる、積む、積み込む、詰め込む	zhuāng xiāngzi li 装箱子里（箱の中にいれる） zhuānghǎo 装好（ちゃんと入れる）
准备★ zhǔnbèi	【動】	準備する、用意する	zhǔnbèi chīfàn 准备吃饭（ご飯の用意） yào hǎohǎo zhǔnbèi 要好好准备（しっかり準備する）
作★ zuò	【動】	する、行う、著作する、執筆する	zuò wénzhāng 作文章（文章をつくる） zuò diàochá 作调查（調査を行う）

解答：動詞 101.A 102.B 103.B 104.C 105.B 106.B 107.B 108.C 109.C 110.B

練習：下の動詞が入る適切な場所を、文中のA、B、Cから１つ選びなさい

111	jǐn shíjiān, hǎohǎo xuéxí （A）紧时间，好好（B）学习（C）。	時間を無駄にせず、しっかり勉強する。
	抓	
112	Shūbāo li zhe hěn duō shū 书包（A）里（B）着很多书（C）。	カバンの中にたくさんの本がある。
	装	
113	míngtiān kǎoshì, yào hǎohǎo （A）明天考试，要（B）好好（C）。	明日は試験なので、しっかり準備をしなければならない。
	准备	
114	Wǒmen zài shìchǎng diàochá. 我们（A）在（B）市场（C）调查。	私たちは市場調査を行っている。
	作	

4 形容詞 ① 093

矮 ǎi	【形】	背が低い	gèzi ǎi 个子矮（背が低い） ǎi yìdiǎn 矮一点（少し低い）
安静 ānjìng	【形】	静かである、穏やかである	jiàoshì li hěn ānjìng 教室里很安静（教室の中は静かだ） qǐng ānjìng 请安静（静かにして）
薄★ bó	【形】	薄い	bó máoyī 薄毛衣（薄いセーター） chuān de bó 穿得薄（薄着する）
差 chà	【形】	まずい、劣っている	huánjìng chà 环境差（環境が劣っている） chéngjì chà 成绩差（成績が悪い）
聪明 cōngmíng	【形】	賢い、聡明である	cōngmíng de háizi 聪明的孩子（賢い子供） cōngmíng yòu piàoliang 聪明又漂亮（賢くかつきれいである）
粗★ cū	【形】	太い、粗い	cū xiàn 粗线（太い糸、太線） cū miàntiáo 粗面条（太麺）
低 dī	【形】	低い、下である	wùjià dī 物价低（物価が安い） shuǐpíng dī 水平低（レベルが低い）
短 duǎn	【形】	短い	jiǎnduǎn 剪短（短く切る） duǎn tóufa 短头发（短髪）
饿 è	【形】	ひもじい、飢えている	wǒ è le 我饿了（腹減った）　dùzi è 肚子饿（空腹） bú è 不饿（空腹でない）
方便 fāngbiàn	【形】	便利である、都合がよい	hěn fāngbiàn 很方便（便利である） shēnghuó fāngbiàn 生活方便（生活が便利）

解答：動詞 111.A 112.B 113.C 114.B

練習：（　　）の中に入る適切な単語を、下のA～Dから１つ選びなさい

1 Wàimian lěng, nǐ chuān de tài　　le.
外面 冷，你 穿 得 太（　　）了。外は寒いのに、着ているものが薄すぎます。

A. 薄　　　　B. 小　　　　C. 长　　　　D. 短

2 Xiànzài kāishǐ tīnglì kǎoshì, qǐng dàjiā　　yíxià.
现在 开始 听力 考试，请 大家（　　）一下。今からリスニング試験を始めます、静かにしてください。

A. 差　　　　B. 方便　　　C. 安静　　　D. 短

3 Háizi kū le, shì bu shì　　le?
孩子 哭 了，是 不 是（　　）了？子供が泣いているけど、お腹が空いたのかな？

A. 矮　　　　B. 饿　　　　C. 短　　　　D. 低

4 　　dehuà, gěi wǒ dǎ ge diànhuà.
（　　）的话，给 我 打 个 电话。都合がよろしければ、お電話ください。

A. 方便　　　B. 干净　　　C. 饿　　　　D. 聪明

5 Tā de tóufa jiǎn de hěn
她 的 头发 剪 得 很（　　）。彼女の髪は短く切られた。

A. 低　　　　B. 安静　　　C. 短　　　　D. 干净

6 Zhèli de huánjìng hěn
这里 的 环境 很（　　）。ここの環境は非常に悪い。

A. 差　　　　B. 聪明　　　C. 饿　　　　D. 矮

7 Zhōngguó wùjià bǐ Rìběn
中国 物价 比 日本（　　）。中国の物価は日本より低い。

A. 干净　　　B. 低　　　　C. 方便　　　D. 短

8 Yǒu　　yìdiǎnr de xiàn ma?
有（　　）一点儿 的 线 吗？少し太めの糸がありますか？

A. 细　　　　B. 粗　　　　C. 漂亮　　　D. 短

9 Qiánmiàn nàge bǐjiào　　de fángzi jiùshì wǒmen sùshè.
前面 那个 比较（　　）的 房子 就是 我们 宿舍。前の比較的背の低い建物は私たちの寮です。

A. 方便　　　B. 短　　　　C. 矮　　　　D. 差

10 Zhè háizi zhēn
这 孩子 真（　　）。この子は本当に頭がいい。

A. 满意　　　B. 聪明　　　C. 干净　　　D. 差

4 形容詞 ② 094

語	品詞	意味	例
干净 gānjìng	【形】	きれいである、清潔である	dǎsǎo gānjìng 打扫干净（きれいに掃除する） méi xǐ gānjìng 没洗干净（きれいに洗えていない）
好听★ hǎotīng	【形】	（聞いて）気持ちがよい、美しい、すばらしい	hǎotīng de gēr 好听的歌儿（聴き心地のいい歌） hǎotīng de shēngyīn 好听的声音（いい声）
厚★ hòu	【形】	厚い	hòu máoyī 厚毛衣（厚いセーター） xuě hěn hòu 雪很厚（雪が多い）
黄 huáng	【形】	黄色い	huáng tóujīn 黄头巾（黄色いスカーフ） huángjīn 黄金（金）
急★ jí	【形】	差し迫っている、激しい、せっかちである	jíshì 急事（急ぎごと） jíbìng 急病（急病）
简单 jiǎndān	【形】	簡単である	jiǎndān wèntí 简单问题（簡単な問題） hěn jiǎndān 很简单（とても簡単）
健康 jiànkāng	【形】	健康的である、健全である	shēntǐ jiànkāng 身体健康（体が健康である） huīfù jiànkāng 恢复健康（健康が回復する）
紧张★ jǐnzhāng	【形】	緊張する、張り詰める	bié jǐnzhāng 别紧张（緊張しないで） yǒu yìdiǎnr jǐnzhāng 有一点儿紧张（少し緊張する）
久 jiǔ	【形】	長い、久しい	lái duō jiǔ le 来多久了（来てからどれくらいになった？） děngle hěn jiǔ 等了很久（長く待った）
旧 jiù	【形】	古い	jiù yīfu 旧衣服（古着） jiùshū 旧书（古本）

解答：形容詞 1.A 2.C 3.B 4.A 5.C 6.A 7.B 8.B 9.C 10.B

練習：（　）の中に入る適切な単語を、下のA～Dから1つ選びなさい

11. Zhème de wèntí jiù búyào wèn wǒ le.
这么（　）的问题就不要问我了。　こんなに簡単な問題を私に聞かないでください。

A. 黄　　　B. 可爱　　　C. 健康　　　D. 简单

12. Tā měi tiān dōu bǎ fángjiān dǎsǎo de hěn
他每天都把房间打扫得很（　）。　彼は毎日部屋をきれいに掃除しています。

A. 聪明　　B. 方便　　　C. 干净　　　D. 满意

13. Tā lái zhèr yǐjīng hěn　　le.
他来这儿已经很（　）了。　彼がここに来てからもう長い時間が経ちました。

A. 久　　　B. 老　　　　C. 旧　　　　D. 黄

14. Zhè jiàn yīfu yǐjīng hěn　　le.
这件衣服已经很（　）了。　この服はもう古くなった。

A. 久　　　B. 旧　　　　C. 难　　　　D. 简单

15. Zhè jiàn　　sè de yīfu hěn piàoliang.
这件（　）色的衣服很漂亮。　この黄色い服はとても綺麗です。

A. 旧　　　B. 渴　　　　C. 黄　　　　D. 老

16. Xiǎobǎobao hěn　　a.
小宝宝很（　）啊。　赤ちゃんは健康です。

A. 健康　　B. 简单　　　C. 黄　　　　D. 难

17. Tā chàng de gēr hěn
她唱的歌儿很（　）。　彼女の歌はとても良いです。

A. 好看　　B. 简单　　　C. 好听　　　D. 难

18. Xuě xià de hěn
雪下得很（　）。　積雪量が多い。

A. 白　　　B. 少　　　　C. 好吃　　　D. 厚

19. Nǐ yǒu shénme　　shì ma?
你有什么（　）事吗?　何か急ぎごとがありますか？

A. 舒服　　B. 消息　　　C. 急　　　　D. 难

20. Jīntiān tā yǒu yìdiǎnr
今天她有一点儿（　）。　今日彼女は少し緊張している。

A. 紧张　　B. 简单　　　C. 高兴　　　D. 幸福

4 形容詞 ③ 095

| 渇 kě | 【形】喉が渇いている | hěn kě
很渇（喉が渇いている）
kǒu kě
口渇（喉が渇く） |

| 可爱 kě'ài | 【形】かわいい、愛すべき | kě'ài de háizi
可爱的孩子（かわいい子供）
kě'ài de rén
可爱的人（かわいい人） |

| 宽★ kuān | 【形】幅が広い、範囲が広い | hěn kuān de lù
很宽的路（広い道）
kuān yīfu
宽衣服（大きい洋服） |

| 蓝 lán | 【形】青い | lántiān
蓝天（青い空）
lán yīfu
蓝衣服（青い服） |

| 老 lǎo | 【形】年をとっている、古い | yǐjīng lǎo le
已经老了（もう年をとった）
lǎorén
老人（年寄り、老人） |

| 厉害★ lìhai | 【形】すごい、恐ろしい、ひどい | zuǐ lìhai
嘴厉害（話しがうまい）
téng de lìhai
疼得厉害（痛みがすごい） |

| 流利★ liúlì | 【形】流暢である | shuō de hěn liúlì
说得很流利（話しかたがとても流暢）
liúlì de Yīngyǔ
流利的英语（流暢な英語） |

| 满意 mǎnyì | 【形】満足する | biǎoshì mǎnyì
表示满意（満足したことを表す）
bú tài mǎnyì
不太满意（あまり満足しない） |

| 难 nán | 【形】難しい | hěn nán
很难（難しい）
nán xué
难学（学びにくい） |

| 难过 nánguò | 【形】つらい、苦しい | xīn li nánguò
心里难过（心苦しい）
nánguò jí le
难过极了（とてもつらい） |

解答：形容詞 11.D 12.C 13.A 14.B 15.C 16.A 17.C 18.D 19.C 20.A

練習：（　）の中に入る適切な単語を、下のA～Dから１つ選びなさい

21
Wǒ chuān　　　qúnzi hǎokàn ma?
我 穿（　）裙子 好看 吗？　　　私が青いスカートをはいたら綺麗ですか？

A. 可爱　　　B. 渴　　　C. 久　　　D. 蓝

22
Tā yéye　　　de zǒubudòng le.
他 爷爷（　）得 走不动 了。　　　彼のおじいさんは歩けないほど年です。

A. 旧　　　B. 老　　　C. 渴　　　D. 久

23
Shuōqǐlai róngyì, zuòqǐlai
说起来 容易，做起来（　）。　　　言うのは簡単だが、やるのは難しい。

A. 蓝　　　B. 简单　　　C. 旧　　　D. 难

24
Lǎoshī duì kǎoshì chéngjì hěn
老师 对 考试 成绩 很（　）。　　　先生は試験の成績に満足している。

A. 满意　　　B. 矮　　　C. 方便　　　D. 聪明

25
Wǒ xiànzài fēicháng
我 现在 非常（　）。　　　私は今喉が渇いています。

A. 老　　　B. 蓝　　　C. 渴　　　D. 可爱

26
Nàge xiǎohái hěn
那个 小孩 很（　）。　　　あの小さな子どもはかわいいです。

A. 渴　　　B. 蓝　　　C. 健康　　　D. 可爱

27
Mǎshàng yào líkāi jiā le, wǒ hěn
马上 要 离开 家 了，我 很（　）。　　　もうすぐ家を離れますから、とてもつらいです。

A. 难过　　　B. 容易　　　C. 胖　　　D. 清楚

28
Zhè jiàn yīfu nǐ chuān yǒu yìdiǎnr
这 件 衣服 你 穿 有 一点儿（　）。　　　この洋服はあなたが着るのに少し大きい。

A. 难看　　　B. 简单　　　C. 宽　　　D. 短

29
Tā māma hěn　　　wǎnshang bù ràn tā chūmén.
她 妈妈 很（　），晚上 不 让 她 出门。　　　彼女の母親は本当にすごい、夜彼女を外に出さない。

A. 难看　　　B. 厉害　　　C. 好　　　D. 热情

30
Tā néng shuō yì kǒu　　　de Yīngyǔ
她 能 说 一 口（　）的 英语。　　　彼女は流暢な英語を話すことができる。

A. 容易　　　B. 简单　　　C. 流利　　　D. 难

4 形容詞 ④ 096

年轻 niánqīng	【形】若い	niánqīng piàoliang 年轻漂亮（若く美しい） hái niánqīng 还年轻（まだ若い）
胖 pàng	【形】太い	hěn pàng 很胖（太い） zhǎng de pàng 长得胖（太っている）
奇怪 qíguài	【形】不思議である、妙である、おかしい	zhēn qíguài 真奇怪（本当に不思議） qíguài shì 奇怪事（不思議な事、おかしい事）
清楚 qīngchu	【形】明らかである、はっきりしている	bù qīngchu 不清楚（はっきりしない） shuō qīngchu 说清楚（はっきりと言う）
热闹★ rènao	【形】にぎやかである	kàn rènao 看热闹（高みの見物をする） rènao de wǎnhuì 热闹的晚会（にぎやかなパーティー）
热情 rèqíng	【形】心のこもった、親切である	rèqíng de rén　　　hěn rèqíng 热情的人（親切な人）很热情（親切） rèqíng zhāodài 热情招待（親切にもてなす）
认真 rènzhēn	【形】まじめな	rènzhēn xuéxí 认真学习（まじめに勉強する） rènzhēn kǎolǜ 认真考虑（まじめに考える）
容易 róngyì	【形】容易である、易しい	bù róngyì 不容易（容易ではない） gōngzuò róngyì 工作容易（仕事が易しい）
瘦 shòu	【形】痩せている	tài shòu le 太瘦了（痩せすぎ） shòuròu 瘦肉（赤身）
舒服 shūfu	【形】気分がよい、体調がよい、快適である	shūfu de shēnghuó 舒服的生活（快適な生活） bù shūfu 不舒服（気分が悪い）

解答：形容詞 21.D 22.B 23.D 24.A 25.C 26.D 27.A 28.C 29.B 30.C

練習：（　）の中に入る適切な単語を、下のＡ～Ｄから１つ選びなさい

31 你 到底 哪儿 不（　）啊？　　いったいどこが調子が悪いのですか？

A. 年轻　　　B. 瘦　　　C. 舒服　　　D. 难过

32 要 学 就（　）地学，要 玩 就 好好儿 地 玩。　勉強するなら真面目に勉強し、遊ぶなら存分に遊ぶべきだ。

A. 认真　　　B. 舒服　　　C. 热情　　　D. 容易

33 这 件 事情 并 不（　）。　このことは決して簡単ではありません。

A. 热情　　　B. 瘦　　　C. 容易　　　D. 奇怪

34 她 对 客人 很（　）。　彼女はお客さんに対してとても親切である。

A. 年轻　　　B. 热情　　　C. 难过　　　D. 容易

35 （　）的 时候 吃 点儿 苦 有 好处。　若いときに苦しい思いをするのはいいことです。

A. 舒服　　　B. 年轻　　　C. 容易　　　D. 认真

36 他 的 想法 总是 很（　）。　彼の考え方はいつも不思議です。

A. 奇怪　　　B. 清楚　　　C. 难过　　　D. 瘦

37 她 太（　）了。　彼女は痩せ過ぎです。

A. 瘦　　　B. 容易　　　C. 热情　　　D. 胖

38 我 近视，看 不（　）。　私は近視なので、はっきり見えません。

A. 认真　　　B. 奇怪　　　C. 清楚　　　D. 年轻

39 他 很（　），但 很 可爱。　彼は太っていますが、かわいいですね。

A. 容易　　　B. 胖　　　C. 难过　　　D. 瘦

40 今天 的 晚会 很（　）。　今夜のパーティーはとてもにぎやかだ。

A. 舒服　　　B. 高兴　　　C. 热闹　　　D. 快乐

4 形容詞 ⑤ 097

| 疼 téng | 【形】痛い | yá téng
牙疼（歯が痛い）
tóuténg
头疼（頭が痛い） |

| 甜 tián | 【形】甘い、うまい | guā hěn tián
瓜很甜（ウリは甘い）
zuǐ tián
嘴甜（口がうまい） |

| 突然 tūrán | 【形】突然である | hěn tūrán　　　　　　tūrán shìgù
很突然（突然である）　突然事故（突然の事故）
bìng bù tūrán
并不突然（突然ではない） |

| 细★ xì | 【形】細い、細かい | xì xiàn
细线（細い糸、細い線）
xiě de hěn xì
写得很细（詳細に書く） |

| 相同 xiāngtóng | 【形】同じである | xiāngtóng diǎn
相同点（同じところ）
gè bù xiāngtóng
各不相同（それぞれ異なる） |

| 辛苦★ xīnkǔ | 【形】つらい、苦しい | xīnkǔ le
辛苦了（お疲れ様）
shēnghuó hěn xīnkǔ
生活很辛苦（生活がとても苦しい） |

| 新鲜 xīnxiān | 【形】新鮮である | xīnxiān de yú
新鲜的鱼（新鮮な魚）
xīnxiān shuǐguǒ
新鲜水果（新鮮な果物） |

| 幸福★ xìngfú | 【形】幸福である、幸せである | xìngfú de shēnghuó
幸福的生活（幸せな生活）
zhù nǐmen xìngfú
祝你们幸福（あなた達の幸せを祈る） |

| 一般 yìbān | 【形】一般的 | yìbān de dōngxi
一般的东西（一般的なもの）
shuǐpíng yìbān
水平一般（レベルは並だ） |

| 一样 yíyàng | 【形】同じだ | jiéguǒ yíyàng
结果一样（結果が同じ）
shēn gāo yíyàng
身高一样（身長が同じ） |

解答：形容詞 31.C 32.A 33.C 34.B 35.B 36.A 37.A 38.C 39.B 40.C

練習：（　　）の中に入る適切な単語を、下のＡ～Ｄから１つ選びなさい

41 Tā sǐ de hěn
她 死 得 很（　　）。　　　　彼女の死は突然でした。

A. 有名　　　B. 突然　　　C. 新鲜　　　D. 一般

42 Zhè tiáo xiàn huà de tài　　le.
这 条 线 画 得 太（　　）了。　この線は細すぎる。

A. 细　　　　B. 粗　　　　C. 长　　　　D. 黄

43 Mǎi ge　　de jiù xíng.
买 个（　　）的 就 行。　　　普通のを買えばそれでいいでしょう。

A. 一般　　　B. 甜　　　　C. 一样　　　D. 相同

44 Táng chī duō le huì yá
糖 吃 多 了 会 牙（　　）。　あめをたくさん食べると歯が痛くなる。

A. 突然　　　B. 甜　　　　C. 疼　　　　D. 有名

45 Qù bu qù dōu shì　　de.
去 不 去 都 是（　　）的。　　行っても行かなくても何も変わらない。

A. 一样　　　B. 突然　　　C. 一般　　　D. 重要

46 Yú yuè　　yuè hǎochī.
鱼 越（　　）越 好吃。　　　　魚は新鮮であればあるほど美味しい。

A. 新鲜　　　B. 主要　　　C. 甜　　　　D. 突然

47 Nín　　le, xiūxi yíhuìr ba.
您（　　）了，休息 一会儿 吧。　お疲れ様でした、ちょっと休みましょう。

A. 辛苦　　　B. 工作　　　C. 忙　　　　D. 紧张

48 Píngguǒ hǎo　　a.
苹果 好（　　）啊。　　　　　リンゴはとても甘いですね。

A. 一般　　　B. 疼　　　　C. 甜　　　　D. 主要

49 Tā liǎ guò de hěn
他俩 过 得 很（　　）。　　　彼らは幸せに過ごしている。

A. 辛苦　　　B. 快乐　　　C. 幸福　　　D. 紧张

50 Wǒ de diànnǎo gēn tā de diànnǎo
我 的 电脑 跟 他 的 电脑（　　）。私のパソコンと彼のパソコンは同じです。

A. 新鲜　　　B. 相同　　　C. 甜　　　　D. 一般

4 形容詞 ⑥ 098

硬 ★
yìng
【形】硬い
tài yìng le
太硬了（とても硬い）
tàidù yìng
态度硬（態度が強硬）

有名
yǒumíng
【形】有名である、名が通っている
hěn yǒumíng
很有名（有名である）
yǒumíng de yīshēng
有名的医生（有名な医者）

愉快 ★
yúkuài
【形】愉快である、うれしい、楽しい
xīnqíng yúkuài
心情愉快（気分が楽しい）
shēnghuó yúkuài
生活愉快（生活が楽しい）

重要
zhòngyào
【形】重要な
zhòngyào xiāoxi
重要消息（重要なニュース）
zhòngyào wèntí
重要问题（重要な問題）

主要
zhǔyào
【形】主要な、主な、大切な
zhǔyào nèiróng
主要内容（主な内容）
zhǔyào de máodùn
主要的矛盾（主な矛盾）

解答：形容詞 41.B 42.A 43.A 44.C 45.A 46.A 47.A 48.C 49.C 50.B

練習：（　）の中に入る適切な単語を、下のA〜Dから１つ選びなさい

51
Jīntiān jiémù de　　　　nèiróng yǒu nǎxiē?
今天 节目 的（　）内容 有 哪些？　今日の番組の主な内容はどのようなものがありますか？

A. 一样　　　B. 相同　　　C. 重要　　　D. 主要

52
Zhè zuò chéngshì zài quánguó hěn
这 座 城市 在 全国 很（　）。　この町は全国で非常に有名です。

A. 突然　　　B. 一样　　　C. 有名　　　D. 新鲜

53
Yǒu shénme　　　xiāoxi ma?
有 什么（　）消息 吗？　何か重要なニュースはありますか？

A. 有名　　　B. 新鲜　　　C. 重要　　　D. 主要

54
Zhège píngguǒ yǒudiǎnr　　　bù hǎochī.
这个 苹果 有点儿（　），不 好吃。　このリンゴは少し硬い、おいしくない。

A. 辣　　　B. 新鲜　　　C. 好吃　　　D. 硬

55
Xuésheng shídài de shēnghuó hěn
学生 时代 的 生活 很（　）。　学生時代の生活は楽しかった。

A. 有名　　　B. 幸福　　　C. 愉快　　　D. 打工

5 数詞 099

半 bàn	【数】半	bàntiān 半天（半日） bàn xiǎoshí 半小时（30分）
万 wàn	【数】万	yí wàn 一万（1万） liǎng wàn 两万（2万）

解答：形容詞 51.D 52.C 53.C 54.A 55.C

練習：（　）の中に入る適切な単語を、以下から１つ選びなさい

半　　万

1　Wǒ zài Běijīng dāile sān tiān
　我 在 北京 待了 三 天（　　）。

　私は北京に３日と半日間滞在しました。

2　Zhōngguó de miànjī shì jiǔbǎi liùshí　　píngfāng gōnglǐ.
　中国　 的 面积 是 九百 六十（　）平方　公里。

　中国の面積は960万平方キロメートルだ。

6 副詞 ① 100

語	品詞	意味	例
比较 bǐjiào	【副】	比較的、割と	bǐjiào hǎo 比较好（比較的良い） bǐjiào lěng 比较冷（わりと寒い）
必须 bìxū	【副】	必ず〜しなければならない	bìxū zuò 必须做（しなければならない） bìxū lái 必须来（来なければならない）
才 cái	【副】	やっと、ようやく、〜したばかり	cái huílái 才回来（やっと帰ってきた） cái zuòwán 才做完（やっとやり終わった）
从来★ cónglái	【副】	かつて、今まで、これまで	cónglái bù chī 从来不吃（今まで食べたことがない） cónglái bú kàn 从来不看（見たことがない）
大概★ dàgài	【副】	おそらく、たぶん	dàgài yǒu wǔ gōngjīn 大概有五公斤（大体5キロ） dàgài shí ge rén 大概十个人（大体10人）
当然 dāngrán	【副】	当然、もちろん	dāngrán kěyǐ 当然可以（もちろんいいです） dāngrán bùxíng 当然不行（もちろんだめです）
多么 duōme	【副】	どんなに、なんと	duōme hǎo a 多么好啊（なんといいのだろう） duōme kě'ài ya 多么可爱呀（なんてかわいいのだろう）
赶快★ gǎnkuài	【副】	早く、急いで	gǎnkuài qù 赶快去（早く行く） gǎnkuài huí jiā 赶快回家（急いで家に帰る）
更 gèng	【副】	更に、いっそう、もっと	gèng lěng 更冷（更に寒い、もっと寒い） gèng qīngchu 更清楚（更にはっきりしている）
还是 háishi	【副】	やはり、あいかわらず	háishi bùxíng 还是不行（やはりだめだ） háishi qù hǎo 还是去好（やはり行った方がいい）

解答：数詞 1.半 2.万

練習：（　）の中に入る適切な単語を、下のＡ～Ｄから１つ選びなさい

1　Háishi zuò fēijī kuài.
还是 坐飞机（　）快。　　　　やはり飛行機は比較的速いです。

A. 经常　　　B. 比较　　　C. 还是　　　D. 才

2　Zài Zhōngguó zūnshǒu Zhōngguó de fǎlǜ.
在 中国（　）遵守 中国 的 法律。　中国では中国の法律を守らなければならない。

A. 多么　　　B. 几乎　　　C. 更　　　　D. 必须

3　Zhè shì yí ge wěidà de mínzú a.
这 是 一个（　）伟大 的 民族 啊。　これはなんと偉大な民族でしょうか。

A. 多么　　　B. 比较　　　C. 必须　　　D. 极

4　Nǐ huílái ya?
你（　）回来 呀？　　　　　　　やっと帰りましたか？

A. 才　　　　B. 经常　　　C. 几乎　　　D. 更

5　Tā bù chī zhūròu.
她（　）不 吃 猪肉。　　　　　　彼女は豚肉を食べたことがない。

A. 已经　　　B. 经常　　　C. 从来　　　D. 更

6　Wǒ zhīdao dehuà, huì gàosu nǐ.
我 知道 的话，（　）会 告诉 你。　私が知っているのであれば、もちろんあなたに教えます。

A. 极　　　　B. 比较　　　C. 几乎　　　D. 当然

7　lǎoshī de xiǎngfǎ shì duì de.
（　）老师 的 想法 是 对 的。　　やはり先生の考え方は正しいです。

A. 还是　　　B. 才　　　　C. 经常　　　D. 更

8　Zhège xīguā yǒu wǔ gōngjīn zuǒyòu.
这个 西瓜（　）有 五 公斤 左右。　このスイカは大体５キロあります。

A. 比较　　　B. 当然　　　C. 大概　　　D. 还是

9　Jīntiān bǐ zuótiān lěng.
今天 比 昨天（　）冷。　　　　　今日は昨日よりもっと寒いです。

A. 比较　　　B. 更　　　　C. 必须　　　D. 几乎

10　Tā zài děng nǐ, nǐ qù.
他 在 等 你，你（　）去。　　　　彼はあなたを待っているので、早く行ってください。

A. 赶快　　　B. 经常　　　C. 其实　　　D. 互相

6 副詞 ② 101

好好 ★ hǎohǎo	【副】	ちゃんと、しっかり	hǎohǎo xué 好好学（しっかり勉強する） hǎohǎo kàn 好好看（よく見る）
好像 ★ hǎoxiàng	【副】	～のようだ、まるで～のようだ、～みたいだ	hǎoxiàng xià yǔ 好像下雨（雨が降りそうだ） hǎoxiàng yào lái 好像要来（来るようだ）
互相 ★ hùxiāng	【副】	お互いに、相互に	hùxiāng xuéxí 互相学习（互いに勉強する） hùxiāng bāngzhù 互相帮助（互いに助け合う）
几乎 jīhū	【副】	ほとんど、ほぼ	jīhū suǒyǒu rén 几乎所有人（ほぼ全員） jīhū kànbujiàn 几乎看不见（ほぼ見えない）
极 jí	【副】	極めて、ごく	jí hǎo 极好（極めていい） jí bù ānquán 极不安全（極めて危険だ）
经常 jīngcháng	【副】	しょっちゅう、いつも	jīngcháng xià yǔ 经常下雨（しょっちゅう雨が降る） jīngcháng chídào 经常迟到（しょっちゅう遅刻する）
马上 mǎshàng	【副】	すぐ、直ちに	mǎshàng jiù qù 马上就去（すぐ行く） mǎshàng lái 马上来（すぐ来る）
其实 qíshí	【副】	実は、実際は	qíshí bù nán 其实不难（実は難しくない） qíshí bú guì 其实不贵（実は高くない）
特别 tèbié	【副】	特に、かなり	tèbié hǎo 特别好（かなり良い） tèbié tián 特别甜（かなり甘い）
挺 ★ tǐng	【副】	なかなか、どうも	tǐng gāoxìng 挺高兴（とてもうれしい） tǐng piàoliang 挺漂亮（とても綺麗）

解答：副詞 1.B 2.D 3.A 4.A 5.C 6.D 7.A 8.C 9.B 10.A

練習：（　）の中に入る適切な単語を、下のＡ～Ｄから１つ選びなさい

11
Zuìjìn　　　　xià yǔ.
最近（　）下 雨。　　　　　　最近はしょっちゅう雨が降る。

A. 还是　　　B. 极　　　　C. 多么　　　D. 经常

12
Zhè jiàn shì chénggōng de kěnéngxìng　　gāo.
这 件 事 成 功 的 可能性（　）高。このことが成功する可能性は非常に高いです。

A. 当然　　　B. 还是　　　C. 极　　　　D. 经常

13
　　　suǒyǒu rén dōu qù le.
（　）所有 人 都 去 了。　　ほとんど全員が行きました。

A. 经常　　　B. 几乎　　　C. 还是　　　D. 更

14
Jīnhòu wǒ yào　　xuéxí.
今后 我 要（　）学习。　　　今後私はしっかり勉強する。

A. 好好　　　B. 几乎　　　C. 互相　　　D. 只好

15
Tā gè kē chéngjì dōu búcuò,　　shì Yīngyǔ.
她 各科 成绩 都 不错，（　）是 英语。彼女は各科目の成績が良く、特に英語が一番良い。

A. 特别　　　B. 其实　　　C. 马上　　　D. 越

16
Tā　　jiù lái.
她（　）就 来。　　　　　　　彼女はすぐに来ます。

A. 马上　　　B. 突然　　　C. 一共　　　D. 又

17
Jīntiān　　yào xià yǔ.
今天（　）要 下 雨。　　　　今日は雨が降りそうだ。

A. 快　　　　B. 突然　　　C. 好像　　　D. 就

18
Jīnhòu wǒmen　　xuéxí ba.
今后 我们（　）学习 吧。　　今後私たちは互いに学び合いましょう。

A. 马上　　　B. 一起　　　C. 一共　　　D. 互相

19
Tā de nǚpéngyou zhǎng de　　piàoliang.
他 的 女朋友 长 得（　）漂亮。彼の彼女はとても綺麗だ。

A. 高　　　　B. 比较　　　C. 更　　　　D. 挺

20
　　tā zǎojiù huílái le.
（　）他 早就 回来 了。　　　実は彼はとっくに帰ってきています。

A. 特别　　　B. 马上　　　C. 突然　　　D. 其实

6 副詞 ③ 102

単語	品詞	意味	例
突然 tūrán	【副】	突然、急に	tūrán xià yǔ 突然下雨（突然雨が降る） tūrán lái 突然来（突然来る）
一边 yìbiān	【副】	("一边〜一边…"の形で) 〜しながら…する	yìbiān chàng yìbiān tiào 一边唱一边跳（歌いながら踊る） yìbiān shuō yìbiān chī 一边说一边吃（話しながら食べる）
一定 yídìng	【副】	きっと、必ず、絶対に	yídìng qù 一定去（きっと行く） bù yídìng 不一定（〜とは限らない）
一共 yígòng	【副】	全部で、合計	yígòng duōshao 一共多少（全部でいくつ） yígòng yǒu wǔ ge 一共有五个（全部で5つ）
一会儿 yíhuìr	【副】	すぐ、まもなく	yíhuìr jiù lái 一会儿就来（すぐ来る） yíhuìr jiù zǒu 一会儿就走（すぐ帰る）
一直 yìzhí	【副】	ずっと	yìzhí dānxīn 一直担心（ずっと心配する） yìzhí zài děng 一直在等（ずっと待っている）
又 yòu	【副】	また	yòu shì nǐ 又是你（また君か）　yòu lái le 又来了（また来た） yòu chídào le 又迟到了（また遅刻した）
越 yuè	【副】	("越〜越…"の形で) 〜であればあるほど…だ	yuèláiyuè xǐhuan 越来越喜欢（ますます好きになる） yuè shuō yuè hǎo 越说越好（話せば話すほど良い）
正好★ zhènghǎo	【副】	ちょうど、都合よく	zhènghǎo xiāngtóng 正好相同（ちょうど同じ） zhènghǎo zài jiā 正好在家（ちょうど家にいる）
只 zhǐ	【副】	〜だけ、ただ〜しかない	zhǐ yǒu yí ge 只有一个（1つしかない） zhǐ huì shuō Hànyǔ 只会说汉语（中国語しか話せない）

解答：副詞 11.D 12.C 13.B 14.A 15.A 16.A 17.C 18.D 19.D 20.D

練習：（　）の中に入る適切な単語を、下のＡ～Ｄから１つ選びなさい

21
Xīguā bù yídìng　　　　　dà　　　hǎo.
西瓜 不 一定（　）大（　）好。　スイカは大きければ大きいほど良いとは限らない。

A. 越　　　B. 一边　　　C. 马上　　　D. 又

22
Zěnme　　　shì nǐ?
怎么（　）是 你?　　　どうしてまたあなたなのですか？

A. 又　　　B. 突然　　　C. 越　　　D. 一共

23
Wǒ　　　chī zǎofàn　　　kàn bàozhǐ.
我（　）吃 早饭（　）看 报纸。　私は朝食をとりながら新聞をみます。

A. 越　　　B. 马上　　　C. 一边　　　D. 特别

24
Huí guó qián wǒ　　　yào qù yí tàng Běijīng.
回 国 前 我（　）要 去 一 趟 北京。　国へ帰る前にぜひ北京へ行きたいです。

A. 一共　　　B. 一定　　　C. 一直　　　D. 一边

25
Zěnme　　　xià yǔ le?
怎么（　）下 雨 了?　　　どうして急に雨が降ってきたのでしょう？

A. 一边　　　B. 突然　　　C. 特别　　　D. 其实

26
Zhèxiē　　　duōshao qián?
这些（　）多少 钱?　　　これらは全部でいくらですか？

A. 越　　　B. 一共　　　C. 一直　　　D. 马上

27
Zuìjìn jǐ nián Zhōngguó de jīngjì　　　fāzhǎn de hěn kuài.
最近 几 年 中国 的 经济（　）发展 得 很 快。　ここ数年、中国の経済はずっと高速で発展している。

A. 一直　　　B. 一定　　　C. 又　　　D. 一边

28
Zhèli　　　yǒu yí ge Zhōngguórén.
这里（　）有 一 个 中国人。　ここには中国人が１人だけいます。

A. 只　　　B. 终于　　　C. 总是　　　D. 一边

29
　　　jiù wán le.
（　）就 完 了。　　　もう少したてばできます。

A. 米　　　B. 碗　　　C. 一会儿　　　D. 双

30
Wǒmen de xiǎngfǎ　　　xiāngtóng.
我们 的 想法（　）相同。　　私たちの考えかたはちょうど同じだ。

A. 正好　　　B. 终于　　　C. 一直　　　D. 总是

6 副詞 ④ 103

只好 zhǐhǎo ★ 【副】〜せざるを得ない、〜するしかない
- zhǐhǎo zǒuzhe qù 只好走着去（歩いて行くしかない）
- zhǐhǎo qǐngjià 只好请假（休みをもらうしかない）

终于 zhōngyú 【副】ついに、とうとう
- zhōngyú jiéshù le 终于结束了（ついに終わった）
- zhōngyú chénggōng le 终于成功了（ついに成功した）

总是 zǒngshì 【副】いつも、いつまでも
- zǒngshì wán 总是玩（いつも遊ぶ）
- zǒngshì chídào 总是迟到（いつも遅刻する）

解答：副詞 21.A 22.A 23.C 24.B 25.B 26.B 27.A 28.A 29.C 30.A

練習：（　　）の中に入る適切な単語を、下のＡ～Ｄから１つ選びなさい

31
Jīntiān　　　jiàndào wǒ xǐhuan de yīngxīng le.
今天（　　）见到 我 喜欢 的 影星 了。今日やっと好きな映画スターに会えました。

A. 只　　　　　B. 终于　　　　C. 总是　　　　D. 马上

32
Búyào　　　　bàoyuàn.
不要（　　）抱怨。　　　　　　いつまでも文句を言わないでください。

A. 只　　　　　B. 终于　　　　C. 总是　　　　D. 马上

33
Méi chē le,　　zǒuzhe qù.
没 车 了,（　　）走着 去。　　車がなくなったので歩いて行くしかない。

A. 经常　　　　B. 只好　　　　C. 总是　　　　D. 马上

7 介詞 104

把 bǎ	【介】	動作の対象物をあらわす：〜を…する	bǎ mén dǎkāi 把门打开（ドアを開ける） bǎ dēng guān le 把灯关了（明かりを消す）
被 bèi	【介】	受身を表す：〜に…される	bèi yǔ lín 被雨淋（雨に降られた） bèi mà le 被骂了（罵られた）
跟 gēn	【介】	動作を共に行う相手を導く：〜と…する	gēn nǐ shāngliang 跟你商量（あなたと相談する） gēn tā yíyàng 跟他一样（あなたと同じ）
根据 gēnjù	【介】	根拠、基づく対象を表す：〜によれば	gēnjù zīliào 根据资料（資料によれば） gēnjù jīngyàn 根据经验（経験からすると）
关于 guānyú	【介】	関連する事柄、話の主題を導く：〜に関して、〜について	guānyú lìshǐ 关于历史（歴史に関して） guānyú diànnǎo zhīshi 关于电脑知识（パソコンの知識について）
为 wèi	【介】	動作・行為の対象を導く：〜のために	wèi zhè jiàn shì 为这件事（このために） wèi nǐ zuò 为你做（あなたのためにする）
为了 wèile	【介】	動作・行為の目的を導く：〜するために、〜のために	wèile xuéhǎo Yīngyǔ 为了学好英语（英語習得のため） wèile qù liúxué 为了去留学（留学に行くために）

解答：副詞 31.B 32.C 33.B

練習：正しい文になるように、（　）に適切な単語を入れ、｛　｝内の単語を並び替えなさい

1　{a.(　) b.商量 shāngliang c.我 wǒ d.一下 yíxià e.经理 jīnglǐ},请稍等。qǐng shāo děng.　社長と相談するので、ちょっと待ってください。

　　A．根据　　　B．跟　　　C．对　　　D．把

2　我今天 Wǒ jīntiān {a.(　) b.看完 kànwán c.这本书 zhè běn shū}了。le.　今日この本を読みおわった。

　　A．把　　　B．给　　　C．跟　　　D．和

3　{a.(　) b.了解 liǎojiě c.多少 duōshao d.中国历史 Zhōngguó lìshǐ e.你 nǐ}？　中国の歴史について、どれぐらい分かる？

　　A．和　　　B．关于　　　C．给　　　D．比

4　她 Tā {a.(　) b.学好 xuéhǎo c.英语 Yīngyǔ} 去美国了。qù Měiguó le.　彼女は英語を身につけるためにアメリカへ行った。

　　A．为了　　　B．为　　　C．离　　　D．在

5　{a.(　) b.地图上的位置 dìtú shang de wèizhì c.应该 yīnggāi d.往左拐 wǎng zuǒ guǎi e.咱们 zánmen}　地図によると、私たちは右へ曲がるべきだ。

　　A．从　　　B．对　　　C．根据　　　D．被

6　我今天 Wǒ jīntiān {a.(　) b.淋 lín c.雨 yǔ}了。le.　今日雨に降られた。

　　A．被　　　B．从　　　C．和　　　D．对

7　{a.(　) b.特意 tèyì c.来了一趟 láile yí tàng d.这件事 zhè jiàn shì}　このことのためにわざわざ来たのだ。

　　A．向　　　B．为了　　　C．为　　　D．离

8 量詞 ① 105

漢字	品詞	意味	例
把 bǎ	【量】	いす・かさなどを数える	yì bǎ sǎn 一把伞（1本の傘） yì bǎ yǐzi 一把椅子（1脚の椅子）
包 bāo	【量】	包んだものを数える	yì bāo yān 一包烟（1箱のタバコ） liǎng bāo zhōngyào 两包中药（2箱の薬）
层 céng	【量】	～階（階数を言う時に用いる）、層	sān céng lóu 三层楼（3階建てのビル） shuāng céng 双层（二重）
场★ chǎng	【量】	(映画などの) 上演回数	kàn yì chǎng diànyǐng 看一场电影（1本の映画を見る） liǎng chǎng bǐsài 两场比赛（2試合）
次 cì	【量】	回、度、遍	měi cì 每次（毎度） liǎng cì 两次（2回）
段 duàn	【量】	(文章、音楽、話などの一部分を数える) 区切り	yí duàn wénzhāng 一段文章（一段落の文章） yí duàn huà 一段话（一連の話）
分 fēn	【量】	～分、～点	jiǔshí fēn 九十分（90点） sān diǎn shí fēn 三点十分（3時10分）
封★ fēng	【量】	封をされたものを数える	yì fēng xìn 一封信（1通の手紙） zhè fēng xìn 这封信（この手紙）
盒★ hé	【量】	小箱入りのものを数える	yì hé yān 一盒烟（1箱のタバコ） yì hé huǒchái 一盒火柴（1箱のマッチ）
架★ jià	【量】	機械を数える、支えのついた物を数える	yí jià fēijī 一架飞机（1機の飛行機） yí jià lùyīnjī 一架录音机（1台の録音機）

解答：介詞 1. B, c-a-e-b-d 2. A, a-c-b 3. B a-d-e-b-c 4. A, a-b-c 5. C, a-b-e-c-d 6. A, a-c-b 7. C, a-d-b-c

練習：（　）の中に入る適切な単語を、下のA～Dから１つ選びなさい

1. Yǔwén kǎoshì jiǔshí ( ) jígé.
   语文 考试 九十（　）及格。　国語の試験は90点で合格です。
   A. 分　　B. 段　　C. 层　　D. 次

2. Wǒ yǒu yì ( ) hǎo cháyè, yìqǐ hē ba.
   我 有 一（　）好 茶叶，一起 喝 吧。　いいお茶が１パックあるので、一緒に飲みましょう。
   A. 把　　B. 包　　C. 口　　D. 次

3. Wénzhāng zuìhòu yí ( ) hěn nán.
   文章 最后 一（　）很 难。　文章の最後の一段落が難しい。
   A. 次　　B. 段　　C. 角　　D. 把

4. Gěi péngyou xiěle yì ( ) xìn.
   给 朋友 写了 一（　）信。　友達に１通の手紙を書いた。
   A. 个　　B. 段　　C. 封　　D. 把

5. Nǐ gěi wǒ dài yì ( ) yān ba.
   你 给 我 带 一（　）烟 吧。　私にタバコを１箱持ってきてください。
   A. 盒　　B. 段　　C. 趟　　D. 把

6. Zhè ( ) fēijī shì Rìběn zhì de.
   这（　）飞机 是 日本 制 的。　この１機の飛行機は日本製です。
   A. 本　　B. 台　　C. 架　　D. 辆

7. Ménkǒu yǒu liǎng ( ) sǎn.
   门口 有 两（　）伞。　玄関に傘が２本ある。
   A. 包　　B. 把　　C. 分　　D. 层

8. Wǒ hé péngyou qù kànle yì ( ) diànyǐng.
   我 和 朋友 去 看了 一（　）电影。　私は友達と１本の映画を見た。
   A. 次　　B. 段　　C. 回　　D. 场

9. Zhèli zuì gāo de lóu cái yǒu shí ( ).
   这里 最 高 的 楼 才 有 十（　）。　ここの一番高いビルでも10階しかありません。
   A. 层　　B. 把　　C. 刻　　D. 段

10. Měi ( ) dōu shì tā xiān qù.
    每（　）都 是 他 先 去。　毎回いつも、彼は先に行く。
    A. 把　　B. 口　　C. 次　　D. 段

8 量詞①

263

8 量詞 ② 106

角 jiǎo	【量】～角（10分の1元）	liǎng jiǎo qián 两角钱（2角） yì jiǎo wǔ fēn 一角五分（1角5分）
刻 kè	【量】時刻を数える単位、15分間	yí kè zhōng 一刻钟（15分） chà yí kè 差一刻（15分前）
口 kǒu	【量】家族、村人などの人数を数える	jǐ kǒu rén 几口人（何人） sì kǒu rén 四口人（4人）
辆 liàng	【量】車を数える	yí liàng chē 一辆车（1台の車） yí liàng mótuōchē 一辆摩托车（1台のバイク）
米 mǐ	【量】メートル	liǎng qiān mǐ 两千米（2000メートル） yì mǐ wǔ 一米五（1メートル50センチ）
年级★ niánjí	【量】学年	sān niánjí 三年级（3年生） dàxué èr niánjí 大学二年级（大学2年生）
双 shuāng	【量】対になっているものを数える	nà shuāng xié 那双鞋（その靴） yì shuāng wàzi 一双袜子（1足のくつした）
条 tiáo	【量】細長いものを数える：本	yì tiáo hé 一条河（1本の河） yì tiáo máojīn 一条毛巾（1枚のタオル）
碗 wǎn	【量】茶碗に入れたものを数える：杯	yì wǎn fàn 一碗饭（1杯のご飯） yì wǎn tāng 一碗汤（1杯のスープ）
位 wèi	【量】～名（人を数える量詞、敬意を含む）	jǐ wèi 几位（何名） liǎng wèi kèrén 两位客人（2名のお客様）

解答：量詞 1.A 2.B 3.B 4.C 5.A 6.C 7.B 8.D 9.A 10.C

練習：（　　）の中に入る適切な単語を、下のA～Dから１つ選びなさい

11 Qíguài, jīntiān lùshang zěnme yí　　　chē yě méiyǒu.　　あれ、今日はどうして道に車が
奇怪，今天 路上 怎么一（　　）车 也 没有。　　１台も無いのでしょう。

　A. 辆　　　　B. 层　　　　C. 刻　　　　D. 把

12 Chāoshì de sùliào dài yí ge liǎng　　　qián.　　スーパーの袋は１枚あたり２
超市 的 塑料袋 一个 两（　　）钱。　　角だ。

　A. 刻　　　　B. 角　　　　C. 包　　　　D. 分

13 Nǐ jiā yǒu jǐ　　　　rén?　　ご家族は何人いますか？
你家有几（　　）人？

　A. 层　　　　B. 口　　　　C. 辆　　　　D. 分

14 Huǒchē shí diǎn yí　　　fāchē.　　汽車は10時15分に出発する。
火车 十点 一（　　）发车。

　A. 段　　　　B. 分　　　　C. 刻　　　　D. 辆

15 Cóng jiā dào xuéxiào yǒu wǔbǎi　　　　　　家から学校まで500メートル
从 家到 学校 有五百（　　）。　　あります。

　A. 条　　　　B. 碗　　　　C. 双　　　　D. 米

16 Wǒ néng shìshi nà　　　xié ma?　　その靴をためし履きすることは
我 能 试试 那（　　）鞋吗？　　できますか？

　A. 位　　　　B. 一会儿　　C. 双　　　　D. 条

17 Tā jīnnián sìn　　　le, míngnián bìyè.　　彼は今年４年生です、来年卒
他今年 四（　　）了，明年 毕业。　　業します。

　A. 年级　　　B. 一会儿　　C. 双　　　　D. 条

18 Yì　　　fàn gòu ma?　　ご飯は１杯で足りますか？
一（　　）饭够吗？

　A. 位　　　　B. 双　　　　C. 条　　　　D. 碗

19 Qǐng wèn nín jǐ　　　　何名様ですか？
请问您几（　　）？

　A. 位　　　　B. 条　　　　C. 双　　　　D. 米

20 Gāng mǎile　　　máojīn.　　さっきタオルを１枚買ったば
刚 买了（　　）毛巾。　　かりです。

　A. 条　　　　B. 米　　　　C. 位　　　　D. 碗

8 量詞②

9 助詞 107

| 啊 a | 【助】文末に用い感嘆、催促などの語気を表す | kuài zǒu a
快走啊（早く行くよ！）
duō piàoliang a
多漂亮啊（なんと綺麗だろう） |

| 地 de | 【助】動詞、形容詞の修飾語を作る：修飾成分＋"地"＋動詞／形容詞 | hǎohǎo de xué
好好地学（きちんと学ぶ）
mànmàn de xiě
慢慢地写（ゆっくりと書く） |

解答：量詞 11.A 12.B 13.B 14.C 15.D 16.C 17.A 18.D 19.A 20.A

練習：（　　）の中に入る適切な単語を、以下から1つ選びなさい

啊　　地

1	Nǐ kuài zǒu 你 快 走（　）！
	早く行きましょう！
2	Hǎohǎo　　gōngzuò. 好好（　）工作。
	きちんと働きましょう。

10 助動詞 108

打算 dǎsuàn	【助動】〜する予定だ、〜するつもりだ	dǎsuàn chūguó 打算出国（出国するつもり） dǎsuàn qù lǚyóu 打算去旅游（旅行に行く予定だ）
敢 gǎn	【助動】〜する勇気がある	bù gǎn 不敢（勇気がない） gǎn shuō 敢说（敢えて言う）
应该 yīnggāi	【助動】〜すべきだ	yīnggāi zhèyàng zuò 应该这样做（こうすべきだ） yīnggāi nǔlì 应该努力（努力すべきだ）
愿意 yuànyì	【助動】（願い、望みにかなう）〜をしたいと思う、〜したがる	yuànyì qù 愿意去（行きたい） bú yuànyì gōngzuò 不愿意工作（仕事したくない）

解答：助詞 1. 啊 2. 地

練習：（　）の中に入る適切な単語を、以下から１つ選びなさい

打算　　敢　　应该　　愿意

1
Nǐ　　　shénme shíhou jiéhūn a?
你（　）什么 时候 结婚 啊？

あなたはいつ結婚するつもりですか？

2
Wǒ　　　gēn nǐ yìqǐ qù.
我（　）跟 你 一起 去。

わたしはあなたと一緒に行きたいです。

3
Wǒ bù　　　yí ge rén shuì.
我 不（　）一 个 人 睡。

１人で寝る勇気が無いです。

4
Xiàojìng fùmǔ　shì　　　de.
孝敬 父母 是（　）的。

親孝行はすべきです。

11 接続詞 109

而且 érqiě	【接】("～、而且…"の形で)～だけでなく…（だ）/～、それに…（だ）	búdàn　érqiě 不但～而且…（～だけでなく…だ） bùjǐn　érqiě 不仅～而且…（～だけでなく…だ）
还是 háishi	【接】("～还是…"の形で二者択一の疑問文に用いる)～かそれとも…か／～か…か	shì　háishi 是～还是…（～かそれとも…） háishi bù V＋还是不＋V（(V)をするかしないか）
或者 huòzhě	【接】あるいは、または（平叙文に用いる）	(huòzhě) nǐ lái huòzhě wǒ qù (或者)你来或者我去 （あなたが来るか、あるいは私が行く）
可是★ kěshì	【接】しかし～	kěshì bù xiǎng qù 可是不想去（しかし行きたくない） kěshì méi lái 可是没来（しかし来ない）
然后 ránhòu	【接】("～、然后…"の形で)～、それから…	ránhòu (zài) xǐzǎo 然后(再)洗澡（それから水浴びをする） xiān xuéxí ránhòu (zài) wán 先学习然后(再)玩（先に勉強してそれから遊ぶ）
如果 rúguǒ	【接】もし～ならば	rúguǒ yǒu　dehuà 如果有（的话）（もしあるならば） rúguǒ lái 如果来（もし来るならば）
虽然 suīrán	【接】("虽然～但是／还是…"の形で)～だけれども…	suīrán　dànshì 虽然～但是…（～だけれども…） suīrán　háishi 虽然～还是…（～だけれども…）
要是★ yàoshi	【接】もし、もしも～なら	yàoshi xià yǔ 要是下雨（もし雨が降るなら） yàoshi yǒu qián 要是有钱（もしお金があれば）
只要★ zhǐyào	【接】～さえすれば、～でさえあれば	zhǐyào hǎohāo xuéxí 只要好好学习（しっかり勉強さえすれば） zhǐyào yǒu shíjiān 只要有时间（時間さえあれば）

解答：助動詞 1.打算 2.愿意 3.敢 4.应该

練習：（　　）の中に入る適切な単語を、下のA～Dから１つ選びなさい

1　（　）是他 肯定 没 问题。　　　もし彼であれば、きっと大丈夫です。
shì tā kěndìng méi wèntí.

A. 要是　　　B. 或者　　　C. 虽然　　　D. 可是

2　这 苹果 不仅 便宜（　）很 好吃。　このリンゴは安いだけでなく、とてもおいしいです。
Zhè píngguǒ bùjǐn piányi　　hěn hǎochī.

A. 还是　　　B. 虽然　　　C. 而且　　　D. 如果

3　（　）我很 想 告诉你, 但 我 不 能 告诉你。　私は教えてあげたいのですが、教えてあげられません。
wǒ hěn xiǎng gàosu nǐ,　dàn wǒ bù néng gàosu nǐ.

A. 然后　　　B. 虽然　　　C. 要是　　　D. 越

4　上午 去（　）下午 去 呢？　午前中に行きますか、それとも午後行きますか？
Shàngwǔ qù　　xiàwǔ qù ne?

A. 或者　　　B. 还是　　　C. 而且　　　D. 如果

5　你 来 我 家（　）我 去 你 家。　あなたが家に来るか、あるいは私があなたの家に行きます。
Nǐ lái wǒ jiā　　wǒ qù nǐ jiā.

A. 或者　　　B. 虽然　　　C. 还是　　　D. 然后

6　咱们 先 吃饭,（　）再 谈 工作。　まず食事して、それから仕事について話しましょう。
Zánmen xiān chīfàn,　　zài tán gōngzuò.

A. 后面　　　B. 可是　　　C. 中间　　　D. 然后

7　他 想 去,（　）我 不 想 去。　彼は行きたい、しかし私は行きたくない。
Tā xiǎng qù,　　wǒ bù xiǎng qù.

A. 只要　　　B. 可能　　　C. 可是　　　D. 然后

8　（　）下 雨 我 就 不 去。　もし雨が降ったら私は行かない。
xià yǔ wǒ jiù bú qù.

A. 如果　　　B. 可能　　　C. 而且　　　D. 然后

9　（　）好好 学习, 就 能 学好。　しっかり勉強さえすれば、できるようになる。
hǎohǎo xuéxí,　jiù néng xuéhǎo.

A. 只要　　　B. 可能　　　C. 可是　　　D. 然后

11 接続詞

12 方位詞 110

| 北★běi | 【方】北 | xiàng běi kāi
向北开（北に向かって運転する）
wǎng běi zǒu
往北走（北に向かって歩く） |

| 东dōng | 【方】東 | dōngbiān
东边（東側）
dōngfāng
东方（東の方） |

| 南★nán | 【方】南 | xiàng nán guǎi
向南拐（南に曲がる）
wǎng nán zǒu
往南走（南向きに行く） |

| 西★xī | 【方】西 | wǎng xībiān zǒu
往西边走（西に向かって歩く）
wǎng xī kāi
往西开（西向きに運転する） |

解答：接続詞 1.A 2.C 3.B 4.B 5.A 6.D 7.C 8.A 9.A

練習：（　）の中に入る適切な単語を、下のＡ～Ｄから１つ選びなさい

12 方位詞

1
Chēzhàn　　　biān yǒu chāoshì.
车站（　）边 有 超市。　　　駅の東にスーパーがあります。

A. 东　　　B. 前面　　　C. 旁边　　　D. 上面

2
Dàole shízilùkǒu wǎng　　guǎi jiù néng kànjiàn.
到了 十字路口 往（　）拐 就 能 看见。十字路についたら南に曲がるとすぐに見える。

A. 下面　　　B. 左边　　　C. 后面　　　D. 南

3
Yìzhí wǎng　　zǒu jiù dào.
一直 往（　）走 就 到。　　　ずっと西に向かって歩けば着きます。

A. 右边　　　B. 下　　　C. 车站　　　D. 西

4
Tāmen wǎng　　zǒu le.
他们 往（　）走 了。　　　彼らは北向きに歩いた。

A. 右边　　　B. 北　　　C. 后面　　　D. 上

解答：方位詞 1.A 2.D 3.D 4.B

273

中国語索引

A

阿姨 āyí	178	
啊 a	266	
矮 ǎi	238	
爱 ài	42	
爱好 àihào	178, 214	
爱人 àiren	20	
安 ān	214	
安静 ānjìng	238	

B

八 bā	58
把 bǎ	260
把 bǎ	262
吧 ba	70
爸爸 bàba	20
白 bái	132
百 bǎi	138
班 bān	178
搬 bān	214
搬家 bānjiā	120
半 bàn	250
办法 bànfǎ	178
办公室 bàngōngshì	178
帮忙 bāngmáng	214
帮助 bāngzhù	120
棒球 bàngqiú	20
包 bāo	214, 262
饱 bǎo	214
抱 bào	214
报纸 bàozhǐ	102
杯子 bēizi	20
北 běi	272
北方 běifāng	178
北京 běijīng	20
被 bèi	260
本 běn	68
本子 běnzi	20
鼻子 bízi	178
比 bǐ	120, 144
比较 bǐjiào	216, 252
比赛 bǐsài	178, 216
必须 bìxū	252
毕业 bìyè	120
变化 biànhuà	214
表 biǎo	20
表示 biǎoshì	214
表演 biǎoyǎn	214
别 bié	140
别人 biérén	176
冰 bīng	102
宾馆 bīnguǎn	178
冰箱 bīngxiāng	178
病 bìng	102
薄 bó	238
不 bù	62
不客气 bú kèqi	80

C

擦 cā	216
才 cái	252
菜 cài	20
菜单 càidān	180
参加 cānjiā	216
草 cǎo	180
厕所 cèsuǒ	20
层 céng	262
茶 chá	20
差 chà	216, 238
长 cháng	132
场 chǎng	262
唱 chàng	42
唱歌 chàng gē	120
常常 chángcháng	140
超市 chāoshì	180
车 chē	22
车票 chēpiào	180
车站 chēzhàn	22
成绩 chéngjì	180
城市 chéngshì	180
衬衫 chènshān	180
吃 chī	42
迟到 chídào	216
抽烟 chōuyān	42
出 chū	120
出现 chūxiàn	216
出租车 chūzūchē	22
厨房 chúfáng	180
穿 chuān	120
船 chuán	102
窗户 chuānghu	22
床 chuáng	22
吹 chuī	216
春 chūn	180
春节 chūnjié	22
词典 cídiǎn	22
词语 cíyǔ	180
次 cì	262
聪明 cōngmíng	238
从 cóng	144
从来 cónglái	252
粗 cū	238
错 cuò	132

D

答案 dá'àn	182
打 dǎ	42
打开 dǎkāi	42
打扫 dǎsǎo	218
打算 dǎsuàn	268
大 dà	54
大概 dàgài	252
大家 dàjiā	100
大小 dàxiǎo	182
大学 dàxué	22
大衣 dàyī	182
大夫 dàifu	22
带 dài	216
蛋糕 dàngāo	182
担心 dānxīn	216
但是 dànshì	154
当然 dāngrán	252
刀子 dāozi	102
倒 dǎo	218
到 dào	64, 120
到达 dàodá	218

的 de	70	
得 de	150	
地 de	266	
得 děi	152	
灯 dēng	182	
等 děng	120	
低 dī	238	
弟弟 dìdi	102	
地方 dìfang	182	
地铁 dìtiě	182	
地图 dìtú	182	
地址 dìzhǐ	184	
第一 dìyī	138	
点 diǎn	68	
点名 diǎnmíng	218	
点心 diǎnxin	24	
电车 diànchē	22	
电话 diànhuà	24	
电脑 diànnǎo	24	
电视 diànshì	24	
电梯 diàntī	182	
电影 diànyǐng	24	
电子邮件 diànzǐyóujiàn	182	
冬 dōng	184	
东 dōng	272	
东西 dōngxi	24	
懂 dǒng	120	
动物 dòngwù	184	
都 dōu	62	
读 dú	42	
肚子 dùzi	102	
短 duǎn	238	
段 duàn	262	
锻炼 duànliàn	218	
对 duì	132, 144	
对不起 duìbuqǐ	80	
多 duō	54, 62	
多么 duōme	252	
多少 duōshao	66	

E

饿 è	238	
儿子 érzi	24	

而且 érqiě	270	
耳朵 ěrduo	184	
二 èr	58	

F

发烧 fāshāo	218	
发现 fāxiàn	218	
翻译 fānyì	122	
饭 fàn	24	
饭店 fàndiàn	24	
饭馆 fànguǎn	24	
方便 fāngbiàn	238	
方法 fāngfǎ	184	
房间 fángjiān	102	
放 fàng	218	
放假 fàngjià	122	
放心 fàngxīn	218	
飞 fēi	122	
飞机 fēijī	26	
非常 fēicháng	140	
分 fēn	218, 262	
分钟 fēnzhōng	68	
封 fēng	262	
风 fēng	26	
服务 fúwù	122	
服务员 fúwùyuán	102	
服装 fúzhuāng	184	
附近 fùjìn	184	
父亲 fùqīn	102	
复习 fùxí	220	

G

干净 gānjìng	240	
敢 gǎn	268	
感冒 gǎnmào	184	
赶快 gǎnkuài	252	
干 gàn	42	
刚 gāng	62	
刚才 gāngcái	184	
钢笔 gāngbǐ	26	
高 gāo	132	
高兴 gāoxìng	42, 54	
告诉 gàosu	122	

歌 gē	26	
哥哥 gēge	104	
个 ge	68	
给 gěi	122, 144	
跟 gēn	260	
根据 gēnjù	184, 260	
更 gèng	252	
工厂 gōngchǎng	104	
工作 gōngzuò	26, 42	
公共汽车 gōnggòng qìchē	104	
公斤 gōngjīn	148	
公司 gōngsī	104	
公寓 gōngyù	186	
公园 gōngyuán	186	
狗 gǒu	26	
故事 gùshi	186	
挂 guà	220	
关 guān	220	
关系 guānxi	186	
关心 guānxīn	220	
关于 guānyú	260	
管 guǎn	220	
贵 guì	132	
国家 guójiā	186	
果汁 guǒzhī	186	
过 guò	122	
过去 guòqù	186, 220	
过 guo	150	

H

还 hái	140	
还是 háishi	252, 270	
孩子 háizi	104	
海 hǎi	26	
害怕 hàipà	220	
汉语 hànyǔ	26	
汉字 hànzì	26	
好 hǎo	54, 62	
好吃 hǎochī	132	
好好 hǎohāo	254	
好看 hǎokàn	54	
好听 hǎotīng	240	
好像 hǎoxiàng	254	

号 hào	104	
喝 hē	44	
和 hé	74, 144	
河 hé	186	
盒 hé	262	
黑 hēi	132	
黑板 hēibǎn	186	
很 hěn	62	
红 hóng	132	
红茶 hóngchá	26	
后 hòu	76	
后面 hòumiàn	76	
后年 hòunián	28	
后天 hòutiān	28	
厚 hòu	240	
互相 hùxiāng	254	
护士 hùshi	186	
护照 hùzhào	188	
花 huā	188	
花园 huāyuán	188	
话 huà	28	
画 huà	44	
画（儿）huàr	28	
坏 huài	220	
欢迎 huānyíng	122	
还 huán	220	
环境 huánjìng	188	
换 huàn	220	
黄 huáng	240	
回 huí	44	
回答 huídá	122	
会 huì	44, 72	
会议 huìyì	188	
火 huǒ	28	
火车站 huǒchēzhàn	28	
或者 huòzhě	270	

J

几乎 jīhū	254	
机场 jīchǎng	104	
机会 jīhuì	188	
机器 jīqì	188	
鸡 jī	28	
鸡蛋 jīdàn	104
急 jí	240
极 jí	254
几 jǐ	66
寄 jì	222
记得 jìde	222
季节 jìjié	188
家 jiā	28, 68
家具 jiājù	104
加 jiā	122
价钱 jiàqián	188
架 jià	262
检查 jiǎnchá	222
简单 jiǎndān	240
见 jiàn	44
见面 jiànmiàn	222
健康 jiànkāng	188, 240
件 jiàn	148
讲 jiǎng	222
酱油 jiàngyóu	106
教 jiāo	44
饺子 jiǎozi	28
脚 jiǎo	190
角 jiǎo	264
叫 jiào	44
教室 jiàoshì	104
教育 jiàoyù	190
接 jiē	222
街道 jiēdào	190
节目 jiémù	190
节日 jiérì	190
结婚 jiéhūn	190, 222
结束 jiéshù	222
姐姐 jiějie	106
解决 jiějué	222
介绍 jièshào	124
借 jiè	222
今年 jīnnián	28
今天 jīntiān	30
斤 jīn	148
紧张 jǐnzhāng	240
进 jìn	124
近 jìn	132

经常 jīngcháng	254
经过 jīngguò	190, 224
经理 jīnglǐ	190
警察 jǐngchá	106
九 jiǔ	58
久 jiǔ	240
酒 jiǔ	30
旧 jiù	240
就 jiù	140
举行 jǔxíng	224
句子 jùzi	190
决定 juédìng	224
觉得 juéde	124

K

咖啡 kāfēi	106
开 kāi	44
开车 kāichē	44
开始 kāishǐ	124
看 kàn	44
看病 kànbìng	124
看见 kànjiàn	46
考试 kǎoshì	106, 124
科学 kēxué	192
可爱 kě'ài	242
可能 kěnéng	140
可是 kěshì	270
可以 kěyǐ	152
渴 kě	242
刻 kè	264
客气 kèqi	46, 54
客人 kèrén	190
课 kè	106
课本 kèběn	30
空调 kōngtiáo	192
口 kǒu	192, 264
哭 kū	224
裤子 kùzi	192
块 kuài	68
快 kuài	134
快餐 kuàicān	192
快乐 kuàilè	134
筷子 kuàizi	192

宽 kuān	242	
困难 kùnnán	192	

L

拉 lā	124
辣 là	54
来 lái	46
蓝 lán	242
老 lǎo	242
老师 lǎoshī	30
了 le	70
累 lèi	134
冷 lěng	54
离 lí	144
离开 líkāi	224
礼物 lǐwù	192
里 lǐ	76
里面 lǐmiàn	156
力量 lìliang	192
历史 lìshǐ	192
厉害 lìhai	242
联系 liánxì	224
脸 liǎn	194
练习 liànxí	194, 224
凉 liáng	54
两 liǎng	138
辆 liàng	264
了解 liǎojiě	224
邻居 línjū	194
零 líng	60
流利 liúlì	242
留学 liúxué	46
六 liù	58
楼 lóu	194
旅行 lǚxíng	46
旅游 lǚyóu	106, 124
绿 lǜ	134, 194

M

妈妈 māma	30
麻烦 máfan	46, 134
马 mǎ	194
马上 mǎshàng	254
吗 ma	70
买 mǎi	46
卖 mài	124
满意 mǎnyì	242
慢 màn	134
忙 máng	134
猫 māo	30
毛巾 máojīn	30
毛衣 máoyī	30
贸易 màoyì	194
帽子 màozi	194
没 méi	62
没关系 méi guānxi	80
每 měi	100
每天 měi tiān	106
美国 měiguó	30
妹妹 mèimei	106
门 mén	106
米 mǐ	194, 264
米饭 mǐfàn	30
面 miàn	32
面包 miànbāo	194
名字 míngzi	32
明白 míngbai	224
明年 míngnián	32
明天 míngtiān	32
母亲 mǔqīn	108
木头 mùtou	108

N

拿 ná	224
那 nà	18, 74
哪 nǎ	66
奶奶 nǎinai	196
难 nán	242
难过 nánguò	242
难看 nánkàn	134
男人 nánrén	108
南 nán	272
哪儿 nǎr	66
那儿 nàr	18
呢 ne	70
能 néng	72
你 nǐ	18
你好 nǐ hǎo	80
年 nián	32
年级 niánjí	196
年级 niánjí	264
年纪 niánjì	196
年轻 niánqīng	244
念 niàn	46
鸟 niǎo	196
您 nín	100
牛 niú	32
牛奶 niúnǎi	108
农村 nóngcūn	196
弄 nòng	226
努力 nǔlì	226
女儿 nǚ'ér	32
女人 nǚrén	108

P

爬 pá	226
爬山 páshān	226
盘子 pánzi	196
旁边 pángbiān	156
胖 pàng	244
跑 pǎo	46
跑步 pǎobù	124
朋友 péngyou	32
啤酒 píjiǔ	196
便宜 piányi	134
票 piào	108
漂亮 piàoliang	54
苹果 píngguǒ	32
瓶子 píngzi	32
葡萄 pútao	196
普通话 pǔtōnghuà	196

Q

七 qī	58
妻子 qīzi	108
奇怪 qíguài	244
其实 qíshí	254
其他 qítā	176
骑 qí	226

起床 qǐ chuáng	126	
起来 qǐlái	126	
汽车 qìchē	34	
千 qiān	138	
铅笔 qiānbǐ	196	
钱 qián	34	
前 qián	76	
前面 qiánmiàn	76	
前年 qiánnián	34	
前天 qiántiān	34	
墙 qiáng	108	
桥 qiáo	108	
清楚 qīngchu	244	
晴 qíng	126	
请 qǐng	46	
请假 qǐngjià	126	
请问 qǐng wèn	80	
秋 qiū	198	
球 qiú	108	
取 qǔ	226	
去 qù	48	
去年 qùnián	110	
裙子 qúnzi	198	

R

然后 ránhòu	270
让 ràng	126
热 rè	56
热闹 rènao	244
热情 rèqíng	244
人 rén	34
人口 rénkǒu	110
认识 rènshi	48
认为 rènwéi	126
认真 rènzhēn	244
日 rì	34
日本 rìběn	34
日语 rìyǔ	34
容易 róngyì	244
肉 ròu	34
如果 rúguǒ	270

S

三 sān	58
伞 sǎn	198
山 shān	34
商店 shāngdiàn	36
商量 shāngliang	226
上 shàng	48, 76
上班 shàngbān	126
上面 shàngmiàn	156
上网 shàngwǎng	226
上午 shàngwǔ	36
烧 shāo	226
少 shǎo	56
身体 shēntǐ	110
什么 shénme	66
生 shēng	226
生病 shēngbìng	126
生词 shēngcí	110
生活 shēnghuó	110
生气 shēngqì	228
生日 shēngrì	110
声音 shēngyīn	198
剩 shèng	228
十 shí	58
时候 shíhou	36
时间 shíjiān	110
食堂 shítáng	110
使 shǐ	228
世界 shìjiè	198
事情 shìqing	110
是 shì	48
手 shǒu	36
手表 shǒubiǎo	110
手机 shǒujī	112
手套 shǒutào	112
瘦 shòu	244
书 shū	36
书包 shūbāo	112
书店 shūdiàn	112
叔叔 shūshu	198
舒服 shūfu	244
数 shǔ	228
树 shù	198

数学 shùxué	198
刷牙 shuāyá	228
双 shuāng	264
谁 shuí/shéi	66
水 shuǐ	36
水果 shuǐguǒ	36
水平 shuǐpíng	198
睡觉 shuìjiào	48
说话 shuōhuà	48
司机 sījī	198
死 sǐ	126
四 sì	58
送 sòng	126
宿舍 sùshè	112
算 suàn	228
虽然 suīrán	270
岁 suì	68
岁数 suìshu	200
所以 suǒyǐ	154

T

他 tā	18
她 tā	18
它 tā	176
太 tài	62
太太 tàitai	200
太阳 tàiyáng	200
汤 tāng	112
糖 táng	200
躺 tǎng	128
桃子 táozi	200
讨论 tǎolùn	228
特别 tèbié	254
疼 téng	246
踢 tī	48
提高 tígāo	228
题 tí	112
体育 tǐyù	200
天气 tiānqì	36
甜 tián	246
挑 tiāo	128
条 tiáo	264
跳舞 tiàowǔ	128

贴 tiē	228	
听 tīng	48	
停 tíng	48	
停车场 tíngchēchǎng	200	
挺 tǐng	254	
通知 tōngzhī	228	
同事 tóngshì	200	
同学 tóngxué	36	
同意 tóngyì	230	
偷 tōu	128	
头 tóu	36	
头发 tóufa	200	
突然 tūrán	246, 256	
图书馆 túshūguǎn	202	
吐 tǔ	230	
推 tuī	230	
腿 tuǐ	200	
拖鞋 tuōxié	202	
脱 tuō	230	

W

外 wài	156
外国 wàiguó	112
外面 wàimiàn	156
外语 wàiyǔ	202
完 wán	128
完成 wánchéng	230
玩 wán	128
晚饭 wǎnfàn	112
晚上 wǎnshang	112
碗 wǎn	202, 264
万 wàn	250
忘记 wàngjì	230
位 wèi	264
为 wèi	260
为了 wèile	260
为什么 wèishénme	146
喂 wèi	78
文化 wénhuà	202
文学 wénxué	202
文章 wénzhāng	114
文字 wénzì	114
闻 wén	230

问 wèn	128
问题 wèntí	114
我 wǒ	18
我们 wǒmen	18
握 wò	230
五 wǔ	58
午饭 wǔfàn	114

X

吸 xī	230
西 xī	272
西瓜 xīguā	114
西红柿 xīhóngshì	202
希望 xīwàng	114, 130
习惯 xíguàn	202, 232
洗 xǐ	128
洗手间 xǐshǒujiān	206
洗澡 xǐzǎo	232
喜欢 xǐhuan	50
细 xì	246
下 xià	48, 68, 76
下班 xiàbān	50
下边 xiàbiān	156
下午 xiàwǔ	38
夏 xià	204
先 xiān	140
先生 xiānsheng	38
现在 xiànzài	38
香蕉 xiāngjiāo	202
相同 xiāngtóng	246
相信 xiāngxìn	230
箱子 xiāngzi	202
想 xiǎng	50, 72
向 xiàng	144
像 xiàng	204
小 xiǎo	56
小姐 xiǎojiě	38
小时 xiǎoshí	114
小说 xiǎoshuō	114
小心 xiǎoxīn	232
校长 xiàozhǎng	204
笑 xiào	128
些 xiē	68

鞋 xié	204
写 xiě	50
谢谢 xièxie	50, 80
心 xīn	204
辛苦 xīnkǔ	246
新 xīn	134, 140
新闻 xīnwén	204
新鲜 xīnxiān	246
信 xìn	204
星期 xīngqī	38
行 xíng	56
行李箱 xínglǐxiāng	204
姓 xìng	38, 50
幸福 xìngfú	246
兴趣 xìngqu	204
熊猫 xióngmāo	204
修 xiū	232
休息 xiūxi	128
需要 xūyào	206, 232
选择 xuǎnzé	232
学 xué	50
学生 xuésheng	38
学习 xuéxí	38, 50
学校 xuéxiào	38
雪 xuě	114

Y

牙 yá	114
颜色 yánsè	116
眼镜 yǎnjìng	206
眼睛 yǎnjing	116
羊肉 yángròu	116
要求 yāoqiú	232
药 yào	116
要 yào	130, 152
要是 yàoshi	270
爷爷 yéye	206
也 yě	140
一 yī	58
一般 yìbān	246
一边 yìbiān	256
一定 yídìng	256
一共 yígòng	256

279

一会儿 yíhuìr	206, 256	元 yuán	148	职业 zhíyè	210
一起 yìqǐ	142	原谅 yuánliàng	234	只 zhī	256
一样 yíyàng	246	远 yuǎn	136	只好 zhǐhǎo	258
一直 yìzhí	256	愿意 yuànyì	268	只要 zhǐyào	270
医生 yīshēng	40	月 yuè	40	纸 zhǐ	210
医院 yīyuàn	40	月亮 yuèliang	208	中国 zhōngguó	40
衣服 yīfu	38	越 yuè	256	中间 zhōngjiān	210
已经 yǐjīng	140	云 yún	208	中午 zhōngwǔ	40
以后 yǐhòu	206	运动 yùndòng	116, 130	中学 zhōngxué	118
以前 yǐqián	208			终于 zhōngyú	258
以为 yǐwéi	232	**Z**		重要 zhòngyào	248
椅子 yǐzi	40	杂志 zázhì	208	周末 zhōumò	210
意见 yìjiàn	206	在 zài	50, 62, 64	主要 zhǔyào	248
意思 yìsi	116	再 zài	142	煮 zhǔ	234
阴 yīn	136	再见 zàijiàn	80	住 zhù	52
因为 yīnwèi	154	早饭 zǎofàn	116	注意 zhùyì	234
音乐 yīnyuè	206	早上 zǎoshang	116	祝 zhù	234
银行 yínháng	206	怎么 zěnme	66	抓 zhuā	236
英语 yīngyǔ	40	怎么样 zěnmeyàng	66	专业 zhuānyè	210
应该 yīnggāi	268	站 zhàn	208, 234	装 zhuāng	236
影响 yǐngxiǎng	206, 232	张 zhāng	148	准备 zhǔnbèi	236
硬 yìng	248	长 zhǎng	234	桌子 zhuōzi	40
用 yòng	232	丈夫 zhàngfu	116	字 zì	40
油 yóu	208	着急 zháojí	234	字典 zìdiǎn	210
游戏 yóuxì	208	找 zhǎo	130	自行车 zìxíngchē	118
游泳 yóuyǒng	130	照顾 zhàogu	234	总是 zǒngshì	258
邮局 yóujú	208	照片 zhàopiàn	210	走 zǒu	130
邮票 yóupiào	208	照相 zhàoxiàng	234	最 zuì	142
有 yǒu	50	照相机 zhàoxiàngjī	210	最近 zuìjìn	210
有名 yǒumíng	248	这 zhè	18	昨天 zuótiān	40
又 yòu	256	这儿 zhèr	18	左 zuǒ	156
右 yòu	156	着 zhe	150	左边 zuǒbiān	156
右边 yòubiān	156	真 zhēn	142	作 zuò	236
愉快 yúkuài	248	正好 zhènghǎo	256	作业 zuòyè	212
鱼 yú	116	正在 zhèngzài	142	作用 zuòyòng	212
雨 yǔ	208	知道 zhīdao	130	做 zuò	52
遇到 yùdào	234	植物 zhíwù	210	坐 zuò	52

280

日本語索引

数字

0、零	60
1、一	58
2、二	58, 138
3、三	58
4、四	58
5、五	58
6、六	58
7、七	58
8、八	58
9、九	58
10、十	58
500グラム	148
100、百	138
1000、千	138

あ

あいかわらず	252
愛好する	214
愛すべき	242
愛する	42
間柄	186
会う	44, 46
青い	242
赤い	132
灯	182
秋	198
明らかである	244
開ける	42, 44
（レベルを）上げる	228
朝	116
朝ご飯	116
あさって	28
足	190, 200
あす	32
焦る	234
あそこ	18
遊ぶ	128
与える	122
あたま	36
新しい	134
新しい単語	110
暑い	56
厚い	240
宛先	184
あなた	18, 100
兄	104
姉	106
あの	18
アパート	186
油	208
甘い	246
余る	228
あめ	200
雨	208
アメリカ	30
粗い	238
洗う	128
新たに	140
表す	214
現れる	216
ありがとう	80
ある	50
あるいは	270
歩く	130
あれ	18, 176
慌てる	234
安心する	218
いいえ	62
医院	40
言う	122
家	28
いきさつ	190
息を吹き付ける	216
行く	48, 130
いくつ	66
いくら	66
意見	206
意見交換する	226
以後	206
医者	22, 40
いじる	226
椅子	40
以前	186, 208
急いで	252
忙しい	134
痛い	246
傷む	220
一番初め	138
一緒に	142
いっそう	252
一般的	246
いつまでも	258
いつも	140, 254, 258
犬	26
祈る	234
今	38
今しがた	184
今まで	186, 252
意味	116
妹	106
苛立つ	234
いる	50
要る	130
色	116
祝う	234
飲食店	24
インスタント食品	192
インターネットに接続する	226
上	76, 156
飢えている	238
上の方	156
受け取る	226
牛	32
後ろ	76
薄い	238
歌	26
歌う	42
歌を歌う	120
うち切る	222
打つ	42
美しい	54
（聞いて）美しい	240

281

腕時計	110	置く	218	主な	248
馬	194	奥さん	200	泳ぐ	130
うまい	246	贈る	126	下りる	48
産まれる	226	行う	224, 236	降りる	48
海	26	怒る	228	おれ	18
産む	226	おじ	198	終わる	128, 222
裏側	76	おじいさん	206	お椀	202
売る	124	押し動かす	230	音楽	206
うれしい	54, 248	教える	44	女（の人）	108
運転手	198	お嬢さん	38		
運転する	44	押す	230	**か**	
運動	116	遅い	134	～か	70
運動する	130	おそらく	252	～か（それとも）…か	270
絵	28	恐れる	220	回	68, 262
エアコン	192	恐ろしい	242	階	194, 262
映画	24	お互いに	254	絵画	28
影響	206	お尋ねします	80	会議	188
影響する	232	穏やかである	238	解決する	222
英語	40	お茶	20	外国	112
描く	44	お月さま	208	外国語	202
駅	22, 28, 208	夫	20, 116	会社	104
選ぶ	128, 232	お父さん	20, 102	快適である	244
エレベーター	182	弟	102	解答	182
演習	194	男（の人）	108	外部	156
演じる	214	劣っている	238	買う	46
鉛筆	196	一昨日	34	帰る	44
演目	190	一昨年	34	顔	194
遠慮する	46	踊る	128	顔を合わせる	222
遠慮深い	54	お腹	102	抱える	214
おいしい	132	同じだ	246	価格	188
おうかがいします	80	お兄さん	104	科学	192
多い	54	お姉さん	106, 178	掛かる	220
大きい	54	お願いをする	46	かかわり	186
大きさ	182	（父方の）おばあさん	196	（絵や図などを）かく	44
多く	62	おばさん	178	書く	50
大通り	190	お昼	40	角（お金の単位）	264
オーバー（コート）	182	オフィス	178	家具	104
お母さん	30, 108	覚えている	222	嗅ぐ	230
お菓子	24	おまえ	18	学習する	50
おかしい	244	思い出す	50	学生	38
起き上がる	126	思う	124, 126, 232	学長	204
お客さん	190	面白い	54	学年	196, 264
起きる	126	表	156	駆け足をする	124

陰っている	136	考え	206	急に	256
懸け橋	108	考える	50	牛乳	108
駆ける	46	環境	188	今日	30
欠ける	216	関係	186	教育	190
掛ける	220	歓迎する	122	教科書	30
過去	186	看護師	186	競技	178
傘	198	漢字	26	競技する	216
菓子	24	官舎	112	協議する	226
賢い	238	感謝する	50	餃子	28
貸す	222	勘定する	228	教師	30
風	26	感じる	124	教室	104
風邪	184	完成する	230	興味	178, 204
数える	228	簡単である	240	業務	26
硬い	248	頑張る	226	橋梁	108
片付ける	222	勘弁する	234	去年	110
～月	40	管理する	220	着る	120
学級	196	木	108, 198	（スイッチを）切る	220
学校	38	黄色い	240	きれい	54, 240
かつて	252	機会	188	キログラム	148
必ず	256	機械	188	極めて	254
必ず～しなければならない	252	効き目	212	気を配る	234
		聞く	48, 128	気をつける	232
必ず～する	72	聴く	48	斤(重さの単位)	148
かなり	254	季節	188	銀行	206
金	34	北	272	緊張する	240
彼女	18	鍛える	218	近辺	184
かばん	112, 202	喫煙する	42	句	190
壁	108	気遣う	216	空港	104
かまう	220	切手	208	草	180
かまわない	56, 80	きっと	256	腐る	220
髪	200	切符	108, 180	薬	116
紙	210	気に留める	220	果物	36
カメラ	210	記念日	190	くだる	48
通う	48	昨日	40	口	192
～から	144	気分がよい	244	靴	204
辛い	54	希望	114	国	186
体	110	希望する	130	雲	208
体を横にする	128	きみ	18	曇っている	136
借りる	222	決める	224	暮らし	110
彼	18	(聞いて)気持ちがよい	240	クラス	178
枯れる	126	客	190	クラスメート	36
川	186	脚(椅子などを数える)	262	比べる	120, 216
かわいい	242	旧正月	22	苦しい	242, 246

車	22, 34	校長	204	コンピュータ	24
来る	46	幸福である	246		
くるむ	214	後方	76	**さ**	
くれる	122	声	198	サービスする	122
黒い	132	コート	182	歳	68
加える	122	コーヒー	106	最近	210
経緯	190	氷	102	最近〜した	140
経営者	190	小刀	102	祭日	190
経過	190	語句	180	サイズ	104, 182
経過する	224	ごく	254	〜さえすれば	270
警官	106	黒板	186	探す	130
けいこする	224	ここ	18	魚	116
警察	106	午後	38	先に	140
計算する	228	心	204	先ほど	184
携帯する	216	心にかける	220	咲く	44
携帯電話	112	心のこもった	244	酒	30
ケーキ	182	こする	216	差し迫っている	240
ゲーム	208	午前	36	〜させる	126
結婚	190	答え	182	冊	68
結婚する	222	答える	122	撮影する	234
決定する	224	こちら	18	雑誌	208
蹴る	48	国家	186	雑談する	48
件	148	コップ	20	寒い	54
軒	68	事柄	110, 114	作用	212
券	108	今年	28	さようなら	80
元（中国の通貨単位）	148	〜ごとに	100	皿	196
言語	28	言葉	28	再来年	28
健康	188	子ども	104	さらに	142
健康的である	240	この	18	更に	252
現在	38	好み	178	〜さん	38
検査する	222	好む	42, 214	参加する	216
研修室	178	ご飯	24, 30	賛成する	230
健全である	240	細かい	246	字	40, 114
謙遜ぎみ	54	小麦粉	32	〜時	68
謙遜する	46	米	194	試合	178
検討する	228	これ	18	試合する	216
個	68	これから	206	幸せである	246
交易	194	これまで	208, 252	しかし	154, 270
公園	186	怖がる	220	〜しかない	256
交換する	220	壊れる	220	時間	36, 110
合計	256	根拠	184	〜時間	114
工場	104	困難	192	しきたり	202
紅茶	26	こんにちは	80	字句	180

284

試験	106	週間	38	所在地	184
試験をする（受ける）	124	習慣	202	しょっちゅう	140, 254
時刻	36	（サービス業の）従業員	102	書店	112
仕事	26, 210	15分間	264	知らせる	228
仕事を終える	50	住所	184	知らない単語	110
辞書	22	ジュース	186	知り合う	48
静かである	238	週末	210	知る	224
下	76, 156	重要な	248	白い	132
～したい	72, 152, 268	重要な点	114	人口	110
～したがる	268	修理する	232	診察をする（受ける）	124
～したことがある	150	授業	106	新出単語	110
～したばかり	62, 252	祝日	190	信じる	230
したがって	154	宿舎	112	親切である	244
下である	238	宿題	212	新鮮である	246
下の方	76, 156	受験する	124	心臓	204
実演する	214	主人	116	心配する	216, 220
しっかり	254	手段	178	新聞	102
しつける	220	出勤する	126	水泳する	130
実際は	254	出現する	216	スイカ	114
知っている	48, 130	出席をとる	218	吸い込む	230
実は	254	出発する	130	炊事場	180
執筆する	236	趣味	178	吸い取る	230
質問	114	樹木	198	ずいぶん	62
～しているところ	62	需要	206	吸い物	112
辞典	22, 210	主要な	248	数学	198
字典	210	巡査	106	スーツケース	204
自転車	118	春節	22	スーパーマーケット	180
～しない	62	準備する	236	スープ	112
～しながら～する	256	～しよう	70	スカート	198
～しなければならない	152	～しようと思う	152	好きである	50
死ぬ	126	紹介する	124	過ぎる	122
しばしば	140	乗車券	180	すぐ	254, 256
しまい入れる	236	生じる	216	少ない	56
事務室	178	使用する	232	すぐに	140
示す	214	小説	114	すごい	242
閉める	220	肖像	204	すごく	62
じゃ	74	商取引	194	少し	68
写真	210	正面	76	涼しい	54
写真を撮る	234	醤油	106	ずっと	256
社長	190	ジョギング	124	すでに	62, 140
シャツ	180	職業	210	ストーリー	186
車両	22	食堂	24, 110	（聞いて）すばらしい	240
週	38	植物	210	～すべきだ	268

285

すべて	62, 100	像	204	タクシー	22
スポーツ	116, 200	総合大学	22	だけ	140, 256
スポーツする	130	相互に	254	～だけでなく	270
ズボン	192	掃除する	218	～だけれども	270
すみません	80	想像する	50	出し物	190
住む	52	相談する	226	足す	122
スリッパ	202	総長	204	助ける	120
する	42, 52, 226, 236	聡明である	238	訪ねる	130
～するかもしれない	140	～足（靴などを数える）	264	ただ	256
～することができる	152	そこ	18	正しい	132
～するしかない	258	卒業する	120	直ちに	254
～するために	260	外	156	立ち上がる	126
～するつもりだ	268	外側	156	立つ	126, 234
～するな	140	その	18	達する	218
～するはずである	72	その上	140	たった今	184
～するべきである	152	そば	156	他人	176
～する勇気がある	268	それ	18, 176	楽しい	134, 248
～する予定だ	268	それから	270	頼む	46
座る	52	それぞれ	100	タバコを吸う	42
姓	38	それに	270	たぶん	140, 252
成果	180			食べる	42
生活	110	**た**		球	108
清潔である	240	～台	262, 264	卵	104
成績	180	体育	200	だれ	66
成長する	234	第一	138	誕生日	110
生年月日	110	大学	22	ダンスをする	128
姓は～である	50	退勤する	50	鍛錬する	218
セーター	30	大丈夫	56, 80	小さい	56
世界	198	大切な	248	近い	132
背が低い	238	体調がよい	244	近ごろ	210
～せざるを得ない	258	台所	180	地下鉄	182
せっかちである	240	たいへん	62	力	192
絶対に	256	対面する	222	チケット	108
設置する	214	題目	112	遅刻する	216
世話をする	234	太陽	200	地図	182
専攻	210	タオル	30	父	20, 102
先生	30	倒れる	218	～着（服を数える）	148
選択する	232	高い	132	茶碗	202
センテンス	190	（値段が）高い	132	チャンス	188
全部で	256	高める	228	ちゃんと	254
前方	76	だから	154	注意する	232, 234
前面	76	炊く	234	中学校	118
専門	210	抱く	214	中国	40

286

中国語	26	である	48	討論する	228
駐車場	200	庭園	188	遠い	136
昼食	114	停止する	48	通る	122
朝食	116	丁寧である	54	特に	254
ちょうど	62, 142, 256	出入り口	106	時計	20
町内	190	停留所	22, 208	どこ	66
帳面	20	〜ている	150	ところ	182
直面する	234	手数をかける	46	登山する	226
著作	114	手紙	204	都市	180
著作する	236	できる	44, 72	年	196, 200
治療する	124	手伝う	214	年上	54
ついに	258	手に取る	224, 226	図書館	202
〜通	262	手ぬぐい	30	年をとっている	242
通過する	122	では	74	突然	256
通知する	228	手袋	112	突然である	246
通訳する	122	出る	120	とても	62
使う	232	テレビ	24	隣	156, 194
つかみ取る	236	〜点	262	どの	66
つかむ	230, 236	天気	36	扉	106
疲れる	134	転居する	120	飛ぶ	122
月	208	点検する	222	トマト	202
着く	120, 218	点呼する	218	止まる	48
机	40	電車	22	泊まる	52
つくる	226	電話	24	止める	48
つける	42, 214	〜と	74, 144	友だち	32
告げる	122	〜という	44	トランク	202, 204
都合がよい	238	〜と…する	260	鳥	196
都合よく	256	度	262	取り替える	220
包む	214	ドア	106	取り付ける	214
つながり	186	トイレ	20, 206	努力する	226
つなぐ	222	どう	66	取る	226
妻	20, 108	答案	182	どれ	66
積む	236	同意する	230	どれくらい	62, 66
詰め込む	236	どういたしまして	80	どれだけ	62
冷たい	54	同級生	36	どれほど	66
つらい	242, 246	どうして	66	どんなに	252
釣り銭を出す	130	当然	252		
手	36	到達する	120, 218	**な**	
〜で	64	どうですか	66	ナイフ	102
〜であればあるほど…だ	256	とうとう	258	内部	156
〜でさえあれば	270	動物	184	内容	116
〜ではない	62	どうも	254	なお	140
出会う	234	同僚	200	直す	232

287

中	156, 210	猫	30	走る	46
長い	132, 240	寝そべる	128	バス	104
名が通っている	248	値段	188	パスポート	188
なかなか	254	熱がある	218	パソコン	24
泣く	224	眠る	48	働く	42
殴る	42	年	32	はっきりしている	244
何故	146	年齢	196, 200	発見する	218
何故ならば	154	〜の	70	発車する	44
夏	204	〜の内	76	発熱する	218
何	66	〜のために	260	鼻	178
名前	32	〜の中	76	花	188
習う	50	〜のようだ	254	話	28
習わし	202	農村	196	話す	48, 222
慣れる	232	ノート	20	花園	188
なんと	62, 252	残す	228	バナナ	202
ナンバー	104	残る	228	離れる	224
〜に	64, 144	望み	114	母	30, 108
〜に関して	260	望む	130	幅が広い	242
〜に…させる	228	喉が渇いている	242	速い	134
〜に…される	260	伸びる	234	早く	252
〜に…する	144	上る	48	腹	102
〜について	144, 260	登る	226	腹がいっぱいになる	214
〜について話す	222	飲む	44	腹をたてる	228
〜によれば	260	乗る	52	貼り付ける	228
ニーズ	206	（跨って）乗る	226	張り詰める	240
にぎやかである	244			春	180
握る	230	**は**		貼る	228
肉	34	歯	114	晴れる	126
西	272	杯	264	歯を磨く	228
日	34	配偶者	20	班	178
日本	34	はいはいする	226	半	250
日本語	34	入る	124	晩	112
荷物	24	はう	226	パン	194
ニュース	204	生える	234	範囲が広い	242
入浴する	232	吐く	230	番号	104
女房	108	激しい	240	晩ご飯	112
煮る	234	箱	202	パンダ	204
ニワトリ	28	〜箱	262	火	28
〜人（人を数える）	68, 264	運ぶ	214	ビール	196
任務	26	橋	108	比較する	120, 216
脱ぐ	230	箸	192	比較的	252
ぬぐう	216	始める	124	東	272
盗む	128	場所	182	引き連れる	216

引く	124	～分間	68	前	76
低い	238	文	190	～前	208
飛行機	26	文化	202	まじめな	244
久しい	240	文学	202	まず	140
非常に	140	文章	114	まずい	238
左（側）	156	分配する	218	また	142, 256
引っ越す	120, 214	～へ	64, 144	まだ	62, 140
羊肉	116	塀	108	または	270
引っ張る	124	ベースボール	20	間違っている	132
必要	206	北京	20	待つ	120
必要とする	232	ベッド	22	～まで	144
人	34	部屋	102	窓	22
ひどい	242	遍	262	学び	38
日にち	104	変化する	214	学ぶ	50
ひもじい	238	返却する	220	まもなく	256
病院	40	勉強	38	丸太	108
病気	102	勉強する	50	まるで～のようだ	254
病気になる	126	返済する	220	万	250
（中国語の）標準語	196	便所	20	マンション	186
開く	42, 44	便利である	238	満足する	242
ビル	194	貿易	194	真ん中	210
昼飯	114	帽子	194	万年筆	26
瓶	32	奉仕する	122	見える	44
ファストフード	192	方法	178, 184	右（側）	156
不安に思う	216	ボール	108	見込み	114
付近	184	ほかでもなく	140	短い	238
服	38	他の	176	水	36
拭く	216	欲しい	130	水浴びをする	232
吹く	216	細い	246	店	36
復習	220	北方	178	～みたいだ	254
服装	184	ホテル	24, 178	見つける	218
不思議である	244	ほとんど	254	みっともない	134
不足する	216	ほぼ	254	緑（の）	134, 194
ぶつかる	234	本	36	みなさん	100
物品	24	～本	262	南	272
太い	238, 244	本当に	142	身なり	184
葡萄	196	ほんのしばらく	206	醜い	134
船	102	本屋	112	耳	184
冬	184	翻訳する	122	明後日	28
古い	240, 242			苗字	38
プレゼント	192	**ま**		妙である	244
風呂に入る	232	枚	148, 264	見る	44, 46
～分	262	毎日	106	ミルク	108

289

みんな	100	訳す	122	〜より	144
迎える	222	焼ける	226	喜ぶ	42
昔	186, 208	野菜	20	よろしい	54, 56
向かって	144	易しい	244		
向こうへ行く	220	安い	134	ら	
難しい	192, 242	休みになる	122	来年	32
息子	24	休みをとる	126	ランプ	182
娘	32	休みを願い出る	126	理解する	120, 224
目	116	休む	128	力量	192
〜名	264	痩せている	244	留学する	46
メートル	264	やっと	252	流暢である	242
メール	182	やはり	140, 252	寮	112
眼鏡	206	山	34	料理	20
メニュー	180	病	102	旅行	106
面倒（である）	134	やり方	184	旅行する	46, 124
面倒をかける	46	やる	42, 52, 122, 226	リンゴ	32
面倒を見る	234	郵送する	222	冷蔵庫	178
麺類	32	夕飯	112	歴史	192
〜も	140	郵便切手	208	レストラン	24
もう	62, 140	郵便局	208	レベル	198
もう一度	142	有名である	248	練習	194
燃える	226	愉快である	134, 248	練習する	224
文字	114	雪	114	練習問題	194
もし〜ならば	270	譲る	126	連絡する	224, 228
もしもし	78	ゆっくりである	134	論文	114
もちろん	252	茹でる	234		
持つ	50, 216	許す	234	わ	
もっと	62, 252	良い	54	若い	244
最も	142	用意する	236	分かる	120, 130, 224
求める	232	容易である	244	別れる	218
戻る	44	要求	206	分ける	218
もの	24	要求する	232	煩わしい	134
物語	186	容認する	234	煩わす	46
模範演技する	214	ようやく	252	忘れる	230
桃	200	よく	140	わたし	18
燃やす	226	横倒しになる	218	わたしたち	18
問題	112, 114	横になる	128	笑う	128
		呼ぶ	44	割と	252
や		読む	42, 44	〜をしている最中である	142
野球	20	（声に出して）読む	46	〜を…する	260
焼く	226				

290

著者略歴

ビラール イリヤス（比拉勒 伊力亜司、Bilal Ilyas）
1958年中国新疆ウイグル自治区生まれ。新疆大学数学系卒。1995年京都産業大学理学研究科博士課程修了、理学博士号取得（数学）。新疆大学数学系準教授、立命館大学経済学部常勤講師等を経て、現在、長野大学環境ツーリズム学部教授。専攻：数学、語学工学。
著書：『FORTRAN77と数値計算法』（ウイグル語、新疆教育出版社）、『CALL教材開発テクニック』（三恵社）、『コミュニケーション中国語』（共著、朝日出版社）、『くわしく学べるやさしい中国語』（共著、朝日出版社）ほか。

吹き込み
李軼倫、李婷

HSKも中検もこの一冊！
単語マスターパーフェクトガイド（初中級）

2016年11月30日　初版第1刷発行

著　者●ビラール　イリヤス
発行者●山田真史
発行所●株式会社東方書店
　　　　東京都千代田区神田神保町1-3　〒101-0051
　　　　電話(03)3294-1001　営業電話(03)3937-0300
組　版●株式会社シーフォース
装　幀●掘　博
印　刷●モリモト印刷株式会社
録　音●中録新社

※定価はカバーに表示してあります

Ⓒ2016　ビラール イリヤス　　Printed in Japan
ISBN978-4-497-21614-4　C3087

乱丁・落丁本はお取り替え致します。恐れ入りますが直接本社へご郵送ください。
Ⓡ本書を無断で複写複製（コピー）することは、著作権法上での例外を除き、禁じられています。本書をコピーされる場合は、事前に日本複製権センター（JRRC）の許諾を受けてください。
JRRC〈http://www.jrrc.or.jp　Eメール：info@jrrc.or.jp　電話：03-3401-2382〉
小社ホームページ〈中国・本の情報館〉で小社出版物のご案内をしております。
http://www.toho-shoten.co.jp/

好評発売中

東方中国語辞典

相原茂・荒川清秀・大川完三郎主編／中国人の頭の中を辞書にする！——新語や付録を満載、学習やビジネスに威力を発揮する中国語辞典。斬新なデザインと2色刷りで引き易いと好評。
………… 四六判2120頁◎本体5000円+税 978-4-497-20312-0

精選日中・中日辞典 改訂版

姜晩成・王郁良編／日中辞典約2万語、中日辞典約2万2000語を収録。学習・旅行やビジネスに携帯便利な辞典。
………… ポケット判1408頁◎本体2500円+税 978-4-497-20002-0

中国語文法用例辞典
《現代漢語八百詞 増訂本》日本語版

牛島徳次・菱沼透監訳／《現代漢語八百詞》増訂本（商務印書館、1995）を完訳。大幅な加筆修正を行い、収録語は全部で約1000語に。
………… 四六判608頁◎本体4800円+税 978-4-497-20303-8

動詞・形容詞から引く
中国語補語 用例20000

侯精一・徐枢・蔡文蘭著／田中信一・武永尚子・西槇光正編訳／常用の動詞・形容詞1072語を見出し語とし、補語との組み合わせを約2万例収録する。………… A5判640頁◎本体2700円+税 978-4-497-21505-5

東方書店ホームページ〈中国・本の情報館〉http://www.toho-shoten.co.jp/

好評発売中

三文字エクササイズ中国語1200
伝わる！使える！ 三文字会話・フレーズ集（MP3CD付）

林修三著／日本語→中国語、中国語→日本語で流れる音声で翻訳の反射神経を鍛えたら、第2部会話編で応用をマスター。
……………四六判208頁◎本体1800円+税 978-4-497-21511-6

中国語基本単語1400
（CD付）

相原茂編／各種試験で頻出する語彙約1400を品詞別に分類し、3グループ分けて収録。CDには単語と例文を収める。
……………A5判320頁◎本体2200円+税 978-4-497-20015-0

新訂 標準中国語作文
模範解答・音声付き（MP3CD付）

長谷川寛・張世国原著／中山時子監修／田芳校訂／伝説の名著復刊！練習問題796題にそれぞれ3種類の模範解答を付す。例題・解答の音声付き。……… B5判208頁◎本体2700円+税 978-4-497-21507-9

中国語筋トレ100読練習法
（MP3CD付）

木本一彰著／2分程度（450〜500字）の文章を100回ずつ読み、中国語を「音」として覚え込む。発音、四声をピンイン文の音読で徹底チェック。……… A5判208頁◎本体2400円+税 978-4-497-21509-3

東方書店ホームページ〈中国・本の情報館〉http://www.toho-shoten.co.jp/

好評発売中

街なかの中国語
耳をすませてリスニングチャレンジ（MP3CD付）

孟国主編／井田綾訳／友だち同士の会話から、銀行や病院でのやりとり、テレビ番組など、生の中国語を収録。中国の街角に立ったつもりで、雑音あり・早口・不明瞭な「聞き取れない」中国語に挑戦！
……………… A5判268頁◎本体3000円＋税 978-4-497-21208-5

街なかの中国語 Part2
インタビュー・テレビ番組のリスニングにチャレンジ（MP3CD付）

孟国主編／井田綾・平野紀子訳／なまりやスピードも様々な人びとの話から、正確かつ高速にアナウンサーが読み上げるニュースまで、ますます「聞き取れない中国語」全48本。
……………… A5判280頁◎本体2800円＋税 978-4-497-21209-2

街なかの中国語 Part3
話し手の意図・主張の聞き取りにチャレンジ（MP3CD付）

孟国主編／井田綾・平野紀子訳／Part3の特徴は、長さと速さ。話し手の意図を汲み取りその主張を把握するトレーニングに最適。訳者による巻末エッセイもおおいに参考になる。
……………… A5判336頁◎本体3000円＋税 978-4-497-21317-4

中国語口語表現
ネイティヴに学ぶ慣用語（CD付）

沈建華編著／是永駿・陳薇編訳／中国人同士のふだんのおしゃべりに耳を傾け、「教科書」には表れない生きた慣用表現を体感しよう。
……………… A5判352頁◎本体2800円＋税 978-4-497-20911-5
〔別売CD〕「例文解釈」部分約500フレーズ、1000例余りを収録。
……………… CD4枚組◎本体2800円＋税 978-4-497-20912-2

東方書店ホームページ〈中国・本の情報館〉http://www.toho-shoten.co.jp/